KB149191

헤드헌터

인생 제2막의 시작

HEAD HUNTER

헤드헌터

"100세 시대, 아직 절반도 살지 않은 이들의 인생 제2막으로의 도전기"

인생 제2막의 시작

곽철 지음

휴앤스토리

서치펌 ㈜벤처피플 **임용진** 대표 헤드헌터 조조 님을 온라인 상에서 알게 된 것은 벌써 몇 해 전의 일입니다. 한 헤드헌터 커뮤니티에 올리기 시작한 그의 글을 읽게 된 후부터였습니다.
PC방을 7년간 운영하다가 접고 대리기사를 거쳐 얼떨결에 헤드헌터가 되어 일하는 모습이 흥미로웠습니다. 그리고 하루하루 치열하게 살아가면서 느끼고 겪어낸 이야기를 재미있게 풀어내는 글솜씨에 반해 항상 재미있게 읽으며 그 행보를 지켜봤습니다.

저자는 단순히 일을 잘하고 성과가 좋은 컨설턴트이기 이전에 항상 업의 본질을 고민하는 사람으로서 변하는 시대에 따라 새로운 일의 패러다임을 제시하는 혜안을 가졌습니다.
아무런 기반 없는 상황에서 하나씩 자기의 틀을 만들고 성을 쌓아나가는 과정은 쉽게 이루어낸 것이 아님을 압니다. 또한 우리나라에 수많은 헤드헌터들이 있지만 조조 님처럼 맨바닥에서 열정만을 가지고 자신의 성을 쌓아온 사람은 보기에 드물었습니다.
그동안 헤드헌팅 업계에서 많은 분들이 이 일에 대한 책을 써주셨지만 대부분 오래전 일이라 빠르게 변하는 업계 상황이 제대로 반영된 것이 없었습니다.
그가 이번에 쓴 책은 모든 내용이 단순히 머리로 학습한 것이 아닌 온몸으로 직접 겪어낸 경험의 산물이라 생생하고 그만큼 값진 것입니다. 그리고 그러한 값진 이야기를 업계의 동반자들을 위하여, 새롭게 일을 시작하고자 하는 이들을 위하여 진솔하게 풀어낸 것은 놀라운 일입니다.
이 책이 조조 님이 그랬듯이 인생의 2막을 헤드헌터로서 살아가고자 하는 많은 분들에게 길잡이가 되고 큰 힘이 될 것임을 믿습니다.

서치펌 ㈜DS파트너스그룹 **정대석** 대표

곽철 대표로부터 작년부터 헤드헌터와 서치펌 관련 책을 구상 중이란 얘기는 자주 들었습니다만 이렇게 빨리 책을 내놓을 줄은 미처 몰랐습니다.
곽 대표의 책은 이전 책에서보다 헤드헌팅 업계의 모습을 보다 현실적으로 반영할 것이란 기대를 하고 있었기 때문입니다. 막상 받아서 읽고 보니 역시 기대에 어긋나지 않았습니다. 창업 후 오래지 않아 사세가 확장되어 더 큰 사무실로 이주를 계획하고 있는 와중에서도 헤드헌팅 지망생을 위한 공개 교육을 꾸준히 하고 있고, 시간과 에너지가 많이 드는 헤드헌터 전용 카페를 운영하면서도 책까지 저술했다고 하니 옆에서 보는 입장에선 경이롭다고까지 말할 수밖에 없습니다. 참 대단한 추진력입니다.

'대외비'는 아니지만 동종 업계 종사자에게 도움이 될 만한 정보와 교훈에 대해 서로 정보 오픈을 기피하는 것이 일반적인 헤드헌터 업계의 모습이나 곽철 대표는 이 책에서 그러한 정보를' 기꺼이 오픈하고 있습니다. 헤드헌터 카페 운영도 그런 마인드를 바탕으로 운영하다 보니 한 명 두 명 입소문이 퍼져 지금은 명실공히 국내 유일의 진정한 헤드헌터 카페로 자리잡은 것 같습니다. 이 카페처럼 솔직하게 현직 헤드헌터들이 서로의 애환과 노하우를 공유하는 곳은 없기 때문일 것입니다.

그는 카페지기로서 자연스럽게 예비 혹은 현직 헤드헌터들에게 다양한 고충을 상담해주기도 했고 때론 더 도움될 어드바이저들을 연결해주기도 했던 것 같습니다. 헤드헌터 입문 및 정착을 위한 조언뿐 아니라 서치펌 창업을 위해 필요한 알토란 같은 정보들도 조조 님의 헤드헌터 카페에는 친절히 정리돼 있습니다. (이런 정보들을 막상 인터넷 서핑으로 취합하는 게 생각만큼 쉽지 않습니다.) 그러나 이렇게 한 권의 책으로 집대성한다는 것은 또 다른 큰 의미가 있다고 생각합니다.

기존 헤드헌터 입문서들에서 자칫 헤드헌터의 밝은 면만을 부각했다면 조조 님의 이번 책은 그 명암을 솔직하게 보여주고 있습니다.

이제 10년의 경력을 향해가는 현직 헤드헌터 입장에서 보면 이 책 내용만큼 시원하게 가려운 데를 긁어주는 동치미 같은 책은 여태 없었던 것 같습니다. 아직 헤드헌팅에 입문하기 전이거나 발을 담근 지 얼마 안 되는 분들에게 뼈가 되고 살이 될 내용이라고 감히 추천드립니다. 특히 현업에서 나온 지 오래된 분들도 전략과 열정만 잘 다듬으면 가족의 생계를 능히 책임질 수 있는 헤드헌터로 성공할 수 있는 길을 솔직 담백하게 보여주고 있기 때문입니다.

지금 이 책을 집어 든 당신은 헤드헌터에 어느 정도 관심 있는 사람일 것입니다. 마음을 비우고 읽으며 생각해보시기 바랍니다. 제대로 된 조언을 얻는다는 것은 크나큰 행운입니다. 그러나 그 행운을 진정한 자기의 것으로 만드는 것은 여러분 몫입니다.

헤드헌터 희망자 **안준혁** 헤드헌팅 업계에서 실제 사용되는 구체적인 용어와 업무 프로세스를 파악하는 데 큰 도움이 되었습니다. 초심자도 이해하기 쉽도록 작성된 설명과 사례를 통해 현장의 생생한 소리를 접할 수 있었습니다. 더불어 'Chapter 7. 헤드헌터로서 주의할 점'의 내용은 업계 진입을 고려하 예비 헤드헌터들에게 귀중한 조언이 될 것이라고 생각합니다.

헤드헌터 카페 ID **'소중함'** 헤드헌터로 살아가게 된 인생 굴곡과 헤드헌터가 알아야만 하는 중요한 요소들을 유쾌하고 매력적인 필력으로 그려냈다.
책을 펼치면 자주 웃고 고개를 끄덕이게 되는데 그러다 보면 어느새 마지막 페이지에 다다른다. 헤드헌터로 입문하려는 이들은 당연히 읽어야 하고, 헤드헌터로 살아가고 있는 이들도 일이 순탄치 않을 때마다 자주 열어보게 될 것이다.

헤드헌터 희망자 **장세연** 헤드헌터에 대한 객관적이고 정확한 정보를 얻고 싶은 분, 인생의 전환점을 찾고 있는 분이라면 주저 말고 읽어보시길 강력 추천드립니다. 무엇보다 이 책에서는 헤드헌터에 대한 솔직하고 생생한 이야기들을 얻을 수 있습니다. 다양한 인생 경험을 숨김없이 풀어낸 헤드헌터 조조 님의 살아 있는 노하우를 얻어 가시길 바랍니다.

헤드헌터 **김동진** 기존에 나와 있던 여러 가지 헤드헌터 관련 서적은 왠지 현업과 많이 동떨어진 느낌을 받았는데, 조조님의 저서는 현업 헤드헌터들이 직접 경험하고 고민하는 것들로 이루어져 가려운 곳들을 잘 긁어 주고, 실무적인 측면에 대한 접근법이 뛰어나 헤드헌터 입문자들에게 많은 도움이 될 것입니다.

경력 6개월 차 신입 헤드헌터 **박용준** 헤드헌터로 전업하는데 많은 정보를 제공해준 카페, 그 카페 운영자가 전하는 경험담과 정보가 생생하다. 헤드헌터라는 직업이 궁금하거나 그들이 하는 일의 내용과 방식, 고충을 알고 싶은 분, 헤드헌터에 입문하고자 하는 분께 많은 도움이 될 것이다.

헤드헌터 카페 ID **'풍차헌터'** 호환, 마마보다 무섭고 중2병보다 강한 내상을 준다는 소포모어 징크스를 겪고 있는 2년 차 헤드헌터가 심쿵한 책!
초심으로 돌아갈 수 있는 힘을 주는 영양제 같은 저자의 값진 경험담을 읽으며 시간 가는 줄 몰랐습니다. 저자의 이야기는 입문서를 넘어 초심이 필요한 이들의 심장을 다시 뛰게 하는 헤드헌터 바이블이 될 것입니다.

서치펌 ㈜플러스휴먼리소스 **남종하** 대표 헤드헌터가 갖추어야 할 기본 실무부터 인성까지를 총 망라한 헤드헌터 지침 서로 충분한 책입니다. 특히 미세한 부분까지 놓치지 않고 기록해 두어서 처음 입문하시는 분들뿐만 아니라 경력 헤드헌터들에게도 좋은 참고도서가 되리라 확신합니다. 건승을 기원드립니다.

경력 16년 차 헤드헌터 **유동근** 헤드헌터는 고객사를 발굴하고 경력자를 찾아 추천하는 단순한 직무로 잘못 알고 있는 선•후임(신입)들에게 경력관리 컨설턴트로서 자기계발의 바른 방향을 제시하고 있는 책이다. 성공적인 헤드헌터가 되기 위해서는 분명한 방향점이 있어야 하고, 그것이 커리어 비전이라는 형태로 구체화되어야 할 필요성이 있다. 이 책은 이러한 중요한 과정 중에 겪어야 할 다양한 내용과 소재를 스스로 또는 함께 풀어갈 수 있도록 해준다는 점이 큰 장점이다. 경력관리 컨설턴트로서 자신만의 신화를 갖길 원하는 분들에게 이 책을 추천한다.

서치펌 유연HR **박재언** 대표 곽철 대표는 헤드헌팅 업계에서 늘 새로움에 도전하는 분으로 이번에 발간된 책 또한 그의 도전에 있어 어떠한 결과로 나타날지 기대감을 갖게 한다.

CONTENTS

Chapter 4 헤드헌팅 용어 설명

Chapter 5 예비 헤드헌터들의 공통 질문 FAQ

Chapter 6 헤드헌터로서 자리잡기

이제 뭐 먹고살지?

2013년 2월,

겨울방학과 봄방학 사이 잠깐의 개학기간, PC방의 아침은 언제나 썰렁하다. 학생들이 죄다 학교에 간 지금, PC방에 손님이라곤 점잖은 어른 손님 한두 명뿐이기에 딱히 할 일도 없다.

삐리리리리~~ 삐리리리리~~

정적을 깨며 카운터에 있는 전화가 울린다.

보통 이 시간에 오는 전화는 대부분 스팸전화다. 주로 부동산에서 온 전화이고, 무슨 좋은 땅이 나왔으니 매입하라는 전화, 또는 건물과 땅을 교환해서 임대 수익을 얻으라는 등의 전화다.

철커덕~!

"네, 광개토 PC방입니다."

"네, 여긴 부동산입니다. PC방 내놓으셨지요?"

카운터에 있다 보면 숱하게 걸려오는 전화다. 정작 매수자는 없이 간만 보는 전화. 여차하면 다른 부동산이랑 교환하자는 스팸전화.

대충 응대하고 수화기를 내려놓으려는 순간, 예기치 못한 낯선 단어가 수화기 너머로 들려왔다.

"바닥권리금 드리겠습니다~"

동네마다 PC방이 넘쳐나던 시기, 서로 가격 출혈 경쟁이 점입가경이라 너도나도 먹고살기 힘들던 시기. 그 와중에 PC방 전면금연 시행을 눈앞에 두고 있던 시기.(실제로 PC방 전면금연이 시행되고서 1년 사이에 전체 PC방의 40%가 폐업했다.) 너도나도 PC방을 매물로 내놨지만, 매수자가 전혀 없던 시기였다.

어떤 바보가 곧 전면금연이 시행되는데 PC방을 인수하겠는가? PC방 주인들은 PC방을 그만두면 딱히 먹고살 것도 없었지만 어쨌든 전면금연이 오기 전에 모두들 빨리 PC방을 접고 싶어 하던 그런 시기였다.

그런데 확실한 매수자가 있고, 바닥권리금까지 준다고? 이거 사기 아냐? 여차하면 PC방이고, 돈이고 다 뜯기는 거 아냐?

극심한 경계 속에 부동산 업자가 데려온 매수자는 놀랍게도 안면이 있는 사람이었다. 우리 PC방에 가끔씩 친구들과 함께 우루루 오던, 올 때마다 꽤 많은 매출을 올려주던 준단골 손님이었다. 그 손님은 30대 후반의 택배기사였는데 계속 밖으로만 돌아다니는 직업이 싫다며 한자리에서 할 수 있는 장사를 알아보고 있다가 평소에 눈여겨보던 '광개토 PC방'을 인수하겠다는 계획을 세운 것이었다. 그리고 그 후부터는 일사천리였다.

PC방에 있는 물품들을 중고로 정리하고, 철거와 원상복구를 했다. 바닥권리금을 받고 아직 봄도 오지 않은 쌀쌀한 겨울철에 나는 그토록 바라던 PC방을 그만두게 되었다. 남들은 그렇게 처분하고 싶어도 처분하지 못하던 PC방을, 나는 정말 재수 좋게 비록 '바닥'이긴 하지만 '권리금'까지 받고 넘기게 된 것이다. 2006년 처음 PC방을 차린지 7년만이었다.

PC방이 그렇게 번갯불에 콩 구워 먹듯 순식간에 처분되었을 때, 기쁨도 잠시, 불현듯 떠오르는 단 한 가지 생각.

"이제 뭐 먹고살지?"

대기업 그만두고 장사 시작한지 7년, 특별한 기술이나 자격증이 있는 것도 아니고, 인맥들도 지난 7년 동안 다 끊어졌고, 남양주 사느라 서울 사람들과는 왕래도 거의 없었다. 나이는 이미 마흔 줄에 접어들었고, 모아둔 돈도 없는데…, 어떡하지?

"나, 이제 정말 뭐 먹고살지?"

2013년 2월

남양주 호평동에서 전직 광개토 PC방 주인

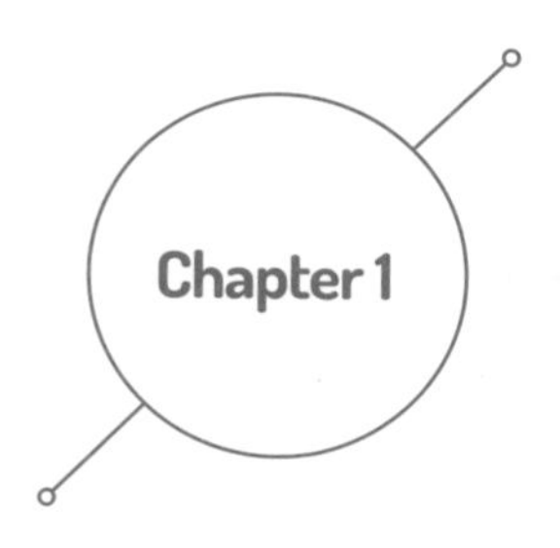

40·50대 퇴직자의 현주소

❶ 삼식이가 되지 않으려면

"그동안 고생 많았으니 푹 좀 쉬어."

남양주에서 7년간 운영하던 PC방을 양도하고 드디어(?) 백수가 되었을 때 와이프가 한 말이다.

열심히 일하던 남편이 일을 그만두게 되었을 때, 대부분의 와이프는 똑같은 말을 한다. 그래서 나는 그때 정말 열심히 쉬었다. 마침 남양주 집을 정리하고 서울로 이사가 예정되어 있었는데, 이사까지 약 한 달 남은 상황에서 정말 아무것도 안 하고 푹 쉬었다. 7년간 PC방을 하는 동안 맨날 알바가 펑크낸 시간을 땜빵하면서, 유통기한 지난 햄버거를 몇 개씩이나 먹어가면서 만신창이가 된 몸을 그제야 추스리게 되었다.

그러나 와이프 말의 유효기간은 정확히 '보름'이라는 걸 뒤늦게 깨달았다. 딱 보름이 지나면 남편이란 건 그 후부터는 삼식이. 그 이상도 그 이하도 아니다.

어떻게든 먹고살 대책을 마련해야 했다.

한 달 후 서울로 상경했다.

그나마 PC방을 정리하면서 약간의 자금을 확보했지만 서울 전세집을 얻으면서 또 추가로 돈이 들어가 수중에는 정말 몇 푼 남지 않은 상황. 그 적은 돈으로 다시 시작할 수 있는 사업은 많지 않았다.

와이프는 아직 늦지 않았으니 지금부터라도 다시 직장생활을 시작해보라고 했다.

당시 내 스펙은,

나이 42세 / 서울소재 4년제 대학 졸업 / 전공은 응용통계 / 현역 시절 주로 했던 업무는 게임 기획 및 운영(웹 기획 일부) / 소기업부터 시작해서 대기업까지 두루두루 약 10년간 직장생활 경력 / 그 후 7년간 PC방 경영

뚜렷하게 잘하는 게 있는 것도, 자격증이 있는 것도 아니었다.

그래도 노력은 해야 했기에 매일매일 꾸준히 이력서를 업데이트하고,

꾸준히 잡포털에 들어가서 채용정보를 검색했다. 일자리 관련 세미나, 취업박람회, 고용노동청까지 부지런히 들락거렸다. 현재 상태에서 내가 일할 수 있는 게 무엇인지를 백 가지 천 가지 손꼽아 보았다.

나는 그때 알지 못했다. 나이의 앞 숫자가 '4'로 바뀌는 순간, 갈 수 있는 회사의 수는 절반 이하로 줄어든다는 것을….

나는 그때 알지 못했다. 사오정이 왜 사오정(45세면 정년이라는 의미)인지를…. 특별한 기술도 자격증도 없는 42세인 나에게 관심을 주는 것은 아주 극히 일부 업종뿐이라는 것을.

(실제로 나는 그 당시 구직 활동 중 다단계인 줄도 모르고 다단계에 끌려갔던 적이 두 번 있었다. 다단계 회사는 일반 회사처럼 교묘히 위장하여 세상 곳곳에 도사리고 있다. 그들은 당연히 나 같은 중장년 구직자를 집중적으로 노리고 있다.)

❷ 42세, 구직 활동 중에 생긴 일

늙어서까지 꾸준히 할 수 있는 일을 찾아보았다. 급여는 적어도 상관이 없었다. 어떻게든 당장에 한 달 꾸준히 지출되는 고정비라도 벌어야 했다. 7살 남자 아이가 딸린 한 집안의 최소 고정비 말이다.

수많은 취업 시도 중 40대인 내게도 연락이 온 몇 가지를 말해보겠다. 믿든 안 믿든 아래 내용은 모두 실제 있었던 일이다.

첫 번째, 모 보세창고에서 연락이 왔다.

창고 관리를 해줄 사람을 뽑는다고 면접 보러 오란다. 면접 보러 갔는데 어이없게도 면접관은 자리에 없었다. 면접을 보기로 해놓고서 일언반구도 없이 면접관이 자리를 비우다니…. 그래서 그 옆에서 일하던 사람이 대신 면접을 봤다. 나중에 알았지만 나 같은 하위 직급 면접은 그쪽에서도 크게 신경을 쓰지 않는다. 그래서 면접관이 면접 펑크를 내고 자릴 비웠던 거고….

내용은 공항에서 온 물건들을 창고에 잠깐 보관했다가 내보내는 일인데, 특별히 어려운 일이 아니었지만 무거운 짐을 나를 때가 있었으므로 소위 말해 몸을 쓰는 일이었다.

연봉이 2,200이라고 했다. 그나마 세금 떼면 월 150 남짓, 정말 할 수 있겠느냐는 말에 나는 떨리는 목소리로 대답했다.

"네~~"

그리고 난 떨어졌다. 딱 봐도 화이트칼라, 주구장창 실내에서만 일해왔던 게 분명한 내게 그런 업무를 시켜주진 않았다.

두 번째, 모 방송 쪽에서 텔레마케터를 모집했다.

그것은 나도 가능할 것이라고 생각했다. 전화만 하면 되는데 그보다 쉬운 일이 어디 있겠냐 싶었다.

회사에 가니 벽에 실적표가 붙어있었다. 잘 버는 사람은 월 400 정도, 못 버는 사람은 150 정도 버는 듯했다. 면접 장소 앞에는 약 십여 명의 남녀가 대기하고 있었다. 그중에 내가 제일 나이가 많아 보였다.

십여 명이 동시에 면접장소로 들어갔다. 한 사람당 2가지 질문을 차례대로 던졌다. 내게 온 질문은 이거였다.

"전화통화를 오래 하는 업무를 해본 적이 있습니까?"

"……"

있을 리가 없었다. 그리고 또다시 떨어졌다.

세 번째, 모 컴퓨터 수리업체. (이하는 특정 수리 업체에 대한 얘기이며, 모든 수리 업체가 이렇다는 건 아니다. 오해가 없길 바라며…)

나는 컴퓨터를 오랫동안 다뤄왔고, PC방을 오랫동안 해왔으므로 기본적인 PC 수리는 가능했다. 그래서 잽싸게 국가공인 'PC 정비사 자격증'을 따고, 컴퓨터 수리 업체에 지원했다.

나는 PC 수리기사가 여기저기 돌아다니면서 컴퓨터를 수리해주고 수리비를 받는 일인 줄 알았다. 그러나 내가 자랑스럽게(?) PC 정비사 자격증을 내밀었을 때 면접관은 '왜 저런 걸 내밀지?' 싶은 뚱한 표정을 지었다.

나중에 알게 되었는데, 그 수리 업체에서 필요한 건 PC를 수리할 수 있는 사람이 아니었다. 수리를 의뢰한 사람에게 가서 '가벼운 고장'이 마치 아주 '큰 고장'이라도 되는 듯이 속여서 PC를 들고 본사까지 와줄 사람이 필요했다. 본사에서는 가벼운 고장을 금방 수리하고 다음날 출고를 한다. 그럼 그 수리기사가 재량껏 수리비를 부풀려야 했다. "PC에 아주 큰 고장이 있어서 아주 비싼 부품을 갈기 위해 본사까지 갔다 오느라 비용이 많이 발생했습니다. 고로 28만 원 청구합니다."라고 말이다.

실제로는 부품도 갈지 않았고, 아주 간단한 고장이라 10분 안에 수리하였으며 수리비는 3~5만 원이 적당했다. 그러나 수리기사의 재량(?)하에 그렇게 20~30만 원으로 부풀려진 수리비는 본사와 수리기사가 나눠 갖는 형태였다. 즉, 그 일은 선량한 사람들을 속이는 일이었다. 거듭 말하지만 모든 수리업체를 싸잡아 비난하려는 의도가 아니다. 내가 면접 봤던 그 수리 업체만 그랬을 수도 있다.

어쨌든 그 수리 업체는 나에게 출근하라고 했지만 이번엔 내가 거절했다. 먹고살기 위해 다른 사람을 등쳐먹고 싶진 않았다. 아직 배가 덜 고팠었나 보다. (아마 컴퓨터 수리 업체에 수리를 맡겼다가 생각밖에 엄청나게 많은 금액이 나와서 바가지를 썼다고 생각하는 분이 꽤 많을 것이다. 저런 원리 때문에 말도 안 되게 비싼 수리비가 청구되는 거다.)

그 외에도 구직 관련 수많은 에피소드가 있지만 구구절절한 구직 사연은 이만 접을까 한다.

확실한 건 아무리 사소한 일을 하더라도 경력이 필요하다는 사실이다. 세상 어떤 일도 신입을 뽑는 일은 거의 없고 오로지 경력자만 찾는다. 신입이 경력을 쌓아야 경력자가 될 텐데, 신입이 들어갈 만한 회사 자체가 없다. 파출부, 수행기사, 베이비시터, 경비원 등등 경력 없어도 될 것 같은 일들조차 모두 다 경력자만 찾는다. 신입은 찾지 않는다.

고로, 40대 명예퇴직자, 구조조정자, 권고사직자…, 회사 밖에 나가면 뭔들 못하겠어 싶겠지만, 그 '무엇'를 하기가 참 어렵다. 빨리 깨달아야 한다.

❸ 기대 연봉은 1,400만 원

SNS에서 읽은 글 하나를 소개하고자 한다.

40~50대 중장년층이 모임을 가졌는데, 총 9명 모인 사람 중에 아직 현업에서 일하고 있는 사람은 3명뿐이었다고 한다. 그럼 나머지 6명은 퇴직 상태, 즉 현재 구직 상태라는 것이데, 그들은 재취업을 위해 어떤 생각을 가지고 있을까?

일단 그들은 회사에 있을 때 대부분 화이트칼라 사무직이었고, 나름 자기 분야에서 전문가였다. 하지만 특별한 기술이 있거나 자격증이 있는 상태는 아니었다. 그들은 다시 자기의 전문분야를 되살린 경영 분야나 사무직에 재취업을 원했고, 희망하는 연 급여는 약 5천 정도였다. 최종 급여의 70% 수준이다. 아직 애들을 돌봐야 할 나이이므로 저 정도를 원했던 것 같다.

변변한 기술도 없고, 자격증이라곤 운전면허증 하나뿐인 배 나온 50대 아저씨에게 연봉 5천만 원을 주면서 채용할 천사표 회사가 얼마나 될까?

그 글에서는 그렇게 나이 먹은 퇴직자들이 수령할 수 있는 실제 연봉은 1,400만 원 수준이라고 설명했다. 정말 이게 현실일까?

그들은 아직 대리운전 기사나 택배 기사 등을 할 자신이 없다. 시도할 엄두조차 내지 못한다. 그들은 아직 자신은 현업에서 왕성히 일할 수 있다고 생각하고 있고, 만족스럽진 못해도 어느 정도의 수입을 벌 수 있다고 생각한다. 마치 깨기 싫은 꿈을 꾸는 것처럼 그들은 빨리 현실을 받아들이려 하지 않는다. 세상은 40, 50대 구직자를 우호적으로 보지 않는데, 그들은 아직 스스로를 인정하질 않는다.

필자는 헤드헌터를 하면서 채용공고에 마구잡이식으로 이력서를 넣는 중장년층을 정말 많이 본다.

본인의 전문분야에서 채용이 여의치 않자 본인이 할 수 있을 것 같다고 생각되는 모든 포지션에 지원한다. 아쉽게도 그런 포지션은 아무리 지원해도 다 떨어진다.

경력직 채용이란 것은 철저히 '해본 사람'을 채용하는 것이지 '할 수 있는 사람'을 채용하는 게 아니다. '할 수 있는 사람'을 채용하는 건 '신입채용'인데, 중장년층을 신입으로 채용하진 않는다. 본인이 가장 잘하는 분야에서 채용이 되지 않는다면 본인이 할 줄 모르는 분야에서는 절대 채용되지 않는다. 그게 현실이다.

그런 의미에서 보자면 필자도 대단히 어리석었음을 부인하지 않겠다. 필자가 PC방을 그만두고 구직 활동 할 때, 마땅히 구직이 어렵자 전혀 해보지 않은 일, 그러나 할 수 있을 것 같은 일에 눈을 돌린 적이 있다. 대표적인 것이 성형외과 상담실장 포지션이었다.

"그거 그냥 수술하겠다는 사람이랑 견적 같은 거 상담해주는 일 아냐? 나도 충분히 할 수 있겠는걸."

물론 그 당시에는 그런 포지션에 아무리 이력서를 넣어봤자 붙을 리가 없다. 그때는 이해하지 못했고 지금은 이해한다. 그건 나 같은 사람을 절대로 뽑아줄 리가 없는 포지션이었다.

지금도 수많은 중장년 구직자들이 절대로 뽑힐 리가 없는 포지션에 막연히 이력서를 넣고 있다. 마치 그 옛날, 나 같은 사람이 성형외과 상담실장 포지션에 열심히 이력서를 넣는 것과 비슷하게 말이다. 그런 포지션은 백 번이 아니라 백만 번을 넣어도 채용되지 않는다.

자기가 해보지 않은 일에 도전을 하겠다면, 그때는 연봉 눈높이를 한

참 낮춰야 한다.

점점 연봉 1,400만 원이 현실로 다가온다.

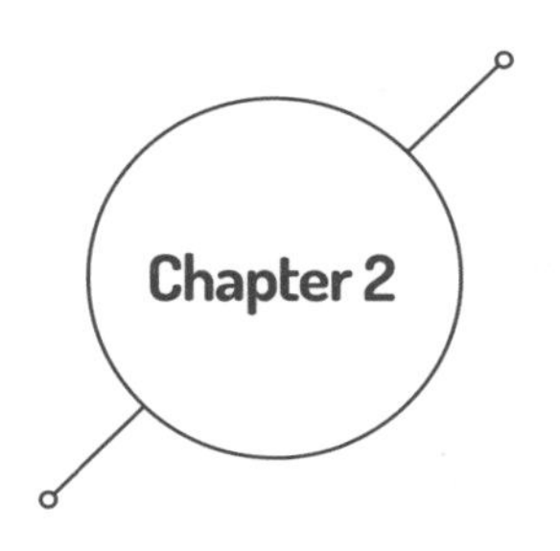

헤드헌터 입문 자격

❶ 필수 자격

그렇게 오랜 시간 구직 활동에 매달리던 필자가 드디어 헤드헌터의 길로 들어서게 되었다. 참고로 헤드헌터를 시작하기 전 필자의 마지막 직업은 '대리운전 기사'였다. 대리운전할 때, 보험료, 앱 사용료, 사무실에 떼어주는 비용 등을 모두 제하고 나면 내 실수입은 약 월 120만 원 정도였다. 앞서 언급한 나이 먹은 퇴직자의 실제 기대 연봉인 1,400만 원에 놀랍게 근사하는 수치다.

추운 겨울날 새벽의 도로는 매우 춥다. GPS를 통해 대리운전 call을 받아야 했기에 실내로 들어갈 수도 없었다. 양말을 두 겹 세 겹 껴 신어 봤자 새벽녘 도로 위에서 밀려드는 추위는 막을 수 없었다.

한번은 겨울 새벽녘에 정발산역에서 대리운전 콜을 기다리다가 너무 춥고 배고파서 근처 포장마차에서 어묵 하나를 사먹었다. 뜨끈한 국물 한 모금을 들이키며 간절히 소망한 것이 있었다.

'제발, 누군가 단 한 번이라도 내게 다시 기회를 주었으면…, 이렇게 추운 길바닥이 아니라 따뜻한 실내에서 열심히 일할 수 있는 기회를 단 한 번만, 딱 한 번만 다시 준다면, 제발 그렇게만 해준다면….'

왠지 눈물이 핑 돌 것 같은 그런 밤이었다.

너무나 간절한 소망이 통했을까? 나는 잡포털에서 헤드헌터 채용공고에 지원하였고, 그곳에선 내게 면접을 보러 오라고 했다.

내가 최초로 헤드헌터라는 직업을 인지한 것은 2004~2005년쯤이었다. 그때 대기업을 그만두고 헤드헌터의 길로 들어서려고 면접을 봤던 기억이 있다. 당시 내 면접을 봤던 헤드헌터는 자사에서 운영 중인 헤드헌터 입문교육 60만 원짜리를 수강하는 사람에 한해서 자격을 준다고 했다. 교육을 수강하면 헤드헌터가 되는 게 아니라, 수강 후에 평가를 해서 헤드헌터가 될 수도, 안 될 수도 있다고 했다. 그래서 그 교육은 듣지 않았다. 60만 원짜리 사기를 당할 수도 있다는 생각 때문이었다.

지금도 일부 서치펌에서는 헤드헌터 입문자 교육을 하면서 몇십만 원의 수강료를 받기도 한다. 교육의 내용에 따라 다를 수 있겠으나 거의 대부분의 서치펌에서는 입문자를 교육하면서 별도의 비용을 청구하진 않는다. 필자 역시 필자의 서치펌 사무실에서 입문자 교육을 수차례 무료로 진행하였다. 또한 별도의 입문자 교육 없이 곧장 헤드헌터로 입문하는 경우도 상당히 많다.

헤드헌터(직업상담원) 입문 자격

1 소개하려는 직종별로 해당 직종에서 2년 이상 종사한 경력이 있는 사람
2 직업소개 사업의 사업소, 근로자직업능력개발법에 의한 직업능력개발훈련시설, 초·중등교육법 및 고등교육법에 의한 학교, 청소년기본법에 의한 청소년 단체에서 직업상담, 직업 지도, 직업 훈련, 기타 직업 소개와 관련이 있는 상담 업무에 2년 이상 종사한 경력이 있는 자
3 공인노무사법에 따른 공인노무사
4 노동조합의 업무, 사업체의 노무 관리 업무 또는 공무원으로서 행정 분야에 2년 이상 근무한 경력이 있는 사람
5 사회복지사업법에 따른 사회복지사
6 초·중등교육법에 따른 교원자격증을 가진 사람으로서 교사 근무 경력이 2년 이상인 사람, 또는 고등교육법에 따른 교원으로서 교원 근무 경력이 2년 이상인 사람
7 직업소개 사업의 사업소에서 2년 이상 근무한 경력이 있는 사람
8 국가기술자격법에 따른 직업상담사 1급 또는 2급

자격이 복잡해 보이지만 1번에 해당하는 사람은 참 많을 것이다. 어떤 업종이던 직장 경력 2년 이상이면 대상이 된다는 소리다. (단, 경력증명서 제출 必) 직업을 소개하는 일이므로 직업을 2년 이상 경험한 사람만 가능

하다는 거다. 이 얼마나 간단한 자격 조건인가?

헤드헌터는 유료 직업소개업으로 구분되고, 허가업이다. 즉 지자체에 허가를 득한 후에 사업을 영위할 수 있고, 그 사업에 소속된 헤드헌터(직업상담원) 역시 지자체에 등록신고를 해야 한다.

여기에는 몇 가지 이슈가 있다.

① 원칙적으로 헤드헌터는 자기가 경험한 업종에 대해서만 직업상담을 할 수 있다. 즉, 회계를 했던 사람은 회계에 대해서만, 영업을 했던 사람은 영업에 대해서만, 개발을 했던 사람은 개발에 대해서만 직업상담을 하는 게 원칙이다. (원칙은 원칙일 뿐 제대로 지켜지기 힘든 조건이다.)

* 노무 경력 2년 이상자는 업종에 상관없이 직업상담이 가능하다.

② 경력증명서 2년을 제출해야 하는데, 어느 회사에서도 2년 이상 근무한 적이 없을 수도 있다. 이럴 때는 여러 회사의 경력증명서를 모두 모아서 2년만 넘으면 된다. 즉, A회사 7개월, B회사 10개월, C회사 10개월 근무했다고 하면 세 군데 경력증명서 모두를 제출하면 합한 경력이 2년을 초과하므로 자격이 된다.

③ 경력증명서를 떼고 싶은데 회사가 폐업을 하거나 기타 등등의 사유로 떼기 어려운 경우가 있다. 이럴 경우는 국민연금 또는 건강보험 납입증명서로 대체할 수 있다. 대부분 4대 보험은 가입하였을 테니

국민연금 내역서가 직장생활을 했다는 증빙 자료가 될 수 있다. 단, 앞서 ①번에서 말한 것처럼 국민연금 내역서에는 그 사람이 어떤 회사에 다녔는지는 나오지만 어떤 '업무'를 했는지는 나오지 않는다. 이 경우는 국민연금 내역서에다 해당 회사에서 어떤 업무를 했는지를 직접 기술하고 자필 사인을 하는 것으로 대체할 수 있다.

④ 만약 경력증명서 2년을 제출할 수 없는 사람, 즉 신입 또는 경력 2년 미만의 사람은 직업상담원을 할 수 없다. 이럴 경우 일반종사자의 신분으로 서치펌에서 일할 수 있다. 일반종사자는 서치펌 내부에서 이것저것 업무를 볼 수는 있지만 직업상담은 할 수가 없다. 그리고 2년의 경력이 쌓이면 그 후에 직업상담원으로 신분을 바꿀 수 있게 되고, 그때부터 직업상담이 가능해진다. 위의 입문자격증 7번 '직업소개 사업소에서 2년 이상 근무한 자'에 해당한다.

⑤ 직업 경력이 없으면서도 직업상담원이 될 수 있을까? 될 수 있다. 위의 입문 자격 중 3번, 5번, 8번에 나온 것처럼 공인노무사, 사회복지사, 직업상담사 같은 자격증이 있다면 직업 경력 없이도 자격이 된다.

⑥ 원칙적으로 서치펌 내에서 근무하는 모든 사람은 직업상담원 또는 일반종사자로 등록이 되어야 한다. 만약에 등록하지 않은 채로 영업한다면 신고 및 단속의 대상이다. 매년 1회 이상 지자체에서 점검이 나온다.

⑦ 대한민국 국적이 없는 사람일 경우에 경력증명서 외에 '거소증 사본'을 제출해야 한다. 만약 해외 경력일 경우에는 해외 경력증명서를 한국말로 번역한 후, 공증 과정을 거쳐야 경력 증명으로 인정된다.

❷ 필요 능력

보통 헤드헌터를 평생 직업이라고 한다. 실제로 내 주위에서 70살인데 왕성히 헤드헌터를 하시는분도 본 적이 있다.

그렇다면 그렇게 나이 먹어서도 할 수 있는 평생 직장을 가지기 위해 필요한 것은 오직 직장 경력 2년만 있으면 될까?

대다수의 헤드헌터는 적어도 3가지를 할 줄 알아야 한다. 헤드헌터는 3가지만 할 줄 알면 웬만큼 나이를 먹어도 할 만하기 때문이다.

그 세 가지란 첫째는 **인터넷**, 둘째는 **전화**, 셋째는 **문서작업**이다.

대부분의 헤드헌터는 이 세 가지를 다 해야 하고, 이 중에 하나라도 못하면 업무가 쉽지 않다. 개중에는 드물게 인터넷은 못하고 오로지 전화와 문서 작업만 하는 분도 있다. 온라인 서치 없이 철저히 오프라인 서치만 하는 헤드헌터들이다. 오히려 이런 분들이 상상할 수 없을 만큼 고소득을 올리기도 한다. 또 가끔은 인터넷도 하고 전화도 하지만 문서 작업을 못하는 분도 있다. 이런 건 주변 사람의 도움을 받곤 한다.

가장 큰 문제는 전화를 못하는 분들이다. 숫기가 없거나, 낯선 사람에게 쉽게 말을 못 거는 분이 가끔 계시다. 이런 분들은 헤드헌터로 자리 잡기 어렵다.

실제로 내 주위에서 낯선 이에게 전화하는 걸 두려워해 오로지 메일과 문자로만 업무를 보시는 분을 몇 분 뵈었다. 하나같이 실적이 좋지 않았다. 아니 좋을 수가 없다.

후보자를 컨택하고 전화를 하는 것과 이메일만 보내는 건 하늘과 땅 차이, 뱀과 지렁이의 차이다. 메일만 보내면 후보자의 피드백을 거의 받지 못한다. 전화를 하고 열심히 얘기를 해도 만족할 만한 피드백을 못 받는 경우가 허다하다. 하물며 메일만 보내놓고 좋은 피드백을 기대하는 건 너무 안일한 생각이다. 모르는 사람에게 말을 거는 게 너무 어려운 사람이라면 헤드헌터 입문은 심각하게 재고해 보는 게 좋다.

❸ 마음가짐과 자세

필자가 헤드헌터 입문자 교육을 진행할 때 수강생을 상대로 꼭 하는 말이 있다.

"거의 모든 직장인은 9–6을 꿈꾼다. 하지만 헤드헌터에겐 9–6이 너무나 어렵다."

9–6은 9시 출근, 6시 퇴근을 말한다. 필자도 현역 직장인 시절에 6시 칼퇴근을 너무나 희망했었다. 하지만 희망은 희망일 뿐 정시 칼퇴근은 녹록지 않았다. 그때는 그렇게 부르짖었다.

"하루에 8시간 열심히 일했으니 이제 나 좀 퇴근시켜달라고!"

그러나 헤드헌터가 되고 나면 세상에서 제일 어려운 게 바로 9–6이다.

헤드헌터는 대부분 기본급이 없는 프리랜서다. 일부 서치펌에서는 고정급+인센티브를 병행하기도 하지만 매출을 올리는 헤드헌터들은 더 많은 수익 확보를 위해서 100% 수당제를 더 선호한다. 따라서 대부분 기본급이 없다 보니 서치펌에서는 헤드헌터 근태에 제약을 두지 않는다. 출근하고 싶으면 출근하고, 하기 싫으면 안 하면 그만이다. 늦게 출근하든 일찍 퇴근하든 그 누구도 뭐라고 하지 않는다. 월급을 주지 않기 때문에 그러한 근태를 강요할 수 없다. 개중에 일부 서치펌에서는 근무 분위기를 강조하며, 출퇴근 시간을 정해놓기도 한다. 보통 10시 출근 5시 퇴근 정도로 정한다. 외근을 제외하고는 모두 그 시간에 사무실 안에 있어야 하는 것이다.

아무튼 근태가 정해져 있지 않을 경우, 스스로 자기관리를 잘 못하는 경우가 많다.

쉽게 말해 일을 많이 안 한다. 참 신기한 게 헤드헌터는 월급이 없기 때문에 일을 안 하면 수입이 생기지 않는다. 직장인들은 시간만 때워도, 농땡이를 쳐도 월급이 나온다. 하지만 헤드헌터는 농땡이를 치면 땡전 한푼 생기지 않는다. 그렇다면 당연히 죽을 힘을 다해 열심히 일을 해야 한다. 그런데 대부분의 헤드헌터는 그렇게 안 한다.

헤드헌터 10명이 있다고 가정하자. 그중에 9-6제를 지키는, 쉽게 말해 주 40시간 이상을 일하는 헤드헌터는 많아야 2~3명 정도다. 나머지들 중 대부분은 주 30시간도 일하지 않는 경우가 많다.

제일 핵심이 바로 이거다.

헤드헌터를 시작해서 죽어라 노력할 생각이 없다면, 어쩌면 그냥 시간 낭비일 수 있다. 지금도 대한민국의 수많은 헤드헌터들은 연수입이 1천만 원 미만이다. 그렇게 못 버는 헤드헌터들의 70%가 1년 안에 그만둔다. 알바를 해도 그보다는 훨씬 더 번다.

근데 서치펌이라는 법인(또는 개인) 회사에서 '이사'나 '상무' 같은 직함을 달고서 알바보다도 못 벌면 되겠는가? 세상에서 주 30시간 미만으로 일하고서 만족할 만큼 수입을 올릴 수 있는 일은 거의 없다.

헤드헌터로 성공하는 법?

기본적으로는 노력이다.

'질'이 아니고 '양'이다. 양이 부족하면 될 것도 안 된다. '양'을 채울 자신이 없는 사람은 입문을 하지 않는 게 좋다.

내 주위에 5년 연속 연 2억 이상의 수입을 올린 헤드헌터 분이 계시다. 그분은 세금이고 4대 보험이고 뗄 거 다 떼고 5년간 통장에 찍히는 걸로 10억 이상을 챙기신 분이다.

2017년 가을, 추석 연휴가 길었다. 토요일, 일요일에 대체휴일까지 합치니 무려 10일간의 긴 연휴가 생겼다. 대부분의 헤드헌터는 신나게 놀거나 하루이틀 정도 일했다. (참고로 필자는 그때 반나절 정도만 일하고 9.5일을 놀았다.)

그분께 추석 때 어떻게 보내셨냐고 넌지시 물어보았을 때 이렇게 답했다.

"그때 추석 당일 하루 놀았고, 나머지 9일은 죽어라 일했죠 뭐."

물론 헤드헌터들에게 모두 연휴 중에도 죽어라 일만 하라는 얘기는 아니다. 하지만 이 일도 노력이 근간이 되지 않고서는 잘될 수가 없다.

분명히 말한다.

'양'을 이기는 '질'은 없다.

헤드헌터로 자리잡는 법? 성공하는 법?

헤드헌터로 고소득을 올리는 사람의 대부분은 하루 12시간씩 일한다. 열심히 일한 만큼 놀 때는 화끈하게 논다. 헤드헌터는 근태가 없으니 놀고 싶으면 유럽여행 10일씩 다니는 것도 전혀 문제가 안 된다. 항상 돈이 문제다. 열심히 일해서 돈을 많이 벌면 누구 눈치볼 것 없이, 허락받을 필요 없이 편하게 시간을 쓸 수 있는 게 헤드헌터다.

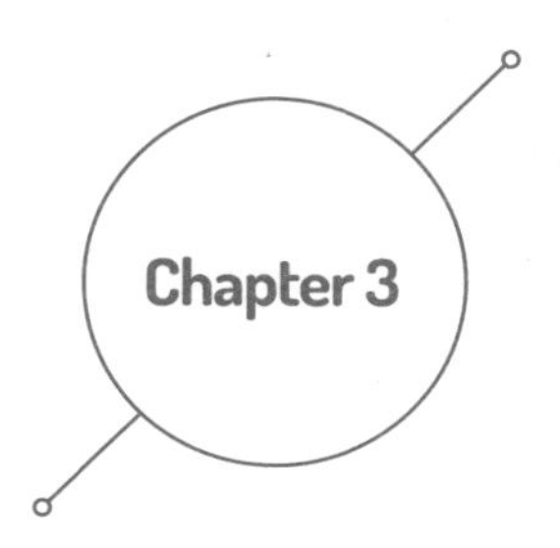

전체적인 헤드헌팅 Process

자, 헤드헌터에 대해 잘 모르는 분들도 대충 짐작이 가는 부분이 있다. 그것은 적합한 인재를 추천하고 수수료를 받는다는 부분이다. 소위 말해 '유료 직업소개'를 말한다.

헤드헌팅 채용 과정에 대한 대략적인 순서는 아래와 같다.

❶ 최초 영업

헤드헌터는 기본적으로 채용 의뢰를 받아야 업무를 할 수 있다. 가장 기본적으로 물건을 살 사람이 있어야 파는 사람이 생기는 것처럼, 헤드헌터도 인재를 채용하겠다는 회사가 있어야 인재를 찾아서 추천한다. 따라서 헤드헌터 업무의 첫 번째는 영업을 통해서 고객사 확보(오더 수취)를 하는 것이다.

영업에는 다양한 방법이 있겠지만 기본적으로 전화, 이메일, 인맥이 가장 많이 쓰인다.

❷ 계약서 작성 (가계약)

이 부분은 생략될 수 있다. 초창기 헤드헌팅은 대부분 계약서를 작성하고 업무를 시작한 경우가 많았다. 계약서에는 업무 진행에 대한 약정들, 수수료율, 보증기간 등등의 세부 계약 내용이 포함된다. 하지만 최근에는 헤드헌팅을 하더라도 성과로 이어진다는 보장이 없기 때문에 계약서 작성을 뒤로 미루는 경우가 많다. 이 경우 보통 최초의 인재채용이 이루어지면 계약서를 작성하곤 한다. 지금도 많지는 않지만 몇몇 특정 기업들은 먼저 계약서를 작성한 후에 업무를 진행하기도 한다.

▸▸ 비록 계약서 작성은 뒤로 미루더라도, 상호 계약 내용에 대한 대략적인 협의는 해둔다. 기본적인 수수료율과 보증기간 정도의 합의 내용은 미리 문서와 이메일 등을 통해 기록을 남긴 채 진행하곤 한다.

❸ 오더 수취

인재채용에 대한 의뢰를 세부적으로 받는 것을 말한다. 구체적으로 어떤 직무, 어떤 직책을 가진 후보자를 추천해야 할지에 대한 상세내역이라고 보면 된다. 헤드헌터들은 이렇게 받은 오더를 바탕으로 후보자 서치를 진행한다.

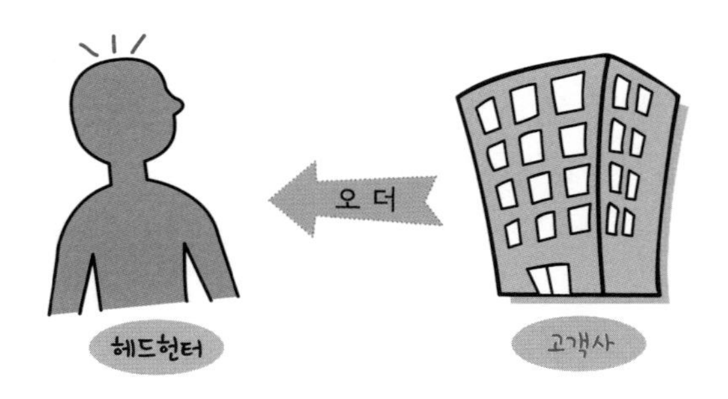

❹ 후보자 추천

헤드헌터가 열심히 서치를 진행하여 해당 직무에 적합한 후보자를 찾아내었을 경우에 고객사에게 후보자를 추천한다. 추천은 보통 이력서를 문서로 작성한 후에 고객사 담당자에게 이메일 발송을 하는 경우가 많다.

예전에는 포지션당 채용 인원의 3배를 추천하는 것을 원칙으로 했지만 실제로 잘 지켜지진 않는다. 포지션별로 후보자가 많은 포지션은 이력서 수십 통이 들어가는 경우도 있고, 후보자가 극히 적은 포지션은 1~2통도 겨우 넣는 경우도 많으며, 한 통도 못 넣는 경우도 있다.

▸▸ 보통 헤드헌터는 고객사에 이력서를 지원할 때 후보자의 연락처를 지우고 지원하는 경우가 많다. 이는 고객사가 후보자에게 직접 연락함으로 인해서 생기는 서로 간의 불필요한 오해를 없애기 위해서이다. 보통 후보자의 연락처는 최종 합격이 된 이후 고객사와 입사자 간 인사 차원의 협의를 위해서 고객사에 전달되곤 한다.

❺ 후보자 선정

•후보자가 마음에 들지 않을 경우

고객사에서는 후보자의 탈락을 통보하여 준다. 이때 구체적으로 후보자의 탈락 사유를 자세히 말해주는 경우가 있고, 그렇지 않은 경우가 있다. 헤드헌터는 그 후보자가 무엇이 부족해서 탈락했는지를 빨리 캐치하는 게 좋다. 그래서 그 부족한 부분을 보충할 수 있는 후보자를 재추천하는 헤드헌터가 업무적으로 우수하다.

•후보자가 마음에 들었을 경우

이때는 보통 면접이 진행된다. 회사마다 상황마다 다르지만 보통 면접은 1~2회 정도 보는 것이 일반적이다. 가끔 3회 정도 보는 경우도 있는데, 필자의 경우 최대 5회까지 보는 고객사도 경험한 적이 있다.

가장 많은 경우는 면접 2회로 진행하는 경우이며, 주로 1차 면접은 실무면접, 2차 면접은 임원면접으로 진행된다. 2차 면접은 1차에서 실무능력이 검증되었으므로 인성면접으로 진행되는 경우가 많다. 인성면접이란 사람 됨됨이를 보는 면접이며, 이 사람이 채용될 경우 조직에 잘 적응할 수 있는지, 채용된다면 얼마나 장기근속을 할지 등을 보는 면접이다.

❻ 채용이 확정될 경우

•헤드헌터 관여

채용이 확정될 경우, 계속 헤드헌터가 중간에서 관여를 하는 경우가 있다.

후보자의 연봉협상이나 입사일 협의 또는 회사 차원의 복리후생 등을 헤드헌터가 중간에서 고객사와 후보자 사이를 계속 중계하는 경우이다. 요즘에는 이런 경우는 많지 않다.

•고객사가 직접 컨택

채용이 확정될 경우, 헤드헌터는 비로소 고객사에게 후보자의 연락처를 전달한다. 그럼 고객사 인사팀에서 후보자에게 직접 연락을 해서 입사 진행에 필요한 것들에 대한 안내를 한다. 이렇게 하는 이유는 후보자가 원하는 세부적인 인사 항목(휴가일수나 상여금 체계, 각종 복리후생 등)

에 대해서 헤드헌터보다 인사팀에서 더 잘 대답해줄 수 있기 때문이다. 혹시라도 연봉협상이나 입사일 협의 등에 난항을 겪을 때는 헤드헌터에게 중재를 요청하기도 한다. 하지만 대부분의 경우는 인사팀에서 잘 협의해내는 경우가 많다.

❼ 계약서 작성 (본계약)

앞서 2번에서 계약서를 작성하지 않은 상태라면 바로 이때 계약서를 작성한다.

보통 고객사와의 계약서는 첫 번째 채용 확정이 된 후에 하곤 한다.

사전에 미리 얘기가 되었던 계약 내용에 대해 확인을 하고, 세부 계약서를 작성하여 계약 내용을 확정하며, 법인 도장을 찍어 날인하여 한 부씩 나눠 가진다.

▸▸ 가끔 고객사 중에 계약 내용까지 협의하고 계산서 발행과 입금까지 모두 진행하지만 막상 계약서에 도장은 찍지 않고 진행하는 곳도 종종 있다. 계약서라는 것은 문제가 생겼을 때 필요한 것이므로 평소에는 전혀 필요 없을 수도 있지만 분명하게 작성해두는 게 업무상으로 깔끔하다.

❽ 인보이스와 세금계산서 발행

후보자가 입사일에 정확히 출근을 하면 보통 인보이스와 계산서를 발행하곤 한다. 인보이스는 인재 추천 수수료에 대해 확인하는 문서이고, 계산서는 보통 국세청을 통한 전자 세금계산서로 발행한다.

고객사는 일반적으로 15일 이내에 수수료를 현금 입금해주는 것을 원칙으로 한다.

❾ 리플레이스먼트 (보통 '리플레이스'라 칭함)

입사자가 정상적으로 근무를 한다면 상관이 없지만 도중에 일찍 그만두는 경우가 있다.

이 경우에는, 계약서상 보증기간에 해당할 경우에는 동급의 후보자를 무료로 재추천하는 프로세스를 진행한다. 만약 적합한 후보자를 재추천해 성공한다면 상관없지만 그렇지 못할 경우에는 보통 환불 절차에 들어간다.

물론 후보자가 중도 퇴사 없이 잘 다니고 있다면 리플레이스는 발생하지 않는다.

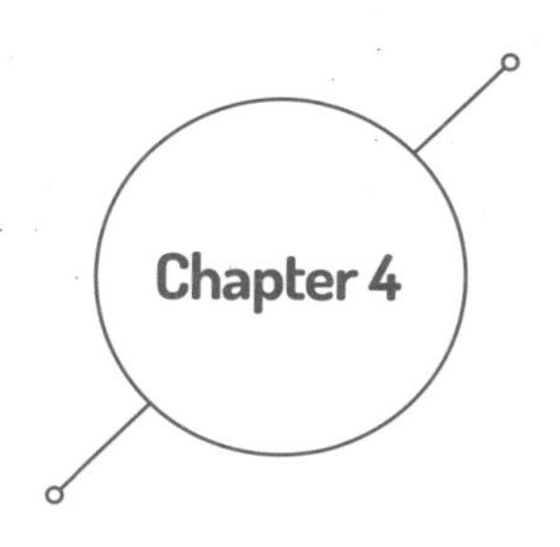

헤드헌팅
용어 설명

가끔 TV에서 법 관련 내용을 듣게 되는 경우가 있다.

"○○사건을 기소의견으로 송치하였으나 각하 처분을 받게 되어…"

이런 내용을 듣게 되면 궁금한 게 있다. '기소의견'이 무엇이고, '각하'는 또 뭘까?

용어를 알지 못하면 내용을 이해하기 어렵다. 그래서 모든 일의 첫걸음은 용어다. 아래에 헤드헌팅에 대한 용어를 설명한다. 잘 이해해두어야 앞으로의 내용을 이해하기 편하다.

위에 설명한 헤드헌팅 프로세스에서도 헤드헌팅 관련 용어가 많이 나와서 내용 이해에 어려운 부분이 있을 수도 있다.

아래에 나오는 헤드헌팅 용어 설명을 충분히 읽은 후에 다시 보면 이해가 쉬울 것이다.

❶ 헤드헌터

헤드헌터는 유료 직업소개업에 속한다. 쉽게 말해 돈 받고 직업소개를 해준다는 뜻이다. 비슷한 유료 직업소개업으로는 아웃소싱이나 파견업 같은 게 있다.

헤드헌터와 그들의 차이는 채용의 주체가 다르다는 점이다. 아웃소싱이나 파견업은 인재를 직접 채용한 후에 기업에게 인재를 공급해주는 형태이다. 가령 마트에서 일하는 아주머니들을 보면 소속이 '마트' 소속이 아니라 '아웃소싱사'인 경우가 많다. 아웃소싱사에서 아주머니를 직접 채용한 후 마트에 공급해주는 형태이기 때문에 그렇다.

하지만 헤드헌터는 기업에 인재를 '추천' 해주기만 하는 직업이다. 채용에 대한 결정은 '회사(고객사)'에서 직접 면접을 보고 결정하며, 헤드헌터는 그 채용에 관여할 수 없다.

가끔 헤드헌터가 정확히 뭐냐고 묻는 분이 꽤 많다. 원칙적으로 설명드리자면 '기업으로부터 인재 추천 의뢰를 받은 후, 의뢰에 부합하는 인재를 찾아서 추천하는 용역'이다. 물론 인재가 채용되면 뒷마무리도 하긴 한다. 하지만 원칙적으로는 적합한 인재를 추천까지만 하는 게 헤드헌터의 주 업무이다.

❷ 서치펌

서치펌Search Firm이란 헤드헌터들이 모인 회사다. 변호사가 모인 회사를 '로펌'이라고 부르는 것처럼 헤드헌터들이 모인 회사를 '서치펌'이라고 부른다.

서치펌은 소속 헤드헌터들에게 '일할 수 있는 환경'을 제공해주고 일정 비율로 수익을 쉐어한다. (수익 쉐어 부분은 뒤에서 다시 얘기하도록 한다.)

❸ 오더(프로젝트)

헤드헌터 업무 시작의 근간이다. 일할 '거리'가 있어야 일을 할 것이 아닌가?

기업(고객사)에 영업을 하여 기업이 원하는 인재에 대한 세부 채용 의뢰 내용을 받아오는 걸 '오더'라고 한다. (프로젝트라고 부르는 회사도 있다.)

헤드헌터들은 끊임없이 고객사를 대상으로 영업을 하고 오더를 받아온다. 고객사는 이런 오더를 전화, 이메일, 문서, 메신저 등으로 헤드헌터에게 전달해주곤 한다.

❹ 진성 오더, 가성 오더

위에서 오더란 것은 고객사로부터 받는 채용 의뢰라고 얘기했다. 하지만 이 오더도 진성 오더와 가성 오더로 나뉜다.

진성 오더는 정말로 고객사가 후보자를 찾고 있는, 반드시 채용을 해야 하는 오더를 말한다.

가성 오더는 그 반대다. 요즘 회사들도 헤드헌터를 악용하는 회사들이 생기면서 반드시 채용이 아닌 목적으로 오더를 뿌리기도 한다.

◦ 인력시장에 자기 회사의 업무와 관련해서 어떤 인재들이 있는지 궁금할 때 그냥 오더를 뿌려서 이력서만 실컷 받는 경우 '아, 이런 인력들이 있구나' 정도만 파악하고 모두 서류에서 탈락시킨다.
◦ 면접을 통해서 오히려 고객사가 최신 기술이나 동향에 대해 후보자에게 묻기만 하는 경우도 있다. 물론 실컷 묻기만 하고 면접에서 탈락시킨다.
◦ PT면접을 한다면서 후보자에게 PT 준비를 시킨 후, 면접 시 PT 내용만 열심히 본 후에 후보자를 탈락시킨다.

이런 것을 가성 오더라고 한다. 기업에서 채용할 생각 없이 정보만 캐낼 목적으로 헤드헌터에게 오더를 전달하는 경우다. 물론 가성 오더는 아무리 노력을 해도 절대 합격하지 못한다. 따라서 헤드헌터는 그게 가성 오더인지 진성 오더인지를 먼저 파악하는 게 매우 중요하다. 물론 오더의 대부분은 진성 오더다. 가성 오더는 아주 가끔 있을 정도다.

❺ JD Job Description

헤드헌터를 하다보면 하루에도 수십 번씩 언급하게 되는 것이 바로 이 JD라는 말이다. JD는 Job Description의 약자이고, 해당 채용 포지션에 대한 세부 내용 같은 것이다.

예를 들어보자.

중견기업에서 인사 과장급을 채용한다는 오더가 내려왔다. 하지만 이것만으로는 인재를 서치search해서 추천하기가 어렵다. 조금 더 구체적인 무엇인가가 필요하다.

◦ 학력: 4년제 학사 이상
◦ 근무지: 서울 강남 본사
◦ 담당업무: HRM 위주의 인사총괄
◦ 자격요건: 실무 경력 8년 이상
인사기획, 평가, 보상, 노무, 채용 경력
제조업 경력자 우대
노조 경험자 우대

이런 식으로 세부내용이 전달되었다면 바로 이걸 JD라고 한다. 이 JD라는 말은 헤드헌터를 하는 동안에 끊임없이 사용하는 말이다.

사용 예

– 이 포지션 상세 JD 좀 받아줘요.

– (후보자에게) 제가 메일로 JD 정리해서 보내드릴게요.

– 와~ JD를 이렇게 주면 도대체 사람을 어떻게 찾으라는 거야?

– 이 후보자는 JD랑 맞지 않아서 추천할 수가 없어요.

JD는 대외적으로 보이는 JD와 내부적으로 통용되는 JD가 다르다.

일반적으로 고객사에서는 대외적으로 보이는 상기 내용과 같은 JD만 보내주지만 헤드헌터에게는 그 내면의 JD가 더 중요하다.

내면의 JD는 헤드헌터가 따로 고객사 인사 담당자에게 문의해서 듣는 경우가 많다. 그런 내부 JD에는 대외적으로 밝히기 힘든 내용이 들어가곤 한다.

예를 들어, 나이/성별/학벌 등에 대한 것들인데 이러한 조건들은 대놓고 얘기했다가는 법에 의해 처벌받을 가능성이 크다. 특히 성별이나 학벌은 상당히 민감한 문제이기도 하다.

예를 들어, 고객사의 입장에서 인사팀장이 41살이면 인사 팀원은 인사팀장보다 어린 사람으로 채용하고 싶어한다. 괜히 인사팀장보다 더 나이 많은 팀원이 채용되어 조직의 위계가 흐트러지는 걸 원하지 않는다. 조직은 개개인의 능력도 중요하지만 조직 전체의 조화를 더 중요시한다. 개인보다는 조직이 우선시 된다. 따라서 이런 포지션의 경우는 41세가 넘는 인사 팀원 후보자를 아무리 추천해봤자 합격되기 어렵다.

그렇다면 내부적으로 '나이 40세 이하'라는 조건이 하나 더 붙는 셈인데, 이런 조건은 대외적으로 내세우기 어렵다. 나이 때문에 채용에 차별을 둬서는 안 되기 때문이다.

이럴 경우, 이런 조건들은 헤드헌터에게만 조용히 얘기를 해주는 편이고, 헤드헌터는 그에 맞춰 40세 이하의 후보자만 선별해서 고객사에 추천하곤 한다.

따라서 고객사에서 원하는 내부 JD를 더 많이 캐치해내는 헤드헌터가 업무적으로 우수하다.

❻ PM

PM이란 말은 반드시 헤드헌터뿐 아니라 사회에서도 워낙 많이 쓰이는 말이다. Project Manager, 바로 그거다.

고객사에서 최초에 오더를 따오게 되면 그 오더를 담당해서 진행하는 사람을 PM이라고 한다. 비슷한 말로 '메인 헤드헌터', '메인 컨설턴트' 또는 그냥 '메인Main'이라고 부르기도 한다.

일반적으로 해당 기업(고객사)에서 최초로 오더를 따온 사람이 그 고객사의 PM이 되곤 한다. 그리고 해당 고객사와의 커뮤니케이션은 오로지 그 PM이 담당한다. 하나의 고객사를 여러 PM이 담당하는 경우는 없다. 오로지 한 명의 PM이 담당한다.

대부분의 서치펌은 해당 PM이 퇴사할 때까지 그 고객사는 계속 그 PM이 담당자를 하곤 한다. 그러다보니 고객사 오너십에 문제가 생기기도 한다.

고객사 오너십에 대한 문제는 뒤에서 다시 얘기하도록 하자.

❼ Co-work 코웍 (Co-worker 코워커)

코웍은 상호 협업을 한다는 의미다.

최초의 헤드헌터들은 혼자 일하는 경우가 많았다. 고객사를 컨택해서 직접 오더를 받아오고, 그 오더에 부합하는 사람을 직접 찾아내어 추천하고, 합격했을 경우 그 후속 조치까지 스스로 했다.

그런데 요즘 서치펌들은 대부분 이 코웍이란 것을 권장한다.

코웍이란 주로 사람을 '서치search'하는 일을 함께한다는 의미로 사용된다. 즉, 한 명의 PM이 고객사로부터 오더를 받아왔을 때 그 서치를 혼자 하는 게 아니라 서치펌 내 다른 헤드헌터들과 공유하고, 다른 헤드헌터들은 '코웍'의 형태로 서치에 동참한다. 만약에 그렇게 코웍을 해준 코워커 중에 한 명이 합격자를 냈을 경우, 일반적으로 PM과 코워커가 50:50으로 수수료를 배분해서 갖는다.

그렇게 되니 PM의 입장에서는 자기가 받을 수수료의 절반을 나눠주기 싫어서 혼자서 서치하는 경우도 있다. 하지만 요즘은 경쟁시대다. 고객사도 서치펌을 한 군데만 사용하는 경우는 드물다. 보통 3~5개 정도의 서치펌을 쓴다. 그렇다면 그런 경쟁 서치펌과 누가누가 더 빨리 좋은 사람을 찾아내어 추천하느냐 시간 싸움이 벌어진다. 그때 그런 시간 싸움을 혼자 하는 것보다 여러 명이서 같이 코웍을 했을 때 다른 경쟁자를 제치고 합격할 확률이 더 높아진다. 비록 코워커랑 수수료를 나누는 한이 있더라도 코웍이 더 권장되고 있다.

물론 요즘에도 서치펌을 1~2군데만 쓰는 고객사도 있다. 주로 그런 고객사와 거래하는 PM들은 코웍을 하지 않고 혼자 서치하는 경우가 많다.

앞서 말한 대로 PM과 코워커는 50:50으로 나누는 경우가 일반적이다. 하지만 최근에는 PM이 꼭 합격시키고 싶은 포지션에 대해서 40(PM):60(코워커) 또는 30:70 식으로 코워커에게 더 많이 배분해주는 경우도 있다. (필자는 10:90으로 배분하는 포지션도 본 적이 있다.)

이렇게 코워커에게 분배되는 금액이 더 많아지는 경우라면 더 많은 코워커들의 참여를 유도할 수 있다. 소위 말해 당근을 던져주는 거다. PM의 입장에서는 그렇게 수수료가 줄어들더라도 어떻게든 꼭 그 포지션에 합격을 시키고 싶을 때 이런 방법을 쓰곤 한다. 그러나 이렇게 코워커와 수수료 배분 비율을 바꾸는 건 흔한 경우는 아니다. 보통의 경우는 그냥 노멀하게 50:50으로 분배하는 경우가 제일 많다.

8 서치 search

서치는 인재를 찾아내는 과정을 말하며, 크게 온라인 서치와 오프라인 서치가 있다.

말 그대로 잡사이트 등에서 후보자를 검색하는 것을 온라인 서치라 하고 그와 반대로 인맥, 지인 추천, 동문록, 직접 대면 방문, 경쟁사에 전화 등의 방법을 통하는 것을 오프라인 서치라고 한다.

지금 활동하는 헤드헌터의 대다수는 온라인 서치 위주로 업무를 진행한다. 헤드헌터가 대형 잡사이트들만 열심히 뒤져도 꽤 많은 실적을 낼 수 있다.

실제로 억대 연수입을 기록 중인 헤드헌터의 상당수는 오로지 잡사이트만 활용하곤 한다. 물론 잡사이트는 전혀 사용하지 않고 오프라인 서치로만 억대 연수입을 기록하는 헤드헌터도 있다. 그러나 흔하진 않다.

앞서 언급한 헤드헌터의 입문 자격 중에 '인터넷'이라는 말을 한 적이 있다. 인터넷을 활용해 잡사이트를 효율적으로 검색하거나, 인재들이 모인 커뮤니티를 쉽게 활용하는 것도 헤드헌터에게 매우 중요한 업무능력이다.

❾ 타깃 서치 Target Search

기업에서 헤드헌터에게 인재채용을 의뢰할 때 특정인을 지칭하는 경우는 거의 없다. 앞서 말한 대로 인사팀장을 채용할 때 이러이러한 JD에 부합되는 인사팀장을 추천해 달라고 하면 되는데, 그렇지 않고 콕 짚어서 "㈜ㅇㅇㅇㅇ 회사의 인사팀장으로 해주세요"라고 할 때가 있다.

채용하고픈 타깃이 누구인지 명확히 지정을 해주는 걸 '타깃 서치'라고 한다.

이것은 반드시 어느 회사 누구라고 지칭할 때도 있지만, '어느 프로젝트를 담당했던 사람으로 해주세요.' 또는 'ㅇㅇㅇㅇ 게임을 기획한 기획자로 해주세요' 식으로 지정하기도 한다.

타깃 서치는 소수의 타깃이 분명히 정해져 있는 채용이므로 성공 자체가 쉽지 않고 어려움이 많아서 평소보다 수수료를 더 올려받기도 한다. (아쉽게도 필자는 평소 일반 서치와 같은 수수료만 받아봤다.)

가끔 영화나 드라마에서 헤드헌터가 특정인을 채용하기 위해 의도적으로 접근하는 모습이 나오곤 한다. 타깃 서치라면 타깃이 확실하게 정해져 있으므로 그런 의도적인 접근도 가능하다.

⑩ 롱리스트Long list, 숏리스트Short list

롱리스트와 숏리스트는 잘 쓰지 않는 용어인데 알아두면 좋다. 주로 큰 기업에서 많이 요구하는 편이며 특정한 포지션이 나왔을 때 헤드헌터에게 그 포지션에 대한 인재풀Pool이 있는지를 묻는 경우가 있다. 이때 헤드헌터는 그 포지션에 대해 인재 DB를 가지고 있다는 것을 증명하기 위한 방법으로 많이 활용한다.

엑셀 등을 활용해 현재 보유 중인 인재에 대한 대략적인 내용을 적는다.

D14 fx

	A	B	C	D	E	F	G
1							
2	이름	생년	경력년수	경력내용	학력	재직회사	현재연봉
3	LCK	1979	12년	카메라모듈개발	S대 전자공학과	L전자	6,200만원
4	CHM	1981	9년	기구설계	K대 기계공학과	T전자	4,800만원
5							
6							
7							
8							

이런 식으로 적는 것을 롱리스트, 숏리스트라고 한다.

가지고 있는 후보자 전체 목록을 길게 나열한 것을 롱리스트라고 하며, 그 롱리스트 중에 선별된 축소 목록(최종 후보자 목록)을 숏리스트라고 한다.

보통 헤드헌터들이 영업을 할 때는 담당자에게 '롱리스트'를 발송하여 나는 이만큼 많은 인재풀이 있다는 것을 보여주고, 고객사 측에서 특정 후보군 DB가 있는지를 요청할 경우에는 그 롱리스트 중에서 해당 JD에 맞는 인재를 선별하여 '숏리스트'로 만들어 제출한다고 보면 된다.

⓫ 역제안

헤드헌터의 채용 프로세스를 쭈욱 머릿속에 그려보자.

기업에서 채용 의뢰가 오면 헤드헌터는 인재를 서치해서 추천하고, 합격하면 입사한 후 수수료를 받는 프로세스가 머릿속에 그려진다.

그런데 헤드헌터가 인재를 서치하는 와중에 매우 우수한 인재를 확보하게 되었다고 하자. 현재 그 인재에 맞는 포지션은 오픈되어 있는 게 없지만 이 후보가 특정 회사에 반드시 필요한 인재로 보인다. 이럴 경우에 취할 수 있는 게 바로 '역제안'이다.

업무능력이 우수한 A라는 후보자가 시장에 나왔다. 그 후보자는 내 고객사 B에 잘 어울릴 것으로 보인다. 하지만 아쉽게도 B고객사에는 A 후보자에게 적합한 포지션이 오픈되어 있지 않다.

비록 해당 포지션이 오픈된 건 아니지만 A를 채용하면 고객사 B의 성장에 도움이 될 것이라고 생각될 때, 헤드헌터는 후보자 A를 고객사 B에 추천한다. 이렇게 포지션이 오픈되어 있지 않은 상황에서도 해당 후보자를 추천하는 것을 역제안이라고 한다.

역제안이 성사되는 경우는 그다지 많지 않다. 회사도 TO가 부족해야 채용을 하는데 현재 TO가 차 있는 와중에 당장 필요하지 않는 인력을 채용하는 경우는 많지 않기 때문이다. 어쨌든 역제안이 성사가 되어 채용이 이루어지면 역시 같은 수수료를 받는다.

흔하진 않지만 후보자가 우수할 경우에 고객사에서 없는 포지션을 만들어 채용하는 경우가 있다.

필자가 아는 예를 들자면, 예전에 모 헤드헌터가 특정 고객사를 진행할 때 포지션이 회계 포지션이었다. 그런데 어느 우수한 후보자를 추천하고 보니 그 후보자는 회계보다는 '자금' 쪽에 맞는 후보자였다. 이때 고객사에서는 그 후보자를 놓치기 싫어서 자금 쪽에 없는 포지션을 만들어서 결국 그 후보자를 채용했던 적이 있었다.

⑫ 카운터 오퍼Counter Offer

자, 위에서 주로 잘되는 경우의 예를 들었다. 타깃 서치를 성공하고 역제안을 성공하는 얘기를 했다. 그럼 헤드헌터에게는 씁쓸한 입맛을 다시게 되는 순간이 없을까? 아니다 많다. 아주 많다.

대표적인 것이 바로 이 카운터 오퍼다.

원래 카운터 오퍼라는 것은 물건 같은 걸 팔 때 기존 오퍼에 대비해서

획기적으로 낮은 견적을 제시하여 계약을 따오는 데서 유래된 말이라고 한다. 헤드헌터 세계에서는 이 말이 후보자가 재직 회사의 설득에 넘어가서 이직을 포기하고 지금 다니는 회사에 그대로 남는 걸 의미한다.

쉽게 예를 들어보자.

후보자의 연봉이 3,000만 원이다. 이직을 시도했고, 새로운 회사에 합격을 했으며, 연봉협상은 3,200만 원으로 결정됐다. 후보자는 현재 다니는 회사에다 퇴직 사실을 말했다. 그러자 회사 측에서 연봉을 3,500만 원으로 올려줄 테니 이직하지 말고 남으라고 한다. 후보자는 회사의 설득에 넘어가 이직을 포기하고 현재 재직 중인 회사에 남기로 한다.

이렇게 회사가 이직하려는 직원에게 이직하지 말고 회사에 남으라고 던지는 오퍼를 '카운터 오퍼'라고 한다.

기본적으로 카운터 오퍼는 남아있는 후보자에게 악영향을 준다. 새로운 오퍼에 솔깃하여 기존 회사에 그대로 남는 게 반드시 좋은 선택은 아니라는 얘기다.

이유1. 만약에 카운터 오퍼로 후보자의 직급이나 연봉을 올려줬다고 가정하자. 그 문제는 해결됐을지 몰라도 그 외의 모든 문제는 바뀌지 않는다. 예를 들어 꼴보기 싫은 상사라던가 집에서 먼 출퇴근 거리 등은 바뀌지 않고 그대로라는 소리다.

이유2. 회사에서 퇴직 의사를 한 번이라도 밝혔느냐 밝히지 않았느냐는 차이가 크다. 입장 바꿔서 이 글을 읽는 독자분이 회사의 대표라고 가정해보자. 누군가 직원 한 명이 퇴직 의사를 밝혔다가 연봉 올려준다고 하니까 철회했다고 가정하자. 그 직원에게 중요한 업무를 맡기고 싶은가? 회사의 핵심적인 업무를 맡기고 싶은가?

이유3. 이유2에서의 이유로, 결국은 그 후보자를 대체할 수 있는 대체 수단을 강구하기 시작한다. 회사는 조직이다. 누군가 빠진다고 해서 조직이 돌아가는 데 문제가 생긴다면 그건 좋은 조직이 아니다. 조직은 그 후보자가 빠질 때를 대비해서 반드시 대체 인력을 준비하게 된다. 즉, 대체 인력 체제가 갖춰질 경우 어쩌면 도리어 '팽' 당할 수 있는 위기가 찾아오게 된다는 소리다.

위와 같은 이유로, 한 번 이직 의사를 밝혔다가 카운터 오퍼 때문에 철회하는 일은 가급적 하지 않는 게 좋다. 더 정확히 말하자면, 최초의 이직 계획을 세울 때는 그만큼 신중하게, 많은 고민 끝에 결정을 해야 한다는 소리다. 그리고 그렇게 많은 고민 끝에 이직을 결심하게 되었을 경우에는 뒤도 돌아보지 않고 전진하는 '단호함'이 필요하다.

⑬ 석세스Success

단연코, 헤드헌터가 가장 좋아하는 말이다.

고객사로부터 '추천해주신 후보자를 채용하겠습니다'라는 최종 합격을 받아내는 것을 석세스라고 한다.

그러나 석세스가 모두 수입으로 연결되는 건 아니다. 대부분 통계적으로 최종 합격한 이후에 일이 틀어지는 경우가 약 20~30% 정도 된다. 필자의 데이터를 확인해보면 23.6%가 나온다. 석세스가 된 4명 중에 1명 정도는 고객사에 입사하기 전에 문제가 생겨 채용이 이루어지지 않는다는 말이다.

최종 합격 후에 연봉협의에 실패를 한다든가, 앞서 얘기한 카운터 오퍼를 맞는다든가, 아니면 후보자가 단순 변심을 한다든가, 입사 시기 조정에 실패한다든가, 인적성검사나 신체검사에서 떨어지는 등 기타 사유로 입사까지 이어지지 않는 경우가 무려 20%가 넘는다.

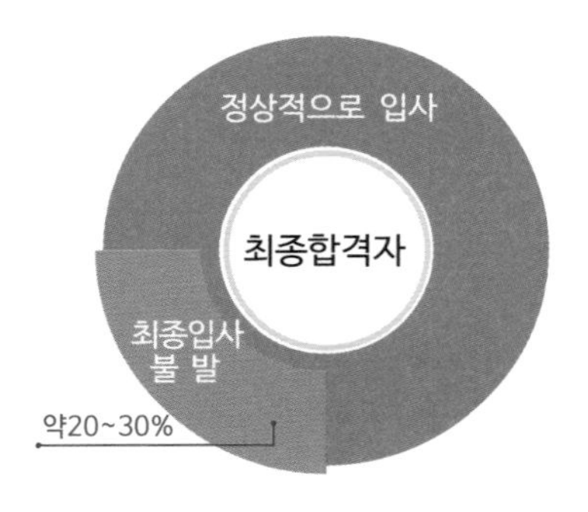

물론 이것은 헤드헌터의 노력으로 어느 정도 극복할 수 있는 사안이다. 최종 합격을 받아냈다고 해서 '잡힌 물고기'로 인식하여 소홀하기보다는 지속적으로 관심을 가져주고 케어해주는 게 후보자의 이탈을 막는 지름길이다. 실제로 지속적인 케어로 후보자의 이탈률을 5%대로 막는 헤드헌터도 본 적이 있다.

Tip

헤드헌터끼리는 석세스를 수치로 표시하는 게 있다. 본인의 포지션에 혼자 단독으로 석세스한 것을 1.0, 코웍으로 석세스한 것을 0.5점으로 간주한다. (코웍을 해준 것, 코웍을 받은 것 모두 0.5로 간주) 그리고 한 달에 평균 1.5를 해서 1년에 18.0을 하면 억대 연봉의 반열에 들어간다고들 한다.
1년에 18.0이란 수치는 절대로 쉬운 수치가 아니니다. 많은 노력이 수반되어야만 만들어질 수 있는 수치다.

⑭ 오퍼 레터 Offer Letter

후보자가 합격한 후에 회사 인사팀 차원에서 발행하는 공식 문서를 말한다.

그 문서 안에는 후보자의 직급, 연봉, 입사일, 각종 복리후생 등 입사에 필요한 여러 정보들이 나열되어 있고, 회사 직인이 찍혀 나온다.

이 오퍼 레터는 매우 중요한 것이니 반드시 빼먹지 말아야 한다.

후보자는 새 회사에 입사하는 것으로 알고 현재 재직 중이던 회사에 사직서를 냈는데, 새 회사에서 입사 계획 자체가 취소되거나 변경되는 경우가 종종 발생한다.

따라서 이럴 경우 잘못하면 후보자는 잘 다니던 직장도 잃고 새 회사에도 입사할 수 없게 되는 낭패를 경험할 수 있는데, 이 경우에는 증거 부족으로 법에 호소하기도 어렵다. 만약에 오퍼 레터를 받아둔 상태라면 그 오퍼 레터가 증거가 되어 법적 효력을 발휘하게 되고, 그것을 바탕으로 회사를 압박할 수 있다.

이렇게 입사하기로 했던 회사에 정상적으로 입사하지 못했을 경우, 보통의 경우는 회사 측과 합의를 하여 약 1~3개월치에 해당하는 월급을 받고 끝내는 경우가 많다.

⓯ 평판조회 (레퍼런스 체크Reference Check)

평판조회란 후보자의 평판을 확인해본다는 얘기다.

흔히 이력서에는 A라는 업무를 했다고 적혀 있지만 정말 그 A라는 업무를 본인이 주도적으로 했는지, 그때 성과는 좋았는지를 완전히 파악하기란 쉽지 않다. 실제로 이력서상에 본인이 아주 '일부' 관여한 업무를 마치 100% 한 것처럼 적는 경우도 있고, 실패했던 프로젝트를 성공한 것처럼 꾸미는 경우도 있다. 이럴 때 시행하는 게 평판조회인데, 평판조회는 단순히 업무능력뿐 아니라 그 후보자의 인간적인 부분까지도 함께 조사한다.

평판조회는 크게 '공개 평판조회'와 '비공개 평판조회'가 있다. 비공개 평판조회는 '블라인드 레퍼런스 체크'라고도 부른다. 이름대로 보자면 공개 평판조회는 공개적으로 지정된 레퍼리에게만 평판조회를 진행하는 것을 뜻한다. 레퍼리Referee란 평판조회 시 후보자의 업무능력이나 인성에 대해 증언해주는 사람을 칭한다. 주로 후보자의 옛 직장동료, 직장 선후배를 지정하는 경우가 많다.

반대로 블라인드 레퍼런스 체크는 후보자 모르게 후보자의 직장동료

등 주변인물을 레퍼리 삼아서 평판조회를 한다. 이 부분은 상당히 논란의 소지가 있다. 실제로 미국 같은 나라는 블라인드로 평판조회를 하다가 발각될 경우 바로 소송이 들어온다. 엄밀히 말하면 개인에 대한 비밀 사찰인데, 미국은 동의하지 않은 개인사찰을 용납할 리가 없는 나라이다. 그래서 미국에서 평판조회를 하려면 후보자에게 직접 어떤 주변인을 레퍼리로 지정할지를 통보한 후에 후보자의 OK 사인까지 득하고서 공개적으로 평판조회를 실시한다.

국내에서도 일부 기업에서는 아직도 블라인드 레퍼런스 체크를 진행하고 있으나 아직 소송까지 진행된 경우는 듣질 못했다.

어쨌든 평판조회를 하는 대부분의 기업들은 평판조회를 할 때 공개 평판조회를 한다. 이는 후보자가 직접 자기의 평판을 얘기해줄 직장 선배, 후배, 동료를 레퍼리로 지정할 수 있다는 뜻이다. 물론 이때 대부분은 자기에게 좋은 얘기를 해줄 수 있는 사람을 지정한다. 따라서 평판조회에서 후보자에 대한 안 좋은 얘기가 나오는 경우는 드물다.

그렇다고 비공개로 하는 블라인드 레퍼런스 체크가 정확한 것 또한 아니다. 후보자가 100명 중에 99명과 친하게 지내고, 단 한 명하고만 사이가 안 좋았다고 가정하자. 블라인드 레퍼런스 체크 시 하필 그 한 명이 레퍼리로 지정될 경우 후보자의 평판은 실제와 다르게 나올 가능성이 크다. 고로 레퍼런스 체크는 참고사항이지, 공개 레퍼런스 체크든 비공개 레퍼런스 체크든 절대적으로 신뢰를 해서는 안 된다.

레퍼런스 체크에 대해선 뒤에서 다시 언급하도록 하자.

⑯ 수수료

앞서 헤드헌터는 '인재를 추천하는 용역'이라고 언급했다.

용역을 진행하면 당연히 용역비가 발생하고, 그 비용을 수수료라고 칭한다.

헤드헌터의 수수료는 초창기에는 일부 선불 및 잔금으로 진행하였으나 최근에는 거의 모두 '후불제'로 진행하고 있다.

따라서 서치펌과 고객사 사이에서는 후보자를 추천하고 면접을 진행하는 등의 전형 중에는 비용이 발생하지 않는다. 후보자가 최종 합격하고 제대로 입사를 하면 그때 인보이스(뒤에 설명)와 계산서를 발행하곤 한다.

헤드헌팅 수수료는, 초창기에 후보자 연봉의 40~50%에 육박할 정도로 높은 편이었으나, 시간이 흐르면서 헤드헌팅이 보편화되고 헤드헌터의 숫자가 많이 늘어나게 되면서 하향 평준화가 되었다.

요즘은 보통 후보자 연봉의 15~25% 정도(VAT별도)로 책정되는 경우가 많고, 이 숫자는 빠르게 낮아지고 있다. 최근에는 15% 정도가 제일 많은 편이고, 드물긴 하지만 20%가 보이곤 한다. 개중에는 10%나 12% 같은 낮은 수수료를 책정하는 경우도 종종 있다.

어쨌든 서치펌 업계에서는 수수료 마지노선을 15%로 생각하고 있다. 그 이하면 수수료 수입이 적어서 서치펌 운영 및 헤드헌터의 생계유지가 곤란할 수 있기 때문에 가급적 15%를 지키려 노력하고 있는 편이다. (일부 대형 서치펌에서는 20% 미만의 수수료율은 아예 접수조차 하지 않는 경우도 있다.)

▸▸ 선수금 제도에 대하여

초창기 헤드헌팅은 선수금이 있었지만, 지금은 선수금 제도가 아주 드물게 있을 뿐 거의 없다. 선수금 제도는 보통 예상되는 수수료의 약 30%를 먼저 받은 후에 인재서치&추천을 시작하는 것이다. 물론 최종 합격이 되고 나면 나머지 70%를 잔금으로 받게 된다. 선수금 제도는 대략적으로 '면접 3회' 등의 제한을 둔다.

만약에 서치펌이 제대로 우수한 후보자를 추천하여 면접을 3회 이상 진행했을 경우, 후보자가 모두 탈락하는 바람에 최종 합격이 안 된다 하더라도 선수금 30%는 완전히 서치펌에 귀속된다. 채용되지 않아도 반환하지 않는다는 말이다. 반대로 면접 3회를 진행하지 못할 경우에는 그 30%도 반납해야 하는 경우가 생길 수 있다.

지금은 이런 선수금 제도 없이 거의 100% 후불제로 진행하는 경우가 대부분이다.

⑰ 인보이스 Invoice

후보자가 합격해 정상적으로 입사했다. 그러면 서치펌에서는 고객사를 상대로 인재채용 수수료를 청구해야 할 것이다. 요즘은 보통 국세청 사이트를 통해 온라인 전자 세금계산서를 발행하곤 한다.

이때, 만약에 그냥 전자 세금계산서만 청구될 경우 고객사에서는 비용처리가 어려울 수 있다. 비용이 집행되기 위해서는 윗분들의 결제가 필요한데 계산서만 가지고 결제를 받기는 어렵기 때문이다.

인보이스는 일종의 청구서 같은 문서로, 문서 안에는 어떠어떠한 사유로 얼마만큼의 비용이 발생하였으며 어떠한 계좌로 입금해달라는 내용이 적혀 있는 문서이다.

Q29		fx					
C	D	E	F	G	H	I	J
INVOICE							
작 성 일 자 :		2018.11.11					
문 서 번 호 :		SO52018.11.11					
공급자 번호 :		㈜○○○○○(사업자등록번호 : 123-45-67890)					
※ 공급받는자							
상 호			○○전자				
사업자 등록번호			123-45-67890				
주 소			○○시 ○○구 ○○동				
대 표 자 명			○○○				
전 화 번 호			02-123-4567				
담 당 자			○○○ 과장				
담 당 부 서			경영관리팀				
※ 청구 금액							
성명	직급	연봉	수수료율	청구금액	세액(VAT)	합계금액	비고(출근일)
홍길동	차장	53,000,000	18%	9,540,000	954,000	10,494,000	11월11일 출근
총 합계(Total Amount)				9,540,000	954,000	10,494,000	
※ 결제 정보							
은행		계좌번호		예금주			
○○은행		123-4567-8901		㈜○○○○○			

상기 이미지처럼 이번에 입사하게 된 후보자의 이름, 직급, 연봉, 수수료율, 최종금액(VAT별도), 입금 받을 통장번호 등이 기재되어 있다.

고객사에서는 이런 정보를 가지고 윗분들에게 결제를 받은 후 비용을 집행하게 된다.

인보이스는 보통 후보자가 처음 입사한 날에 작성하게 되며, 담당자에게 보내준 후 담당자의 OK 사인이 떨어지면 그때 전자 세금계산서를 발행하면 된다.

⑱ 수수료 배분

•회사와의 배분

필자가 거래 중인 고객사 인사담당자가 한번은 이런 얘기를 한 적이 있다.

인사담당자 이사님, 저도 인사 업무 그만두게 되면 헤드헌터 할까봐요.

헤드헌터 조조 네? 왜 그런…

인사담당자 헤드헌팅 수수료가 좀 센데, 1년에 몇 건만 해도 먹고 살 수 있을 것 같아서…

헤드헌터 조조 …!!!

많은 인사담당자들이 잘못 알고 있는 것 중에 하나가 바로 이거다. 수수료를 헤드헌터가 모두 가져갈 것이라는 생각이다. 하지만 실제로는 그렇지 않다.

일반적으로 어느 회사 소속의 프리랜서가 수입이 발생하였을 때 회사와 쉐어하는 부분이 있다. 예를 들어 로펌의 경우 소속 변호사가 수임료의 일부를 회사와 쉐어해야 할 것이고, 공인중개사 사무실도 소속 직원이 부동산 계약을 체결하였을 때 복비의 일부를 회사와 쉐어한다. 마찬가지로 서치펌에 소속된 헤드헌터도 석세스가 나서 수수료를 입금받게 되면 회사와 쉐어한다.

그 비율은 회사마다 각기 다르지만 가장 범용적인 것은 70(헤드헌터):30(서치펌)이다.

참고로 대부분의 부동산 사무실은 50:50으로 회사와 소속 중개인이 반씩 나눠 가진다. 단, 헤드헌터와의 차이라면 부동산중개인은 임차인과 임대인(또는 매도자와 매수인) 양쪽에서 복비를 받지만 헤드헌터는 고객사에게만 수수료를 받을 뿐 후보자에게는 수수료를 받지 않는다.

여튼 70:30이라는 숫자는 그 어느 명확한 규정이나 명분이 있는 것이 아니고, 오랫동안 지켜져온 관행 같은 숫자이다. 물론 일부 서치펌에서는 이와 다른 숫자를 제시하기도 한다.

예를 들어 필자는 56(헤드헌터):44(서치펌)로 나누는 곳도 봤다. 왜 저런 숫자로 나누는지는 알지 못한다. 이해하기 어려운 숫자지만 아무튼 저랬다.

아직 잘 모르는 헤드헌터를 대상으로 15(헤드헌터):85(서치펌)로 진행하는 다소 '노동 착취적인' 서치펌도 봤으며, 60(헤드헌터):40(서치펌)으로 진행하는 서치펌도 봤다.

서치펌의 수수료 배분은 최근에는 실적에 따른 차등으로 진행하는 경우가 많다.

예를 들어 (이하 내용은 순전히 '예'일 뿐이다.)

매출 0원~6천만 원까지는 70:30이고

매출 6천만~1억2천만 원까지는 75:25

매출 1억2천만 원 이상은 80:20

이런 식으로 매출 구간별로 수수료를 조정해주는 서치펌이 꽤 많다.

이것은 회사마다 규정이 각기 천차만별이라 어느 게 옳다고 하기 어렵다.

특히 조금 유명한 대형 서치펌들은 저런 수수료 조정 없이 일괄 70:30으로 하는 경우도 많다. 그런 회사의 경우는 회사의 네임밸류가 높기 때문에 그 네임밸류를 보고 지원하는 헤드헌터도 꽤 많고, 70:30의 수수료에 대한 불만을 가지지도 않는다. 불만 있으면 다른 이름 없는 서치펌으로 가면 된다.

만약 헤드헌터로 처음 입문하시는 분이 면접을 본 서치펌에서 70:30보다 낮은 수수료 배분을 제시받는다면 그것은 고개를 갸우뚱 해봐야 한다. 그만큼 70:30은 업계의 일반적인 수수료 배분율로 인식되고 있다.

• 헤드헌터끼리의 배분

앞서 코웍을 설명하면서 코웍으로 석세스가 났을 경우 수수료를 PM과 코워커가 나눠 가진다고 언급하였다. 이때 보통은 50:50으로 반반씩 나눈다고도 얘기하였다.

그렇다면 1,000만 원의 수수료가 발생했을 경우, 회사와 PM, 코워커는 각각 얼마씩 나눠서 가지게 될까?

앞서 말한대로 일반적으로는 헤드헌터와 회사는 70:30의 수수료 배분을 한다. 그리고 그렇게 나온 70을 다시 PM과 코워커가 50:50(즉 35:35)으로 나누게 된다.

고로 1,000만 원의 수수료가 발생했다면 회사 300만 원, PM 350만 원, 코워커 350만 원을 가지게 된다.

이것은 항상 그런 것은 아니다.

앞서 말한대로 헤드헌터와 회사와의 배분율이 70:30이 아니라 75:25인 경우도 있고, 80:20인 경우도 있기 때문이다. 또한 앞서 코웍을 설명할 때 예를 들었던 것처럼 포지션에 따라서 PM:코워커를 50:50이 아니라 40:60이나 30:70으로 하는 경우도 있다.

이럴 경우에는 수수료 배분을 어떻게 해야 할까?

예를 하나 들어보자.

PM은 회사와 80:20으로 계약되어 있다. 코워커는 회사와 70:30으로 계약되어 있다. 이 특정 포지션은 PM과 코워커가 40:60으로 배분하기로 약속하고 석세스가 났다. 총 수수료는 1,000만 원이다. 이 경우 각각 얼마나 분배가 되어야 옳을까?

대부분의 헤드헌터는 경력이 좀 되었어도 이 계산을 하지 못한다. 이유는 수수료가 발생하면 회사에 떼어줄 수수료를 먼저 생각하기 때문이다. 이 경우 PM은 회사에 20%를 떼어줘야 하고, 코워커는 회사에 30%를 떼어줘야 하기 때문에 문제가 발생한다.

이런 수수료 배분 방식의 첫 번째 규칙은, 무조건 PM과 코워커 대로 수수료를 먼저 나누는 것이다.

◦ PM과 코워커가 40:60이므로 수수료 1,000만 원을 40:60으로 나눈다. 그럼 PM은 400만 원, 코워커는 600만 원이 된다.
◦ 이 금액을 각각 회사와 나눈다.
PM은 회사와 80:20으로 계약되어 있으니 400만 원을 80:20으로 나누면 PM몫 320만 원, 회사몫80만 원이 나온다.
◦ 마찬가지로 코워커는 회사와 70:30으로 계약되어 있으니 앞선 600만 원을 70:30으로 나누면 코워커 몫 420만 원, 회사 몫 180만 원이 나온다.
◦ 고로 이 경우는 PM 320만 원, 코워커 420만 원, 회사 260만 원(80만+180만)이 된다.

<table>
<tr><th colspan="3">수수료 1,000만 원</th></tr>
<tr><td>PM</td><td>구분</td><td>CO</td></tr>
<tr><td>400만 원</td><td>배분율 40:60</td><td>600만 원</td></tr>
<tr><td>PM 320만 원 (80 : 회사 80만 원 20)</td><td>PM은 80:20
CO는 70:30</td><td>CO 420만 원 (70 : 회사 180만 원 30)</td></tr>
</table>

PM 320만 원
CO 420만 원
회사 260만 원(80만 원+180만 원)

수수료 배분은 이렇게 하면 된다.

회사에 줄 수수료를 먼저 떼는 게 아니라 'PM'과 '코워커'를 먼저 나눈 후에 각자 회사와의 계약대로 배분을 하면 된다.

⑲ 원천세

앞서 계산대로 PM 320만 원, 코워커 420만 원, 회사 260만 원의 수수료가 발생했다.

그럼 PM의 통장에는 320만 원이 입금되는 것일까?

그렇진 않다. 프리랜서도 세금을 내야 한다.

흔히 알려진 프리랜서의 세금은 3.3%이다. 이 3.3%는 소득세 3.0%와 지방소득세(소득세의 10%) 0.3%를 합쳐서 3.3%이다. 이것을 원천세라 칭한다.

일반적으로 수수료가 입금되면 서치펌 측에서 PM(또는 코워커)에게 입금해줄 때 이 원천세를 제하고 입금해준다. 즉, PM은 320만 원을 받는 게 아니라 세금 3.3%를 제외한 309만 4,400원을 입금받게 된다. 마찬가지로 코워커도 420만 원이 아니라 3.3%를 제외한 406만 1,400원을 입금받는다.

서치펌 회사는 이런 개개인의 원천세들을 모아서 한꺼번에 국가에 세금을 내며, 헤드헌터들은 이런 원천세를 납부한 내역을 모아서 매년 5월 종합소득세 신고를 한다.

⑳ 리서처researcher

리서처는 하나의 단어지만 헤드헌팅 용어로는 3가지 의미로 사용된다.

첫째, 리서처는 기본적으로 서치를 전문적으로 하는 사람을 의미한다.

헤드헌터의 업무는 크게 오더를 따오는 일과 후보자를 찾는(서치) 일로 나뉘는데, 이중에 '서치'만 집중적으로 하는 사람으로 보면 된다.

둘째, 앞서 설명한 코워커 중에 서치를 해준 코워커를 리서처라고 부르기도 한다.

셋째, 헤드헌터는 보통 100% 수당제로 진행하지만 가끔 월급을 받는 헤드헌터도 있다. 이를 리서처라고 칭하기도 한다.

일반적으로 100~150만 원 정도의 월급을 받는 대신에 수수료율이 많이 다르다. 보통은 헤드헌터와 서치펌이 70(헤드헌터):30(서치펌)으로 진행하지만, 리서처는 월급을 받으므로 20(리서처):80(서치펌)이나 15(리서처):85(서치펌) 정도로 진행한다.

일반적으로 헤드헌터는 근태가 없지만 리서처는 월급을 받기 때문에 직원으로 분류가 되고 근태가 적용된다. 따라서 출퇴근 시간이 정해져 있고, 경우에 따라서는 이력서를 몇 통 이상 넣어야 한다는 식의 제한이 붙기도 한다.

㉑ 인트라넷 (서치펌 DB)

앞서 보통의 서치펌은 최초의 오더를 수령하였을 때 가급적 내부에 공유하여 코웍을 유도하는 방식으로 많이 진행한다고 얘기하였다.

이 오더를 공유하는 방법 중에 많이 쓰이는 건 이메일, 인트라넷, 서치펌 DB 등이 있다.

- 이메일: 보통 서치펌은 자체 이메일링 서비스를 하는 경우가 많다. 네이*나 다* 같은 개인 메일이 아니라 서치펌의 도메인이 담겨 있는 그런 메일을 말한다. 회사 도메인이 나온 이메일 주소는 개인 이메일 주소에 비해 후보자에게 신뢰를 줄 수 있기 때문에 많이 사용된다. 이렇게 메일링 서비스를 이용할 경우 구성원 전체에게 보다 쉽게 메일을 보낼 수 있다. 오더가 나왔을 경우 전체 메일을 발송해서 모든 구성원들이 해당 오더가 나왔다는 것을 인식하도록 한다.
- 인트라넷: 인트라넷은 직장생활을 해본 사람이라면 많이 들어봤을 법한 용어다. 쉽게 말해서 조직 내부의 업무를 하기 위해 만든 홈페이지 같은 걸 말한다. 외부에는 공개되지 않고, 내부 조직원들만 접속이 가능한 홈페이지라고 보면 된다. 이런 인트라넷 게시판에 오더를 올린다. 그럼 그 구성원들이 게시판을 보고 오더를 판단하고 서치를 진행하게 된다.
- 서치펌 DB: 인트라넷이 한 단계 발전한 형태다. 기존의 인트라넷은 단순하게 오더를 공유하는 역할만 한다면 서치펌 DB는 오더의 진행 상황까지 판단하게 해준다. 예를 들어 특정 포지션에 후보자가 몇 명 추천됐는지, 면접은 잡혔는지 등의 정보를 일목요연하게 확인할 수 있다.

앞서 언급한 이메일이나 인트라넷을 사용하는 서치펌이 있고, DB를 사용하는 서치펌도 있다.

DB가 인트라넷에 비해 발전된 형태인 이유는 일반적인 인트라넷으로는 해당 포지션에 이력서가 몇 통 들어갔는지, 누가 면접이 잡혔는지 합격자가 발생했는지도 알 수 없다. 반면 서치펌 DB의 경우는 이런 내용을 상세히 알 수 있을뿐더러, 과거에 해당 고객사에서 어떤 포지션들이 나왔는지, 그때는 추천이 어떻게 되었고, 합격자는 몇 명 나왔는지 등의 모든 정보를 볼 수 있기 때문이다.

인트라넷과 서치펌 DB의 차이는 이렇게 단순히 오더를 나열만 하는지 아니면 그 오더 진행에 대한 상세 내역, 그리고 그 히스토리까지도 남길 수 있는지의 차이이다.

저 3가지 방법 중에서는 서치펌 DB가 가장 발전된 형태이고, 가장 기술적으로 많은 진보를 이루고 있다. 앞으로 서치펌 업계는 서치펌 DB 활용이 필수가 될 것으로 예상한다.

㉒ 보증기간 (워런티Warranty 기간)

후보자가 고객사에 무사히 입사를 했다. 정상적으로 오랫동안 근무를 하면 좋겠지만 그렇지 못하고 금방 회사를 그만두게 되는 경우도 있다.

이에 서치펌에서는 고객사와 계약을 할 때 보증기간(워런티 기간)을 두고 그 기간 안에 '자진 퇴사'한 후보자에 대해서 리플레이스를 해주는 경우가 많다. 리플레이스란 후보자가 보증기간 내에 자진 퇴사하였을 경우, 그 후보자와 동급의 후보자를 무료로 재추천해주는 것을 의미한다.

보증기간은 크게 3개월(90일), 6개월(180일), 1년(365일) 정도로 두고 있으며, 전체 계약의 약 90%는 '3개월'로 하고, 나머지 8~9% 정도는 '6개월', 나머지 1% 정도는 '1년'으로 한다.

보증기간은 '3개월'로 하는 경우가 거의 대부분이고, 그 이상으로 하는 경우는 매우 드물다고 보면 된다.

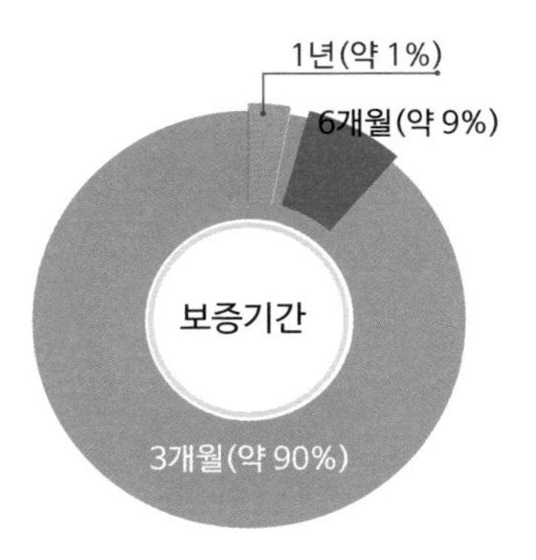

㉓ 리플레이스먼트Replacement (보통 '리플레이스'라 칭함)

앞서 리플레이스는 후보자가 보증기간 내 '자진 퇴사'한 경우 퇴사한 후보자와 동급의 후보자를 무료로 재추천해주는 것이라고 언급했다.

리플레이스 부분에 대해서는 지금까지도 다소 말이 많은 상황이다.

왜냐하면 앞서 헤드헌터는 인재를 추천하는 용역이라고 얘기했다. 그럼 인재를 추천한 사람의 책임은 어디까지일까?

후보자가 고객사에 무사히 입사해 회사생활을 하게 된다면 그 후부터는 회사(고객사)의 소관이지 헤드헌터의 소관이 아니다. 만약에 후보자가 보증기간 내에 그만두게 된다면 그것은 '헤드헌터의 잘못'이 아니라 적어도 90% 이상 '고객사 내부의 문제'일 것이다.

고객사의 문제에 대해 헤드헌터가 책임을 떠안는 부분에 대해서는 아직도 논란의 여지가 있다.

참고로 리플레이스는 아래의 경우에는 해당되지 않는다.

◦ 연봉, 근무조건, 근무지 등이 회사가 채용 시 제시한 것과 현격히 달라진 이유로 후보자가 퇴사한 경우
◦ 후보자가 소속된 부서가 영업불황, 전략적 이유 등으로 폐지된 경우
◦ 후보자의 업무가 후보자의 동의 없이 현격히 달라진 경우
◦ 회사가 매각된 경우
◦ 기타 회사의 사정으로 후보자가 퇴사할 수밖에 없는 경우

어쨌든 실제 고객사와 계약하는 거의 모든 서치펌에서는 계약서상에 이런 보증기간 및 리플레이스에 대한 언급을 하고 있다.

일정기간 무료로 후보자를 재추천하여 재추천한 후보자가 채용에 성공하면 리플레이스는 종료된다. 하지만 만약 재추천한 후보자가 채용에 성공하지 못할 경우에는 수수료 환불 절차에 들어간다.

가장 일반적인 것은 일할 계산이다. 보증기간에서 후보자가 일한 날짜 수만큼 계산하고 나머지 금액을 환불하는 것이다.

단, 최근에는 서치펌에서 후보자를 추천하는 과정에서 많은 시간과 코스트가 발생한 것에 대하여 일정 비용(기초 조사비 약 30%)을 제한 후에 일할 계산하기도 한다. 예를 들면 이렇다.

• 보통의 일할 계산의 경우

후보자 수수료가 총 900만 원이었고, 보증기간은 3개월(90일)인 상태

에서 2개월(60일)까지만 근무하고 퇴사한 경우

900만 원 − {900만 원 × 2개월(60일) ÷ 3개월(90일)} = 300만 원

이 경우 서치펌에서 고객사 측으로 300만 원을 환불해줘야 하는 것이다.

• 기초조사비 30%를 공제한 후 일할 계산하는 경우

후보자 수수료가 900만 원이고, 보증기간 3개월(90일)인 상태에서 2개월(60일)까지만 근무하고 퇴사한 경우

900만 원 − 270만 원(30%) = 630만 원 − {630만 원 × 2개월(60일) ÷ 3개월(90일)} = 210만 원

이 경우는 서치펌에서 고객사 측에 210만 원을 환불해줘야 하는 것이다.

만약에 해당 포지션이 PM과 코워커까지 있었던 포지션이라면 PM이나 코워커는 이미 받은 수수료에서 해당 비율만큼 계산해서 서치펌으로 환불해야 한다. 서치펌에서는 그런 PM과 코워커의 환불금액까지 모두 모아서 고객사에 환불해주면 된다.

㉔ 전직지원 outplacement

많이 쓰이는 용어는 아니다. 전직지원은 아웃플레이스먼트라고도 부른다.

사전적인 의미로 보자면 out(바깥)으로 placement(취업 알선)를 해준다는 뜻인데, 자사에 현재 재직 중인 사람을 외부의 다른 회사로 취업 알선을 해준다고 보면 되는 것이다.

전직지원이란 일반적인 기업에서 고용보장을 해줘야 하는 직원에 대해 고용보장을 해줄 수 없을때 이용하는 서비스다. 즉, 회사는 직원을 '정규직'으로 고용할 경우 일반적으로 '기간에 제한이 없는' 형태로 계약을 한다. 그런데 회사 측의 사정으로 인해 정규직의 고용을 지속적으로 보장해 줄 수 없는 사태가 발생하기도 한다.

예를 들어 경영이 악화되었거나, 해당 부서가 폐지되거나, 해당 사업에서 철수하는 등등의 사태가 벌어지기도 한다.

이때 회사는 고용보장을 해줘야 하는 직원을 타 회사로 전직시켜주는 서비스를 이용하기도 한다. 그럼 그 직원은 그 회사가 아니라 다른 회사에서 고용을 이어가게 된다.

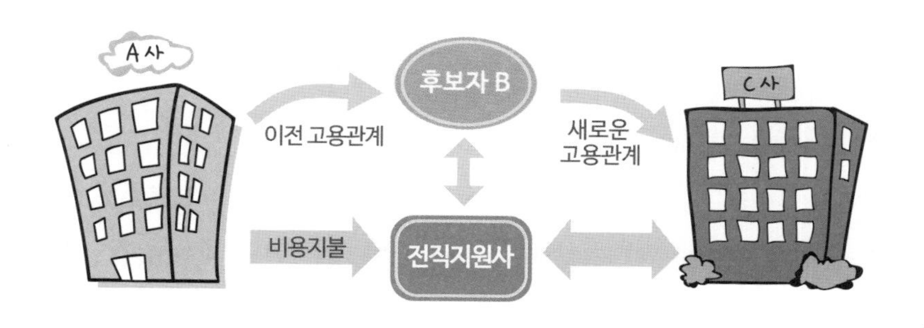

보는 바와 같이 A사는 후보자 B의 고용보장을 해줄 수 없는 상태다. 이때 전직지원 서비스를 이용할 경우, 전직지원사는 후보자 B가 근무할

수 있는 적합한 회사 C를 찾아주게 된다. 만약 후보자 B가 새로운 회사 C에 정상적으로 이직을 하게 될 경우 회사 A는 전직지원사에게 비용을 지불하게 된다.

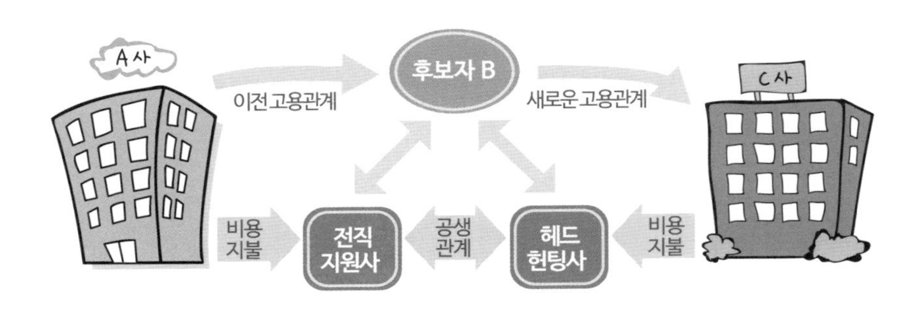

전직지원의 경우는 헤드헌터와 연계하여 업무를 진행하는 경우도 많다. 실제로 다수의 헤드헌터는 전직지원사로부터 매주 롱리스트를 받고 있다.

즉, 이 관계는 인재 DB를 갖고 있으면서 '채용사'의 정보가 필요한 전직지원사와, 채용정보를 갖고 있으면서 '인재 DB'가 필요한 헤드헌팅사 사이의 상부상조다.

이런 식으로 전직지원사와 서치펌(헤드헌터)이 연계되어 석세스를 냈을 경우, 수수료 부분도 깔끔하게 해결된다. 전직지원사는 A사에게서 수수료를 받으면 되고, 헤드헌터는 신규 채용한 고객사 C에서 수수료를 받으면 되기 때문이다.

따라서 헤드헌터와 전직지원사는 서로 돕고 도와주며 상호 비용 발생도 없이 '오직 공생만 하는 사이좋은 관계'라고 볼 수 있다.

㉕ 사내 헤드헌터 (인하우스 헤드헌터)

앞서 헤드헌터는 적합한 후보자를 추천하는 용역이라고 하였다. 당연히 용역비가 발생하고, 이 용역비는 기업의 입장에서는 다소 부담스러울 수도 있는 부분이다.

이 부분을 해결하기 위해서 특정 기업에서는 자체 내에서 헤드헌터를 운영하기도 한다.

이 경우 대부분 현역 헤드헌터로서 3년 이상 경력을 쌓은 헤드헌터들을 대상으로 하며, 매월 기본급을 받고, 실적을 낼 경우에 추가 인센티브를 받는 방향으로 많이들 진행한다.

현역 헤드헌터들은 이 부분에 대해 부정적으로 보는 경향이 크다.

이것은 단지 기업이 사내 헤드헌터를 통해 자체 채용을 하면 헤드헌터의 수익이 악화될까를 우려해서 그런 것만은 아니다.

현역 헤드헌터들 사이에서 사내 헤드헌터가 좋게 평가받지 못하는 이유는 아래와 같다.

◦ 기본적으로 헤드헌터는 프리랜서다. 프리랜서는 수입이 일정하지 않아서 그렇지 어느 정도 고수입만 보장된다면 이보다 좋을 수 없다. 출근하고 싶으면 출근하고, 여행가고 싶으면 여행갈 수 있는 일인데 왜 굳이 근태 관리의 노예가 되어가면서 출퇴근을 하고 싶어하겠는가? 바꿔 말하면 그런 사내 헤드헌터의 '기본급'에 욕심을 내는 헤드헌터라면 '실적이 좋지 못한' 헤드헌터일 가능성이 크다. 실적이 좋은 헤드

헌터는 절대로 사내 헤드헌터가 되고 싶어하지 않는다.

◦ 헤드헌팅 업무는 기본적으로 어깨너머로 배운다. 상식적으로 생각해 보면 된다. 유명한 음식점 주방에 취업하게 됐다고 치자. 고수 주방장이 알아서 요리 비법을 전수해주겠는가? 아니다. 열심히 일하면서 틈틈이 그 고수의 어깨너머로 배워야 하는 것이다. 헤드헌팅 업무도 마찬가지다. 주변에 있는 여러 고수 헤드헌터들 어깨너머로 배워야 하는 거다. 그러나 앞서 말한 사내 헤드헌터는 대부분 실적이 좋지 못해서 그 좋은 프리랜서를 버리고 근태 관리가 있는 사내 헤드헌터로 들어온 사람들이다. 이 일의 깊이를 배울 수 있는 롤모델이 없다.

때문에 실제로 헤드헌터 업계에서는 그런 사내 헤드헌터를 별로 신경 쓰지 않는다. 우리의 업계를 위협하기 어렵기 때문이다.

잘 생각해보면 된다. 국내 대기업 S사, L사, H사 등은 왜 사내 헤드헌터를 쓰지 않겠는가? 사내 헤드헌터를 운영하느니 비용이 들더라도 그때그때 프리랜서 헤드헌터를 활용하는 게 더 낫기 때문이다.

그럼에도 불구하고 사내 헤드헌터 제도를 시범적으로 운영해보는 회사들은 주로 스타트업인 경우가 많다. 회사가 폭발적으로 성장을 해서 채용에 대한 수요가 급증하는데, 그 채용을 맞추려고 헤드헌팅을 이용하면 수수료 부담이 너무 가중되니까 이를 줄여볼 요량으로 사내 헤드헌터를 운영해보는 경우가 많다. 물론 대부분은 얼마 안 있어 사내 헤드헌터를 없애고 다시 프리랜서 헤드헌터를 이용하고는 한다. 다른 이들이 좀처럼 하지 않는 것은 다 이유가 있는 것이다.

㉖ 사전 미팅 (사전 인터뷰Pre-Interview)

헤드헌터는 후보자를 고객사에 추천하는 업무를 주로 한다. 이 과정에서 헤드헌터가 직접 후보자를 만나서 확인해보는 절차가 있다. 이를 보통 사전 미팅 또는 사전 인터뷰라 한다.

후보자를 만나서 회사에 대한 구체적인 소개, 채용 배경, 입사 후 본인이 해야할 역할 등에 대해서 얘기함과 동시에 후보자의 이력을 최종적으로 점검하고 애티튜드(자세)를 확인하는 일도 한다.

사전 미팅의 경우도 헤드헌터마다 호불호가 갈린다. 어떤 헤드헌터는 자기가 진행하는 거의 모든 후보자를 일일이 다 만나는 경우가 있다. 만나서 후보자에 대해서도 최종 확인하고, 회사에 대해서도 열심히 설명을 해주는 경우다.

반대로 자기가 진행하는 후보자를 거의 만나지 않는 헤드헌터도 상당히 많다. 이 경우 가장 문제가 되는 것은 바로 시간이다. 필자의 경우도 한때 후보자를 많이 만나러 다녀봤지만 쉬운 일이 아니었다.

일단 필자의 서치펌은 서울에 있기 때문에 지방에 있는 후보자는 만나기 어려웠다. 사전 미팅을 위해 후보자를 만나러 경남 진주까지 내려가는 게 쉬울 리 없다. 또한 현재 재직 중인 후보자도 만나기 어렵다. 미취업자라면 우리 서치펌에 잠깐 들러서 차나 한잔 하자고 하면 되지만, 현재 재직 중인 사람은 사전 미팅 때문에 월차 또는 반차를 쓰고 나와야 하니 여건상 어렵다. 이 경우 천상 헤드헌터가 직접 후보자가 재직 중인 회사로 찾아가서 근처 커피숍에서 만나야 한다.

한 명이면 상관없지만, 필자의 경우 보통 하루에 4~5명 정도 만나면 하루가 다 간다. 후보자의 회사 위치가 천차만별이기 때문에 판교 갔다가, 구로 갔다가, 강남 갔다가 하는 식으로 여러 곳을 순회하고 나면 어느새 날이 어둑어둑해지는 경우가 많았다. 특히 필자는 커피나 음료수를 마시지 않는데 매번 커피숍 가는 것도 곤욕이었고, 음료 비용과 교통비도 부담되었다.

때문에 지금은 직접 만나는 것보다 장시간 통화로 대화를 많이 나누는 편이며, 좀 특별한 경우에만 어쩌다 한 번씩 만나곤 한다.

그래도 굳이 선택을 하자면, 사전 미팅을 했던 후보자가 잘되는 경우가 더 많다. 조금이라도 합격 확률이 높아지고, 조금이라도 조기 퇴사 확률이 줄어든다.

고객사 중에서도 일부 고객사는 헤드헌터에게 반드시 사전 미팅을 하도록 요구하는 회사도 있다. 헤드헌터가 1차 검증을 마친 후보자만 추천해달라는 고객사도 많지는 않지만 있긴 있다.

하나의 팁을 더 하자면,

인사팀 채용의 경우는 가급적 사전 미팅을 꼭 하는 게 좋다.

인사팀의 경우는 추후에 내게 오더를 주는 고객사가 될 가능성이 크기 때문이다. 또한 반드시 고객사 여부뿐 아니더라도 인사팀 인맥을 알아둬서 나쁠 건 없다. 없는 시간도 빼서 반드시 얼굴 도장을 찍어두는 게 좋다.

참고로 예전에 인사팀 포지션을 진행했던 모 헤드헌터는 자기가 채용시켜준 인사팀장에게서 거래정지 통보를 받은 적도 있다. 이해가 되는가? 자기를 통해서 무사히 잘 입사한 인사팀장이 입사하자마자 자기에게 거래 정지를 통보하다니?

이유는 간단했다. 그 헤드헌터는 후보자(인사팀장 본인)와 사전 미팅을 하지 않았다는 이유에서였다. 어쩌면 사전 미팅이 사유의 전부가 아닐 수도 있다. 어쨌든 후보자를 제대로 케어하지 않았다는 게 거래 정지의 사유였다.

반드시 위의 경우가 아니더라도, 어떤 이유를 불문하고서라도 인사팀과의 얼굴 도장 한 번은 매우 중요하다.

이상으로 헤드헌터 관련된 용어는 대충 훑어보았다. 이후에도 관련 용어가 나올 경우에는 그때그때 설명하도록 하겠다.

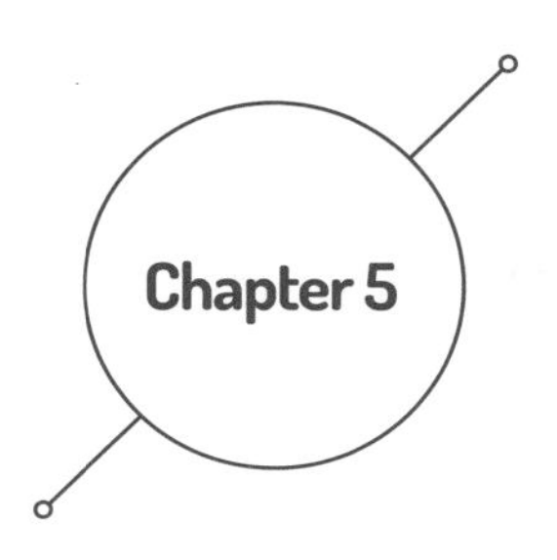

예비 헤드헌터들의 공통 질문 (FAQ)

필자는 헤드헌터 카페(https://cafe.naver.com/hrhuntercafe)를 운영 중이다.

정기적으로 헤드헌터 오프모임(번개, 정기 모임)도 진행하고 있고, 필자의 서치펌에서 입문자용 교육을 따로 진행하기도 한다. 그렇게 수많은 헤드헌터와 예비 헤드헌터들을 만나다 보면 그들에게서 공통적인 질문을 받을 때가 많다.

❶ 어떤 서치펌을 선택할 것인가

가장 많이 받는 질문이다. 헤드헌터는 일반적으로 100% 수당제(위촉직)로 시작한다. 특별히 월급을 주는 곳이 아니므로 채용이 비교적 쉽게 이루어진다.

이 글을 읽으시는 분, 어떤 분이시라도 아주 특별한 결격사유만 없다면 어느 서치펌에 가서 면접을 보더라도 웬만하면 출근해서 일하라는 소릴 들을 것이다. 물론 아주 유명한 서치펌들은 나름 꽤 까다로운 채용 조건을 내걸기도 한다. 그러나 보통 중소형의 일반적인 서치펌은 채용 조건이 까다롭지 않은 경우가 많다. 마치 보험설계사 같은 것과 비슷하다. 이 글을 읽으시는 분이 당장 보험설계사를 하겠다고 달려가면 아주 특별한 결격사유가 없는 이상 웬만하면 채용될 것이다. 그와 비슷하다고 보면 된다.

보험회사가 보험설계사를 늘리면 회사의 수익으로 연결될 가능성이 큰 것처럼, 헤드헌팅 서치펌도 헤드헌터의 숫자가 늘어나면 회사의 수입으로 이어질 가능성이 커진다. 때문에 아주 특별한 결격사유가 없다면 헤드헌터를 시작하는 데는 무리가 없다.

그러다 보니 예비 헤드헌터들은 과연 어떤 서치펌이 좋은 서치펌인지 선택하기 어렵다. 여러 군데 면접을 보러 다닌다 하더라도 면접 보러 가는 곳마다 서로 자기네 서치펌으로 오라고 하는 경우도 많다. 또한 예비 헤드헌터의 입장에서도 면접만으로 그 서치펌의 허와 실을 다 보기는 어려울 것이다.

이하 내용은 개인적인 편차가 있는 부분이다. 사람마다 선호도가 다를 수 있다.

•서치펌 인원수

서치펌은 법규상 20평방미터(약 6평) 이상의 규모가 되어야 한다. 6평이면 대략 책상 5개 정도 들어갈 수 있는 공간이다. 물론 개중에는 그냥 SOHO 같은 사무실 얻어서 1인 서치펌을 하는 헤드헌터도 있기는 있다.

구체적으로 얘기하자면, 일단 10명 이하는 아주 선호되지는 않는다.

이유는 요즘 헤드헌팅은 거의 대부분 사내 코웍을 통해서 많이 이루어진다. 회사마다 다르지만 대략 인원당 월 4개 정도의 오더가 나온다. 즉, 5명 서치펌은 월 20개 정도, 10명 서치펌은 40개, 20명 서치펌은 월 80개 정도의 오더는 나온다는 말이다. 이 숫자는 회사마다 다를 수 있는 부분이지만 대략적으로 평균을 내보면 저 정도 숫자에 근사한 경우가 많다.

서치펌의 구성원이 적을 경우, 내가 업무를 보기에 충분한 양만큼의 오더가 나오지 않는 경우가 많다. 즉 오더가 적어서 일을 하고 싶어도 일할 게 없는 사태가 발생할 수도 있다. 따라서 10명 이하의 규모는 많이 선호되지 않는다.

그렇다면 반대로 인원이 아주 많으면 좋을까? 꼭 그렇지도 않다.

앞서 필자가 PM 용어를 설명하면서 고객사 오너십에 대한 얘기를 잠시 언급하기도 했는데, 그 얘기를 지금 해보자면 아래와 같다.

• 고객사 오너십

어느 서치펌의 A라는 헤드헌터는 자기가 PM인 고객사가 무려 500개나 된다. 영업에 재주가 있었던지 오더를 받아온 고객사 숫자가 무려 500개나 되는 것이다.

필자도 고객사가 많은 편이라 수많은 고객사 담당자와 커뮤니케이션하지만, 그 많은 숫자의 고객사를 유지하는 게 쉬운 건 아니다. 실제로 콘트롤되는 것은 많아야 10개 정도의 고객사가 전부다.

그렇다면 A가 500개의 고객사 중에 10개만 운영한다면 나머지 490개는 어떻게 될까?

불행히도, 대부분의 서치펌의 규정상 그 490개는 여전히 A라는 PM이 관리해야 한다.

490개의 회사들은 이미 인사담당자가 바뀌었거나 회사 정책이 바뀌는 등 A라는 PM의 존재 자체를 모를 수도 있다. 다시 오더를 주지도 않는다. 그러나 아주 오래전에 오더를 한 번 받았다는 이유만으로 A는 평생 그 고객사의 PM 노릇을 하게 된다. 그리고 그것은 결국 다른 헤드헌터들이 해당 고객사에 영업을 할 수 없도록 막는 역할을 한다. 앞서 말한 대로 하나의 고객사에는 오직 한 명의 PM만 담당한다. 따라서 누가 이미 담당하고 있는 고객사는 다른 사람이 영업을 해서는 안 된다.

그렇다면 A라는 PM이 자기가 담당했던 고객사 중 실제로는 가용하지 않은 490개의 고객사를 다른 사람에게 넘겨줄 수 있을까?

딱 한 가지 방법이 있다. A가 그 서치펌을 퇴사하면 된다.

원칙적으로 기업(고객사)은 회사(서치펌)와 계약을 하기 때문에 헤드헌터 개인의 소유물이 아니다. 회사vs회사의 계약관계다. A라는 헤드헌터가 그 서치펌을 그만둘 경우 서치펌에서는 A가 맡았던 500개의 고객사를 남아있는 헤드헌터들에게 분배하는(담당자를 지정해주는) 경우가 많다. 그러나 A라는 사람이 퇴사하기 전에는 그 500개의 고객사는 오로지 A의 몫이고, A의 담당이다.

따라서 최근에는 그게 부당하다고 하여 도중에 고객사의 담당 PM을 바꾸는 서치펌도 있다. 필자가 운영 중인 서치펌도 그렇다. 합리적이라고 생각하는 규정을 만들어서 A가 재직 중인 상태에서도 이미 거래가 끊어진 고객사는 회사로 반납이 되고, 그렇게 반납된 고객사는 다른 헤드헌터가 담당할 수 있는 제도를 만들어두었다.

또한 타 서치펌에서도 오더를 따온 지 오래된 고객사들은 다른 헤드헌터가 영업할 수 있도록 규정을 만들어서 고객사를 재분배할 수 있도록 해주는 경우가 종종 있다.

어쨌든 이런 경우는 흔한 것은 아니다. 거의 대부분의 서치펌은 한 번 PM은 영원한 PM으로 간주되곤 한다.

만약에 인원이 많은 서치펌이 있다고 가정하자. 그럼 그 서치펌은 이미 수천 개의 고객사들이 모두 개척되어 있다. 그리고 앞서 얘기한 대로 그 고객사들은 새로운 헤드헌터들이 접근할 수 없다. 특별한 제도가 없는 이상 한번 PM은 영원한 PM이기 때문이다.

그렇기 때문에 인원수가 아주 많은 서치펌을 가게 될 경우에 고객사 개척에 어려움을 겪을 수 있다. 물론 회사 제도를 개편하여 신규 헤드헌터에게도 기회가 갈 수 있도록 해주는 서치펌이라면 괜찮겠지만, 그렇지 못한 서치펌이라면 신규 고객사 개척이 쉽지 않을 수도 있다.

위의 사례를 종합해보자면, 그냥 가장 평범한 경우로는 약 20~30명 정도의 서치펌이 제일 무난하다. 그 정도 규모면 오더가 부족해서 노는 일도 없고, 새로운 고객사를 개척할 여지도 충분한 편이기 때문이다.

자, 서치펌 선택 관련 많은 얘기를 했는데, 마지막으로 필자는 하나를 더 지적하고자 한다.

서치펌 중에 가끔 이런 것을 내거는 경우가 있다.

"회사 내에 오더 많습니다. 영업하실 필요 없어요."

이 말은 영업에 대해 부담을 갖지 말라는 의미일 수도 있겠으나 어쩌면 우린 리서처만 필요하다는 의미일 수도 있다.

헤드헌터로 어느 정도 자리 잡으려면 반드시 영업은 해야 한다. 영업을 정말 죽었다 깨도 못할 것 같은 사람은 헤드헌터를 하지 않는 게 좋다. 필자는 정말 '거절'에 대한 부담감으로 영업 자체를 시도조차 못하는 경우를 종종 본다. 인사담당자와 부대끼느니 그냥 서치만 하는 리서처로 남는 게 편하다는 헤드헌터도 여럿 보았다.

여하튼, 대부분의 회사는 오더가 많고, 리서처가 적은 형태가 많다. 그렇다고 해서 죽어라 서치만 해서는 헤드헌터로서의 성장과 안정적인 삶이 쉽지 않다. 안정적인 삶을 위해서라면 내 고객사와 내 오더를 안정적으로 가져가는 건 반드시 필요하다.

설령 헤드헌터가 안정적인 고객사를 발굴했다고 해서 나태해져서도 안된다. 세상일이 내 맘 같지 않고, 미래는 어떻게 될지 모른다. 어제 내게 많은 수입을 안겨준 고객사는 어느 순간에 정책이 바뀌어서 헤드헌터를 안 쓰게 될 수도 있고, 어느 순간 인사담당자가 바뀐 후로 오더를 안 줄 수도 있으며, 어느 순간 M&A를 당해서 채용 권한이 본사로 넘어갈 수도 있다. (필자는 실제로 이런 경우를 경험했다.)

미래가 어떻게 될지 모르니 헤드헌터는 꾸준히 영업을 해야 한다. 이것은 헤드헌터를 그만두는 그 순간까지 계속되어야 한다.

그럼에도 불구하고 영업할 필요가 없다고 주장하는 서치펌은 새로운 리서처만을 뽑는 것이고, 그 리서처가 안정적으로 정착하는 것에는 크게 관심이 없다. 재수 좋게 살아남으면 좋은 것이고, 못 살아남으면 버리고서 딴 사람으로 뽑겠다는 소리다. 당장 쌓여 있는 오더에 대해 서치해 줄 사람만 필요하다는 의미다.

따라서 회사 오더의 많고 적음에 상관없이 헤드헌터 본인이 꾸준히 영업해서 빨리 안정적으로 정착하라고 얘기하는 서치펌이 더 나은 서치펌이다.

비슷한 얘기로 하나 더!

신규 헤드헌터를 영입함에 있어서 서치펌이 자사를 홍보할 때 '대기업 위주의 양질의 오더를 보유하고 있다'고 홍보하는 곳도 있다.

사람마다 선호도가 다르겠지만 헤드헌터에게 대기업 오더라는 게 썩 선호되는 것만은 아니다.

대기업을 상대로 많은 수입을 올리는 헤드헌터가 있는 반면에 작은 기업을 상대로 많은 수입을 올리는 헤드헌터도 있다.

둘을 비교해보자면, 오히려 작은 기업을 상대로 고소득을 올리는 헤드헌터의 수가 압도적으로 많다.

작은 기업 위주로 할지, 큰 기업 위주로 할지는 헤드헌터 본인의 선택사항이다. 큰 기업의 오더를 진행한다고 무조건 좋은 건 절대 아니다. 따라서 '대기업 위주의 오더'라는 것은 헤드헌팅 업계를 잘 알지 못하는 신입 헤드헌터를 '현혹'시키는 말이 될 수도 있다.

이후 내용 중에 작은 기업과 큰 기업을 비교하는 내용이 나오겠지만 대기업 고객사는 대기업 나름대로의 장단점이 있고, 작은 기업 고객사는 작은 기업 나름의 장단점이 있다. 이것은 추후 설명하기로 하겠다.

•기타 참고사항

① 서치펌 중에 70(헤드헌터):30(서치펌)의 수수료 배분율은 매우 일반적이다. 만약에 이 배분율보다 낮은 배분율을 제시받는다면 이상하다고 생각해도 좋다. 헤드헌터를 처음 시작하는 신입에게 이보다 높은 수수료율을 제시하는 곳도 뭔가 의심해봐야 한다. 그만큼 70:30은 아주 일반적이고 거의 고정적인 숫자다.

② 서치펌 중에서는 본인이 업무를 볼 컴퓨터를 본인이 직접 준비하라고 하는 곳도 있다. 노트북이든 데스크톱이든 본인이 스스로 알아서 준비를 해야 한다.

③ 요즘은 거의 무한요금제이기 때문에 핸드폰으로 통화를 하는 경우가 많다. 하지만 가끔은 사무실 전화요금을 개인에게 내라고 하는 경우가 있다. 특히 국제전화 등으로 통화료가 많이 발생했을 때 그

런 경우가 있을 수 있다. 물론 사무실 전화 통화료는 그냥 서치펌에서 내주는 경우가 훨씬 더 많다.

④ 아주 드물지만 자리값을 내야 하는 서치펌도 있었다. 수수료 배분율 70:30과는 별도로 서치펌 내에서 하나의 자리를 차지하고 있으면 월 얼마씩 자리 사용료를 내라고 했던 서치펌이 있었다. 지금은 그러지 않는 것으로 안다.

⑤ 흔하진 않지만 헤드헌팅 교육을 해준다며 교육비를 몇십만 원 정도 내라고 하는 서치펌도 있었다. 거의 대부분의 서치펌은 신입교육을 무료로 해준다.

⑥ 보통 고객사에서 서치펌으로 수수료가 입금이 되면 요즘은 거의 바로바로 헤드헌터에게 수수료를 입금해주곤 한다. 그러나 개중에는 바로바로 입금해주지 않고 한참 후에 입금해주는 경우가 종종 있다. 어떤 서치펌은 월급날처럼 날짜를 정해서 그 날짜에만 수수료를 입금해주기도 한다.

⑦ 일부 서치펌에서는 4대 잡포털을 모두 개방해주지 않는 경우도 있다. 헤드헌터가 말하는 4대 잡포털(사람인, 잡코리아, 인크루트, 피플앤잡) 중에 일부만 사용가능하게 해주는 서치펌도 있고, 흔하진 않지만 잡포털을 아예 아무것도 열어주지 않는 서치펌도 있다. 잡포털을 모두 열어주지 않는 것은 비용 때문이다. 잡포털 사용 비용을 아끼

기 위해서다.

⑧ 서치펌에서 헤드헌터로 수수료가 입금될 때 몇 가지 비용을 제한다면서 경조사비나 회식비 등을 제외하고 입금해주는 서치펌도 있다. 서치펌에서 헤드헌터의 수수료에 손을 대는 것은 원천세 3.3% 외에는 없어야 정상이다. 이렇게 경조사비 등으로 수수료에 손을 대는 경우는 흔한 경우는 아니다.

⑨ 서치펌의 숫자는 1,500개 이상이지만 유료 직업소개업소 등록을 하지 않은 서치펌은 의외로 많다. 이렇듯 등록하지 않은 업체는 불법영업 중이라는 의미이며, 당연히 권장될 수 없다. 따라서 서치펌을 선택할 때는 정식적으로 유료 직업소개업에 등록한 업체인지를 확인해봐야 한다.

위에 나열한 ①~⑨번까지의 항목 중에서 한 가지라도 해당이 된다면 뭔가 조금 이상한 서치펌이라고 봐도 된다. 대부분의 서치펌은 헤드헌터가 제대로 일할 수 있는 환경을 제공해주려 많은 노력들을 한다. 따라서 대부분의 서치펌은 ①~⑨번 중에 하나도 해당하지 않으며, 그게 일반적이다.

❷ 헤드헌터 평균 수입은?

헤드헌터의 평균 수입을 묻는 질문은 어느 서치펌을 선택할 것인가와 맞먹을 정도로 많이 듣는 질문이다. 솔직히 "보험설계사의 평균 연봉은 얼마에요?"라는 질문과 비슷하다고 보면 된다.

100% 성과제 프리랜서에게 그러한 질문은 적절하지 않다. 하지만 너무나 궁금해하는 사람이 많고, 너무나 묻는 사람이 많다.

한가지 예를 들어보자.

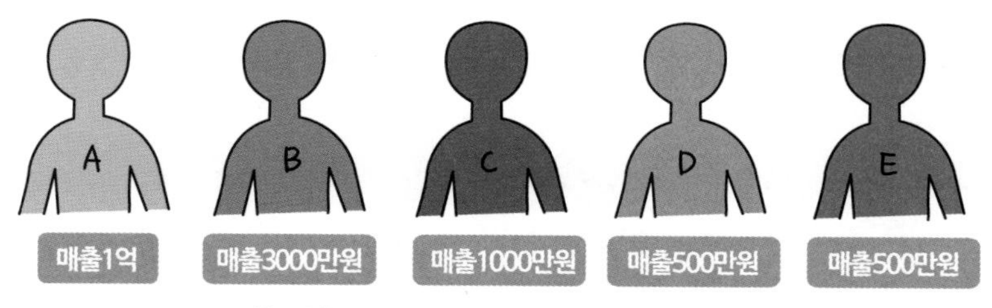

총 매출 1.5억 ÷ 5명 = 평균 3000만원

위의 경우를 보자, 5명이 총 1억 5천만 원의 수입을 올렸다. 그럼 1억 5천만 원 ÷ 5명 = 3천만 원이다. 그렇다면 저 5명이 각각 3천만 원의 수입을 올렸다고 봐야 하는가?

그림에서 보다시피 저것은 절대 1인당 3천만 원이 아니다.

A와 B가 전체 중 약 85% 정도인 1억 3천만 원을 벌어가고, C, D, E는 고작 2천만 원을 벌어갔을 뿐이다.

헤드헌터의 수입체계는 이렇다.

잘 버는 사람은 많이 벌고, 못 버는 사람은 정말 못 번다. 그럼에도 불구하고 오늘도 수많은 사람들이 묻는다. 헤드헌터 평균 수입이 얼마냐고….

헤드헌터에 대한 정확한 통계는 나와 있지 않다. 대략적으로 헤드헌터 1만 명, 시장 규모는 3천억 정도로 추정되고 있다. 3천억을 1만 명으로 나누면 3천만 원이 나온다.

1인당 3천만 원, 이게 그렇게 많은 예비 헤드헌터들이 궁금해하는 헤드헌터의 평균 수입이라면 평균 수입이다. 물론 이중에서도 서치펌과 나눠가지게 되므로 실제로 헤드헌터의 손에 쥐어지는 평균 수입은 회사 몫 30%를 제외한 2천만 원 초반으로 보는 게 맞다.

그러나 저 수입은 표에 나온 대로 사람에 따라 천차만별이다.

내가 1억을 벌지, 5백만 원을 벌지는 해봐야 안다. 누가 더 센스가 있는지, 누가 더 노력을 많이 하는지에 달렸다.

앞서 말한 3천억 ÷ 1만 명 = 1인당 3천만 원은 정말 의미없는 숫자다.

❸ 헤드헌터를 시작하려면 어떤 준비가 필요할까 (전공, 필요능력, 자격증 등)

최근에 중고등학교에서 직업탐방 같은 시간을 가지면서 헤드헌터가 여러 직업 중에 하나로 소개가 되고는 한다. 때문에 특히 중고등학생 위주로 헤드헌터를 하려면 어떤 준비가 필요한지 묻는 질문이 잦다. 쉽게 말해서 어떤 전공을 택해야 유리할지, 헤드헌터 업무에 도움이 되는 자격증은 무엇이 있을지 등을 묻곤 한다.

일단 학교에서의 전공은 크게 중요하지 않을 것 같다. 오히려 사회에서의 경력이 더 중요하다면 중요하다.

헤드헌터가 하는 '채용'이란 업무는 회사에서 '인사 업무'의 일부이다. 회사 다닐 때 인사 업무를 했던 사람은 헤드헌터 시작할 때 남들보다 조금 유리하게 시작할 수 있다. 채용에 대한 프로세스, 직급체계, 연봉과 4대 보험, 복리후생 등에 대한 이해가 있으면 좋기 때문이다.

회사에서 영업을 했던 사람 역시 괜찮다. 사람을 만나고 부대끼는데 익숙한 사람이 더 쉽게 적응할 수 있다. 참고로 필자가 아는 헤드헌터 중에 현역 때 회사에서 '기업 영업'을 담당했던 분이 계시다. 그분은 고객사를 정말 잘 개척하셨다. 현역 시절 회사에서 오죽 많은 기업들을 상대해 봤겠는가? 그런 경험이 도움이 되어서 헤드헌터할 때도 고객사 개척에 도움이 된 모양이다. 따라서 영업, 특히 기업 영업을 해봤다면 헤드헌터할 때 큰 도움이 될 수 있다.

물론 영업이나 인사 업무를 해보지 않았다고 해서 실망할 필요는 없다. 어느 회사든 회사에서 한쪽 분야의 전문가가 되는 것도 좋다.

헤드헌터 중에 대부분의 헤드헌터는 업종을 가리지 않고 이 업종 저 업종을 모두 섭렵하는 편이지만, 가끔 한 분야만 고집하는 헤드헌터 분들이 계시다. 소위 말해 '전문 헤드헌터'들이다. 예를 들면 제약이면 제약, 반도체면 반도체, 게임이면 게임 같은 특정 업종만 전문적으로 진행하는 헤드헌터를 말한다.

필자의 경우 지금은 업종을 가리지 않고 다 하는 편이지만 초창기에는 현역 시절의 경험을 되살려 게임 전문 헤드헌터였다. 다수의 게임 업체와 컨택하며 합격자도 많이 냈다.

이런 전문 헤드헌터들이 남들보다 우위에 있을 수 있는 것은 현역 시절의 전문지식 때문이다.

필자의 경우를 예로 들자면, 한번은 타 헤드헌터가 필자에게 게임 경력자 이력서를 가져와서 이 후보자 좀 봐달라고 한다. 현재 모 게임사의 '게임 기획자'라는 포지션이 오픈되어 있는데, 이 후보자가 그 포지션에 적합한지 아닌지를 봐달라고 하는 것이다.

후보자의 이력서 내용을 본다. 그럼 이력 내용 중에 분명 기획에 대한 내용이 들어 있다. 단순히 검색어를 '게임+기획'으로 넣었다면 충분히 검색될 만한 인재다. 하지만 그 후보자의 이력을 찬찬히 훑어보니 그 후보자는 기획자가 아니라 GM이라는 사실을 알게 되었다. GM은 Game Master로 일종의 게임 내 상담원이다.

그 후보자는 게임 기획자가 아니라 게임 GM이었다. 게임에서 보통 '명절 이벤트' 같은 것을 진행하면 GM에게 이벤트 기획의 일부에 참여시키곤 하는데 그 내용이 이력서에 포함되어 있었기에 '기획'이란 검색어에서 검색된 것일 뿐이었다.

게임을 전문적으로 한 필자 같은 사람은 이 차이를 금방 깨닫지만 전문적이지 못한 사람은 깨닫기 어렵다. 이력서상에 '게임 기획'이란 내용이 들어있으니 게임 기획자가 맞다고 판단해서 고객사에 이력서를 넣곤 한다. 물론 그렇게 되면 떨어진다. 채용될 리 없다.

필자에게 이력서를 봐달라고 했던 헤드헌터는 매우 고수입을 올리는 헤드헌터였다. 하지만 그분은 부동산, 건설 쪽 전문 헤드헌터였지 게임 전문은 아니었기에 이 차이를 구분해내기 어려웠던 것이다.

현역 시절에 무언가 전문 경력이 있다면 그 업종에 대한 포지션은 확실히 비교우위에 있을 수 있다. 물론 헤드헌터들은 잘 모르는 업종에 대해 꾸준히 공부를 한다. 그래도 현역 시절 땀과 눈물을 통해 몸으로 익힌 전문지식을 따라잡기는 어렵다.

따라서 지금도 수많은 헤드헌터 중에서 일부는 남들보다 한발 앞선 전문경력을 앞세워 특정 업종만 집중하는 경우도 종종 있다.

예비 헤드헌터가 현역 시절 어느 경력을 어떻게 쌓았던 웬만하면 그런 전문 경력을 활용할 수 있을 만큼 헤드헌터를 통한 채용은 보편화되어 있다.

따라서 헤드헌터에 대한 준비는 너무 신경쓰지 않아도 된다. 오히려 엉덩이 무겁게 성실히 일할 마음가짐이 더 중요하다.

헤드헌터에게 도움이 될 만한 자격증 같은 건 거의 없다고 봐야 한다. 실제로 헤드헌터를 하기 위한 자격증 중에 직업상담사 자격증이 거론되긴 한다. 필자도 직업상담사 공부를 잠깐 해본 적이 있는데, 매우 이론적이어서 실질적인 현업 업무에는 크게 도움이 될 것 같지 않았다. 굳이 헤드헌터에게 도움이 될 만한 자격증이라고 한다면 오히려 HRM전문가 자격증이 더 도움이 될 듯하다. HRM전문가 자격증은 채용, 교육, 노무, 근로관계법 등 인사 업무 전반에 대한 자격증인데 앞서 말한 대로 가지고 있으면 약간은 도움이 되겠지만 그렇다고 절대적이진 않다.

종합해보자면 헤드헌터를 하기 위한 준비로는 현역 시절의 전문지식 > 영업능력 > 인사경력 정도로 보면 되겠지만 그보다 더 중요한 것은 '무거운 엉덩이'다. 다소 미련해 보일 정도로 꾸준히 해야 하는 일이다, 이 일은.

❹ 헤드헌터와 관련해 체계적인 교육을 받을 수 있는 방법은?

필자가 최초로 헤드헌터에 관심을 가졌던 것은 2005년경이었다.

모 서치펌에 헤드헌터를 지원하러 찾아갔다가 교육 수강을 강요받았다. 당시 수강료는 60만 원이었고, 교육을 수강한 사람에 한해서 헤드헌터를 시켜주겠다고 하였다.

필자는 그때 그 강의를 거부하고 나와서 PC방을 창업했다. 만약에 필자가 그때 헤드헌터가 되었다면 어떻게 되었을지….

여튼, 지금 헤드헌터를 고려하는 분들이 가장 궁금해하는 질문 Top3 안에는 어떻게 하면 체계적인 교육을 받을 수 있는지가 꼭 들어간다.

잠깐 예를 들어보겠다.

A라는 사람이 있다.

그는 야구라는 스포츠를 어설프게 안다. 그냥 투수가 공을 던지고, 타자가 공을 때려서 다이아몬드를 한바퀴 돌아서 홈에 들어오면 1점이 난다는 정도를 안다. 그가 본격적으로 야구선수를 해보겠다고 한다. 그에게 야구를 가르쳐야 한다. 과연 어떻게 가르쳐야 좋을까? 어떻게 가르쳐야 그가 훌륭한 야구선수가 될 수 있을까?

그에게 야구를 가르치기 위해 가장 기본적인 룰을 가르쳐준다. 그 이상은 가르쳐주지 않는다. 나머지는 직접 야구를 해가면서 느껴야 하는 것이기 때문이다.

야구에는 '런 다운 플레이Run down play'라는 작전이 있다.

예를 들어, 주자 1, 3루 상황에서 1루 주자가 2루 도루를 시도한다. 그럼 포수가 2루로 공을 던지게 되는데, 1루 주자는 1루와 2루 사이에서 런 다운이 걸린 척 방황해야 하고, 이 틈에 3루 주자가 홈스틸을 시도하는 것이다.

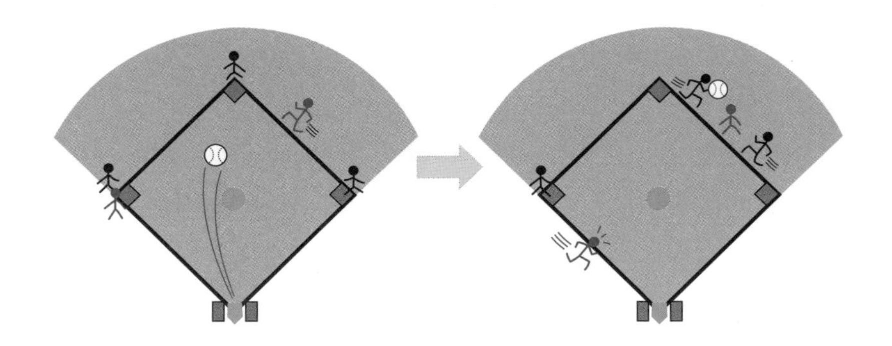

이것은 야구에서 매우 고급 작전으로 통한다. 좀처럼 나오지도 않고, 성공율이 높다는 보장도 없다.

야구를 처음 배우는 사람에게 이 어려운 작전을 가르쳐주는 게 과연 의미가 있을까?

앞서 말한 대로 공을 때리고 한 바퀴 돌아와야 1점이 난다는 정도를 아는 사람에게 '런 다운 플레이'를 열심히 설명해주는 게 의미가 있을까?

모든 배움에는 단계가 있다. 걷기도 전에 뛰기부터 하는 것은 만화에서나 나오는 이야기다.

헤드헌터도 이 업을 대하면서 차츰차츰 알아가게 된다. 이것은 앞서 야구선수가 기본적인 룰만 알고 야구를 해나가는 와중에 '런 다운 플레이' 같은 작전도 깨닫게 되는 것과 마찬가지다. 그러나 대부분 헤드헌터 신입은 저런 '런 다운 플레이' 같은 고급 작전도 모두 교육받아야 한다고 생각한다.

그렇지 않다. 그것은 쓸데없이 머릿속을 복잡하게만 할 뿐 꼭 필요한 교육이 아니다. 교육은 꼭 필요한 필수적인 것만 배우고, 나머지는 천천히 알아가면 된다.

쓸데없는 잡기술, 변칙적인 기술보다는 기초를 단단히 하는 게 더 좋다. 운동선수들이 자기 종목 훈련보다 기초체력 훈련에 더 많은 시간을 소요하는 것과 마찬가지다. 괜히 이것저것 더 많은 것을 하려 하지 말고 헤드헌터라면 잡사이트 서칭 기술만이라도 죽어라 익히는 게 훨씬 더 도움이 된다. 야구선수로 치면 러닝이나 웨이트 같은 기초 체력운동을 꾸준히 해두는 게 더 좋다는 소리다.

보통 보험설계사는 처음에 시작할 때 교육을 받는다. 왜냐하면 자격증이 있어야 보험설계사를 할 수 있기 때문이다. 보험회사에서는 자격증을 따기 위한 교육비를 받기는커녕 오히려 수강자에게 교육비를 줘가면서 교육을 받게 한다. 예비 보험설계사가 교육을 잘 받아야 계약을 잘 따올 테고, 그래야 회사에 이익이 되기 때문이다.

헤드헌터도 그와 똑같다.

신입 헤드헌터를 잘 교육해 놓아야 석세스가 잘 날 것이고, 결과적으로 회사에 이득이 된다. 따라서 신입 헤드헌터의 교육에 소홀한 서치펌은 없다. 어느 서치펌을 가던 업무를 시작하는데 어려움이 없을 정도의 교육은 해준다. 나머지는 본인 하기에 달렸다.

▸▸ 사족 하나

한동안 신입 헤드헌터를 잘 케어해주고, 계속 교육하고 관리해주는 게 필요하냐는 질문이 이슈가 된 적이 있었다.

이유는 열심히 케어해준 신입의 생존율과 그냥 방치해둔 신입의 생존율이 비슷했기 때문이다. 소위 말해 될 사람은 어떻게 해서든 되고, 안 될 사람은 어떻게 해도 안 된다는 것이다.

센스가 있고, 이 업을 진지하게 대하고, 엉덩이가 무거운 분은 교육 여하에 상관없이 안정적으로 자리잡아 고소득을 올리는 것이고, 그 반대되는 분은 아무리 교육을 하고 케어를 해도 자리를 못잡는다는 소리다.

어쨌든 거의 모든 서치펌은 신입 헤드헌터를 위한 최소의 교육을 시행한다. 그 교육만 받아도 이 업을 시작하는데 큰 무리는 없다. 나머지는 본인 하기에 달렸다고 보는 게 맞다.

▸▸ 사족 둘

한 사람이 요리를 배우기 위해 유명한 음식점에 취업했다고 가정하자. 그 음식점의 주방장에게 가서 요리비법을 알려달라고 한다면 과연 그 요리 고수는 쉽게 요리비법을 알려줄까?

우리는 만화나 드라마에서 비슷한 내용을 종종 본다.

거기서는 대부분은 주방에서 허드렛일을 오랫동안 하면서 주방장의 어깨너머로 요리비법을 훔쳐보곤 한다. 그러다가 오랜 시간이 지나면 그의 정성에 감복한 고수는 그제서야 하나둘씩 노하우를 풀어놓고는 한다.

헤드헌팅도 이와 똑같다.

우리는 파레토*라는 사람을 안다. 모르더라도 80:20의 법칙 정도는 들어봤을 것이다. 어느 헤드헌팅 조직을 가더라도 상위 20%와 하위 80%가 있다.

만약에 신입 헤드헌터가 헤드헌팅 조직에 합류하여 고수로부터 이 일의 노하우를 배우고 싶다면 그냥 "알려주세요." 해봤자 소용이 없다. 잘 알지도 못하는 사람이 와서 노하우 알려달라고 하면 고수의 입장에서는 '뭐야 이 사람은?' 하는 생각밖에 안 든다.

그럼 신입 헤드헌터가 해야 할 일은 뻔하다.

그 상위 20%의 고수 헤드헌터가 오픈한 포지션에 열심히 코워커로 참여하면 된다. 꾸준히 사람을 서치해주고 이력서를 작성해서 제출한다. 그러다 보면 어쩌다 한 번씩 고수가 흘리는 말이 있다.

---

* **빌프레도 파레토** : 이탈리아의 경제학자, 사회학자, 통계학자. 파레토의 법칙은 흔히 80 대 20의 법칙이라고 불린다.

"이 후보자는 이래서 안돼요.", "이 후보자 이력 중에 이 부분 좀 확인해줘요.", "이 회사에서 퇴직 사유 좀 알아봐줘요." 식으로 말이다.
어쩌다 한번씩 면접이라도 잡힐라치면 더욱 더 많은 것을 캐치해낼 수 있다.
"이 후보자, 면접 때 이 부분 좀 확인해주세요.", "이 포지션은 면접 때 이런 질문 분명히 나올 테니까 준비시키세요." 등등.
헤드헌터에 대한 교육? 노하우? 바로 이런 거다.
헤드헌터로서 체계적이고 완벽한 교육을 받기를 바라지 말아야 한다. 그런 건 기대하기 어렵다. 현업에서 실무 뛰면서 고수 곁에서 고수와 함께 업무를 진행하다 보면 고수가 한두 마디씩 흘리는 게 있다. 그걸 새겨들으면 된다.
밥을 먹을 때도 고수 근처에서 밥을 먹고, 회식을 하더라도 고수 맞은편에 앉아서 서로 술을 따라줘야 한다. 그러다 보면 고수가 술김에 흘리는 말이 있다. 그런 거 하나둘씩 새기는 게 정말 돈으로 바꿀 수 없는 노하우다.
가장 잘못하는 것은 신입끼리 옹기종기 모여서 밥을 먹거나 실적이 좋지 못한 헤드헌터끼리 옹기종기 뭉치는 거다. 그런 모임에는 배울 수 있는 롤모델이 없다.
자기랑 처지가 비슷하다고, 동질감이 느껴진다고, 그들끼리 뭉치는 것은 정말 좋지 못한 것이다.
항상 주변에 배울 수 있는 롤모델을 두고, 그 롤모델 주위에서 서성대야 한다. 떡을 자꾸 만져봐야 손에 떡고물이라도 한번 더 묻고, 뭐라도 하나 건질 가능성이 커진다. 돈을 만질 수 있는 가장 첫 번째 시도는 바로 돈이 있는 곳 주변을 서성이는 것이다.

❺ 공개채용으로 지원하는 게 나을까, 헤드헌터를 통해 지원하는 게 나을까?

이 질문은 헤드헌터가 아닌 채용 진행 후보자(구직자)에게 정말 많이 받는 질문이다. 필자 외에 다른 헤드헌터들도 이와 비슷한 질문을 종종 받는다.

근데 어차피 필자가 아무리 후보자의 입장에서 대답을 하더라도 헤드헌터에게 유리한 답변이라고 생각될 가능성이 크다. 따라서 해당 질문에 대한 답변은 최대한 경험에 입각하여 객관적으로 말해볼까 한다.

필자는 고객사가 많은 편이고, 수많은 채용을 진행한다.

이 질문에 대한 답을 설명하기 전에 큰 회사와 작은 회사에 대한 차이를 이해해 두는 게 좋겠다.

먼저 큰 회사의 경우는 회사의 인지도가 있는 편이기 때문에 지원자가 꽤 많은 편이다. 물론 입사에 필요한 절차도 까다롭고 복잡한 경우가 많다. 대부분 큰 회사는 인재채용에 대한 회계비용 계정이 따로 있고, 예산이 편성되어 있다.

반면 작은 회사의 경우는 회사의 인지도가 낮은 편이라 지원자가 별로 없는 경우가 많다. 상대적으로 입사 절차가 간소화되어 있고, 대부분 인재채용에 대한 회계비용 계정과 예산이 별도로 책정되어 있지 않다.

자, 하나씩 따져보자.

• 후보자가 많은 경우와 적은 경우

한 명의 후보자가 한 개의 기업에 지원할 수 있는 기회는 몇 번이나 올까?

보통의 후보자는 자기가 지원하고 싶으면 언제든지 다시 지원할 수 있다고 생각한다. 하지만 실제로는 그렇지 않다. 규모가 좀 있는 회사는 한 번 떨어진 후보자에 대해 관대하지 않다. 대부분의 경우는 떨어진 사람 말고 다른 사람으로 추천을 해달라고 요청한다.

만약에 해당 포지션이 정말 특수하거나 희귀한 포지션이라 지원자가 너무 없는 상황이라면 이미 기탈락자를 불러서 다시 면접 보자고 하는 경우가 발생할 수 있다. 하지만 그런 특별한 경우가 아니라면 조금 큰 기업들은 그냥 다른 사람으로 추천해달라고 하곤 한다.

작은 기업의 경우는 유연성이 좀 있고 지원자가 적은 편이라 기탈락자에 대해서 다시 면접 보자는 제의가 종종 나온다.

정리하자면, 큰 회사는 한 번 떨어지면 다시 지원하기 어렵고, 작은 회사는 그래도 가능성이 조금은 남아 있다고 보면 된다.

따라서 조금 큰 기업을 진행할 때는 헤드헌터를 통해서 지원하는 게 낫다. 어쨌든 한 번 떨어지면 다시는 기회가 없을 가능성이 크기 때문에 채용이 진행될 때 최대한 도움을 받아 단 1%라도 높은 확률로 시도를 하는 게 좋기 때문이다. 반대로 조금 작은 기업을 진행할 때는 공개채용을 통한 지원이 더 효율적일 수도 있다.

• 인재채용에 대한 절차 관련

앞서 얘기한 대로 조금 큰 기업은 채용 전형이 복잡하다. 단순히 면접

뿐 아니라 레퍼런스 체크(평판 조회) 또는 인적성검사, 건강검진 등의 전형이 이어질 경우가 많다. 이 경우는 헤드헌터에게 도움을 받는 게 좋다. 대표적으로 인적성검사 같은 경우는 후보자가 모르고 그냥 '좋은 답'을 골라서 체크를 할 경우에는 오히려 검사 결과가 이상하게 나온다. 그냥 보이는 대로 처음에 마음 가는 답변으로 체크를 해야 올바른 결과값이 나온다.

채용을 많이 진행해본 헤드헌터들은 이런 내용을 알고 후보자에게 코치해주지만, 만약에 후보자가 잘 모르고 혼자 인적성검사를 진행했다가는 낭패를 볼 수도 있는 부분이다.

따라서 전형이 복잡한 기업을 진행할 때는 헤드헌터와 함께 하는 게 낫고, 전형이 간소한 기업을 진행할 때는 공개채용도 괜찮다.

전형절차를 잘 모르는 기업이라면 안전하게 헤드헌터와 가는 게 낫다.

• 인재채용에 대한 회계비용 계정 관련

필자가 한번은 인사 임원을 했던 분을 뵌 적이 있다. 그분의 회사에서는 수많은 채용이 이루어지고 있으며 그중에 헤드헌터를 통한 채용도 매우 많이 이루어지고 있다.

그 임원은 인재채용에 대한 결재서류가 올라오면 제일 먼저 수수료 총액을 본다고 했다. 그리고 그에 해당하는 회계계정을 찾아본다고 했다. 어차피 회사에서는 인재채용에 대한 회계계정이 따로 있고 예산이 따로 책정되어 있다. 그 예산을 넘진 않았는지, 예산이 아직 넉넉히 남았는지를 확인하는 것이다. 그리고 예산에 무리만 없다면 쉽게 쉽게 결재서류에 사인을 한다고 했다.

초창기에 헤드헌팅이 뭔지도 잘 모를 만큼 인지도가 적을 때면 모르겠지만 지금은 이미 인지도가 많이 쌓인 상태다. 좋은 인재를 찾기 위해선 비용이 들어간다는 사실도 충분히 알고 있다. 그렇기 때문에 회계계정을 만들고 예산을 편성하는 것이다. 어차피 회삿돈이고 마치 영업비용이나 회식비용처럼 필요할 경우 당연히 지출해야 할 비용의 하나일 뿐이다.

따라서 인재채용에 대한 비용계정이 따로 있을 법한 회사 규모일 경우에는 헤드헌팅을 통한 채용이, 인재 채용에 대한 비용계정이 따로 없고 비용에 부담을 느낄 법한 회사일 경우는 공개지원이 나을 수 있다.

❻ 리서처로 시작해도 될까요? - 10cm, 30cm, 100cm

물고기 중에 서식 환경에 따라 크기가 달라지는 '코이'라는 물고기가 있다. 그렇다고 수시로 몸집이 커지거나 작아지거나 하는 건 아니고, 어디에서 사는지에 따라 성장할 수 있는 최대 크기가 달라진다는 얘기다.

그 물고기를 어항에 키우면 최대 10cm까지 자란다고 한다. 커다란 수조에 키우면 최대 30cm까지, 드넓은 강에다 풀어놓으면 최대 1m(100cm)까지 자란다고 한다. 같은 물고기임에도 불구하고 주변 환경에 따라 성장하는 최대 크기가 달라지는 것이다.

헤드헌터를 시작하는 분 중에 최초에 월급제 리서처를 고려하는 분이 많다.

왜냐하면 헤드헌터를 시작하다 보면 제일 많이 듣는 말이 있다.

◦ 헤드헌터 하면 첫 1년 안에 70%는 그만둔다.
◦ 헤드헌터 하려면 적어도 6개월 먹고살 것은 준비해놓고 시작해라.
◦ 편의점 알바보다도 못 벌 가능성이 크다.

뭐 이런 것들이다.

그러다 보니 헤드헌터를 시작하려는 분들 중에서는 기본급이 있는 리서처로 시작하려는 분들이 종종 있다. 필자는 그런 분들은 앞서 언급한 물고기와 같다고 본다. 왜냐하면 리서처로써 받는 그 월급 크기만큼밖에 자랄 수 없기 때문이다.

리서처는 월급을 받는다. 때문에 수수료 배분율은 15(리서처):85(서치펌) 또는 20(리서처):80(서치펌) 정도로 배분 받는다. 그리고 일반적으로 근태가 있어서 출퇴근 시간이 정해져 있는 경우가 많고, 경우에 따라서는 이력서 제출 횟수, 면접 횟수 등에 제한을 붙여서 그 조건을 충족시켜야만 하는 경우도 있다.

헤드헌터를 시작하시는 분은 그러한 제한이 있더라도 일단 안정적으로 월 100만 원씩이라도 받고 시작하길 희망하는 분이 있다. 당장 생활할 수 있는 최소한의 생활비는 확보한 채로 시작하고 싶어하는 것이다. 과연 정말 그게 현명한 선택일까?

일단 100% 수당제와 월급쟁이는 마음가짐 자체가 다르다.

월급쟁이는 일을 하지 않아도 근무시간에 인터넷 쇼핑만 해도 월급이 나온다. 하지만 100% 수당제는 일을 하지 않으면 절대로 돈이 생기지 않는다. 이 차이는 생각밖에 크다.

만약 추석 연휴가 8일짜리라고 가정하자. 월급쟁이들은 8일이나 쉰다고 좋아한다. 하지만 헤드헌터들은 딱히 좋아하지 않는다. 8일간 일을 안 하면 수입만 없을 뿐이다. 오히려 고객사 인사담당자들이 쉬는 바람에 일하는 게 원활하지 않을 수 있다.

헤드헌터는 한 건 하면 수수료가 크다. 하지만 월급쟁이 리서처는 한 건을 하더라도 수수료가 작다.

똑같이 1천만 원짜리 코웍 한 건을 했다고 가정하자.

헤드헌터는 PM과 반씩 나눠서 500만 원, 회사와 다시 70:30으로 나눠서 350만 원을 받는다. 세금 떼고 338만4천 원쯤 받는다.

리서처는 똑같은 걸 코웍했다고 가정하면, PM과 반씩 나눠서 500만 원, 회사와 15:85로 나누면 75만 원, 세금 떼고 나면 72만5천 원을 받게 된다. (회사와 20:80일 경우는 96만7천 원) 무려 1천만 원의 매출을 일으켰는데 자기 손에 쥐어지는 건 1백만 원도 안 된다. 당연히 일할 동기가 떨어진다.

월급쟁이 리서처는 잘해도 손해고 못해도 손해다.

잘 생각해보면 된다. 서치펌 대표는 바보가 아니다. 사업을 하는 사람은 누구나 회사에 이익이 되느냐 아니냐를 빨리 판단한다.

리서처가 일을 잘해서 많은 매출을 올려주면 계속 리서처를 시켜서 회사의 이익을 크게 한다. 반면 리서처가 일을 못해서 회사에 도움이 안 된다면 바로 제거한다.

예를 들어보자.

월급 100만 원, 20:80의 수수료율을 가진 리서처가 1년 동안 3,000만 원의 매출을 일으켰다고 가정하자.

월급 100만 원 × 12개월 = 1,200만 원

매출 3,000만 원 × 20% = 600만 원

합계 1,800만 원의 연소득이 발생했다.

만약에 그 리서처가 정상적으로 회사와 70:30의 계약을 했더라면

매출 3,000만 원 × 70% = 2,100만 원의 연소득이 발생한다.

헤드헌터를 했다면 돈을 더 벌었을 상황이다.

이 경우 서치펌 대표는 무조건 그 리서처를 그대로 월급쟁이 리서처 신분으로 둔다. 왜냐하면 헤드헌터로 조건을 바꾸는 것보다 리서처일 때 더 회사에 이득이 되기 때문이다. (+300만 원)

반대로 리서처가 1년 동안 1,000만 원의 매출을 일으켰다고 가정하자.

월급 100만 원 × 12개월 = 1,200만 원

매출 1,000만 원 × 20% = 200만 원

합계 1,400만 원의 연소득이 발생한다.

만약에 헤드헌터로서 70:30 계약을 했다면 1,000만 원 매출에 실제로 700만 원을 벌었어야 한다. 그럼 원래 700만 원 벌었어야 했는데, 1,400만 원 벌었으면 이익이라고 생각할 수 있다.

그건 잘못된 생각이다. 서치펌 대표는 리서처가 자기가 벌어온 돈보다 더 많은 수입을 가져가는걸 내버려두지 않는다. 이 경우는 시작하고 몇 달 안에 짤린다. 회사에 돈을 벌어다주지 못할망정 회삿돈만 축내는 사람을 가만히 내버려둘 리가 없다.

이 경우 단순히 1,400만 원을 주고 회사의 이익은 800만 원(매출 1,000만 원에서 리서처 수수료 20:80의 200만 원 뺀 나머지)이라고 생각해서 마이너스 600만 원이라고 생각하면 큰 오산이다.

서치펌을 유지하는 데는 비용이 들어간다. 회사 크기나 유지비에 따라 다르지만 보통 1좌석당 월 30~40만 원의 유지비가 들어간다. 평균 35만 원이라고 가정하자. 월 35만 원씩 1년을 지냈으면 그 좌석 유지비로 420만 원(35만 원 × 12개월)이 들어간 셈이다.

따라서 그 리서처 한 명 고용하고 유지하는 바람에 −600만 원 − 420만 원 = −1,020만 원의 손해가 발생한 것이다. 1년에 회사에 천만 원의 손해를 입힌 리서처를 내버려둘 것 같은가?

서치펌 대표는 영리 목적의 사업가이지 절대로 자선사업가가 아니다.

자, 헤드헌터를 시작하는 사람은 겨우 연 1천만 원이나 연 3천만 원이 목표는 아닐 것이다.

더 크게 성장하고 더 많은 수입을 올려서 나와 내 가족을 보필하길 원할 것이다. 그런데 100만 원 월급을 받는 리서처는 그런 목표에 다가갈 수 없다. 앞서 어항 속 물고기와 같다. 재주껏 커봤자, 아주 제대로 잘 커봤자 10cm짜리다.

100% 수당제가 부담되고 위험스러워 보이긴 하지만, 원래 'High Risk, High Return'이다. 월급 한푼 없이 정글 같은 헤드헌터 세계를 피하려 하지 말고 맞붙어서 승리를 해야 비로소 커다란 강을 유유히 헤엄치는 1m짜리 물고기가 될 수 있는 것이다.

Tip

리서처로 시작해서, 앞서 말한 대로 이력서 개수 제한 같은 게 걸릴 경우, 이것은 매우 좋지 못한 상황이다.

헤드헌터는 합격시키기 위해서 이력서를 제출해야 한다. 단순히 이력서 제출 숫자를 채우기 위해 이력서를 제출해서는 안 된다.

영어단어를 100번 써가야 하는 숙제가 있다고 생각해보자. 그 목적은 영어단어를 외우는 것이다. 하지만 외우지 않고 단순히 100번을 반복해서 쓰는 데서 끝날 수도 있다는 것이다. 그것은 단순히 팔 운동, 단순히 필기 연습일 뿐이다.

헤드헌터는 포지션과 일치하는 사람을 끊임없이 찾아야 하는 일인데, 만약에 개수 제한이 있을 경우에는 그러한 노력을 하기보다는 비슷한 사람이라도 이력서만 많이 받아서 빨리 숫자를 채우는 데만 집중하게 된다. 당연히 석세스가 나는 데는 오히려 방해가 되고, 한 명의 헤드헌터로서 성장하는 데 방해가 된다.

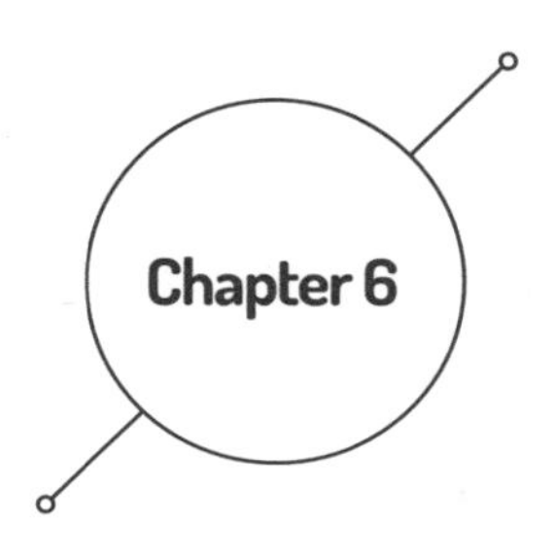

헤드헌터로서 자리잡기

❶ 헤드헌터로서 자리잡는 법

가끔 필자가 받는 질문 중에 "헤드헌터를 하면서 보람있는 일이 무엇인가요?"라는 질문이 있다.

물론 질문자는 적절한 포지션에 알맞은 후보자를 매치시켜줌으로써 발생하는 만족감에 대한 대답을 기대한 것 같다. 그러나 아쉽게도 필자는 그렇게 대답해본 적이 없다.

그런 질문에 대한 필자의 대답은 한결같다.

"내 아들 입에 고기 반찬 넣어줄 때요." (실제로 이렇게 대답한다.)

필자는 헤드헌터를 하면서 스스로 보람있다고 생각한 경우가 별로 없다. 물론 포지션이 잘 풀려서 후보자와 회사가 Win-Win 하게 되는 경우도 있다. 그러나 필자는 그러한 Win-Win으로 인해 발생한 수익으로 내 아들 입에 고기 반찬 넣어주는 게 더 좋다.

대부분의 헤드헌터는 프리랜서이며 석세스를 내지 못하면 수입은 없다. 헤드헌터로서의 보람(?)도 수입이 있어야 가능하다. 먹고 사는 문제가 해결이 되어야 그 이후에 다른 모든 게 가능해진다.

필자는 가끔 헤드헌터 강의를 진행한다. 강의 때마다 수강생들에게 꼭 하는 말이 있다.

"난 여기 계신 여러분들이 헤드헌터 하면서 회사(서치펌)에서 퇴근할 때 족발을 사들고 집에 갔으면 좋겠습니다." (정말이냐고? 정말 실제로 이렇게 얘기한다.)

집에 족발을 사들고 가서 가족들과 맛있게 먹는 건 당연한 일이겠고, 조금 더 나아가 평소에 먹던 3만5천 원짜리 족발이 아니라 신메뉴 4만5천 원짜리 스페셜 족발이 나왔을 때를 가정한다.

3만5천 원과 4만5천 원, 1만 원의 가격 차이다. 이때 스스럼없이, 별 부담없이 "그래요? 한 번 먹어보죠 뭐, 이걸로 주세요."라며 4만5천 원짜리 스페셜 족발을 가리키게 되었으면 한다.

4만5천 원이라는 크다면 크고 작다면 작을 수 있는 금액을 스스럼없이 부담할 수 있는 경제 수준이었으면 한다. 또한 3만5천 원짜리로도 충분히 가족들이 만족할 수 있는데 가족들에게 더 좋은 것을 먹이기 위해 기꺼이 1만 원을 더 지불할 수 있을 정도의 경제 능력이 되기를 희망한다. 1만 원 더 비싼 스페셜 족발을 구입하는데 고민이나 갈등 없이 바로 선택할 수 있게 되길 바란다.

세상 그 무슨 행복도 보람도 일단 곳간이 비어있으면 안 된다.

옛말에 곳간에서 인심 난다는 말이 있다. 그 말은 절대적으로 맞는 말이다.

프리랜서인 헤드헌터가 돈 버는 방법은 간단하다. 더 많은 사람을 추천하고, 더 많은 사람을 합격시키면 된다.

헤드헌터를 하는 사람 중에 약 70%는 1년 안에 그만둔다.

대부분 가정의 생계를 책임지고 있는 경우가 많은데, 수입이 없으면 당연히 이 일을 계속하기 어렵다. 따라서 무조건 매출을 발생시켜야 하는데, 그만두는 헤드헌터 중에 상당수는 1년에 1천만 원 이하의 매출을 기록한다. 소위 말해 알바보다도 못한 수입인 셈이다.

물론 이와는 반대로 헤드헌터를 시작하자마자 1년 차 때부터 억대 수입을 기록하는 분도 있다. 그런 분 중 한 분을 롤모델 삼아 소개해보겠다.

1년 차 때 억대 연봉을 기록한 헤드헌터의 특징

첫째, 그 신입 헤드헌터는 현역 시절 인사팀 출신이었다. 헤드헌터 입문을 하자마자 자기가 다녔던 회사로부터 오더를 받아오기 시작했다. (솔직히 이 부분은 그렇게 권장되는 부분은 아니다. 대부분의 헤드헌터들은 신입이 헤드헌터에 입문하면 최초 3개월간은 고객사 확보 없이 서치에만 집중하기를 바란다. 사람을 찾는 능력을 기른 후에 고객사를 확보하는 게 더 좋기 때문이다.) 어쨌든, 이 신입 헤드헌터는 경력 회사의 오더를 받아오기 시작했으며, 인사팀 시절에 알던 선후배를 통해서 그 선후배가 다니는 회사의 오더를 받아왔고, 회사 인사담당자들 모임에 참석하면서 추가로 계속 오더를 받아왔다. 헤드헌터 시작하고 첫 6개월 이전에 10개 이상의 고객사에서 다수의 오더를 확보하게 되었다.

둘째, 대부분의 잘 못하는 헤드헌터는 특정 포지션에 대해서 한 번 잡사이트를 뒤지고 나면 다시는 안 뒤지는 경우가 많다. 그러나 잡사이트들은 매일매일 1만 명 이상의 이력서가 새로 업데이트된다. 굳이 이력서를 다 검토하지 않더라도 매일매일 새롭게 업데이트되는 이력서들이라도 꾸준히 검토하는 건 매우 중요하다. 이 신입 헤드헌터는 그 일을 게을리하지 않고 꾸준히 해냈다.

한 번은 이 신입 헤드헌터가 Objective-C(개발언어 중 하나이다) 관련된 포지션을 받은 적이 있다. 아무리 사람을 찾아도 찾지 못하게 되자 이 신입 헤드헌터는 대형 포털 카페를 주목했다. Objective-C를 공부하는 사람들이 모인 카페에 방문해서 글쓰기 조건을 맞추기 위해서 열심히 등업을 했고, 카페 내의 구인구직 게시판에 해당 포지션에 대한 채용공고를 올렸다. 마침 그 카페에서 Objective-C를 공부 중이던 경력자 중에 2명이 그 채용공고를 발견하여 지원을 했고, 그중에 한 명이 최종 합격을 했다.

이 신입 헤드헌터는 단순히 잡사이트 서치에만 의존하지 않고 뭔가 다른 방법을 계속 강구했던 것이다. 사람이 많이 모일 만한 곳을 고민했고, 사람이 많이 모인 곳으로 찾아가서 결국 해낸 것이다. 결과적으로 항상 새롭게 사람을 찾을 수 있는 방법을 스스로 고민했다는 뜻이다.

셋째, 이 분의 출근시간은 보통 아침 7시, 퇴근시간은 보통 저녁 8~9시였다.

신입임에도 불구하고 적어도 하루에 13~14시간씩 일을 했다는 소리다. 앞서 필자가 여러 번 얘기했던 대로 '양'을 이기는 '질'은 없다. 양이 많으면 대부분 성취한다. 단, 한 가지 예외가 있다면 '방향'이라는 변수가 있다. 방향이 올바르지 않으면 아무리 노력해도 결과는 적을 수밖에 없다.

흔히 사람들이 속도와 방향 중에 선택하라고 하면 대부분의 사람은 방향을 선택한다. 속도가 다소 느리더라도 잘못된 방향으로 가는 것보다는 훨씬 낫기 때문이다.

헤드헌터로서 올바른 방향을 잡았다고 치면 그 다음부터 필요한 건 노력이다. 이 헤드헌터는 노력까지 게을리하지 않았다.

위에서 언급한 첫째, 둘째, 셋째를 종합해 보자면…

이 헤드헌터는 헤드헌터 첫해부터 양질의 오더를 따오기 시작했고, 하루 13시간 이상 꾸준히 노력했으며, 계속 새로운 방법을 찾는 수고도 아끼지 않았다는 뜻이 된다.

그리고 그 결과는 헤드헌터 첫해부터 억대 수입으로 돌아왔다.

저 3가지 중에 어느 한 가지만 제대로 해도 헤드헌터로서 먹고살기 어렵지 않다. 1년 안에 헤드헌터를 그만두는 사람 대부분은 저 3가지 중에 그 어느 것도 제대로 하지 못했을 경우다.

굳이 저 3가지 중에서 가장 중요한 걸 꼽자면 세번째 언급한 노력이다.

서치펌 대표 또는 고참 선배들이 제대로된 방향만 살짝 잡아준 상태로 본인의 노력이 더해진다면 웬만한 직장인보다 훨씬 고수입을 올릴 수 있다.

곳간이 풍족해야 보람도 행복도 올 수 있다.

❷ 헤드헌터는 귀로 배운다

대부분의 서치펌은 신입 헤드헌터가 첫 출근을 하면 비어있는 자리 중에 원하는 자리에 가서 앉을 수 있게 해준다. 그러면 사람들이 선호하는 자리는 정말 뻔하다. 무조건 제일 구석자리부터 차기 시작한다. 그러나 과연 그게 좋을지는 생각해봐야 할 문제다.

필자의 자리는 언제나 사무실에서의 정중앙, 센터였다. 사람들이 모여있는 자리들 중 제일 중앙쪽 자리에 앉곤 했다. 이건 신입 때나 대표를 하는 지금이나 마찬가지다. 대표라고 해서 제일 구석에 짱박히거나 룸으로 들어가지 않았다. 지금도 내 자리는 사무실의 정중앙이다.

왜일까?

우리는 흔히 독서실 같은 곳을 가면 남들의 왕래가 별로 없는 곳, 남들의 발자국 소리나 말소리가 들리지 않는 조용한 곳을 찾아서 앉고는 한다. 하지만 서치펌은 그 반대다.

만약 경력이 정말 많아 더 이상의 추가 학습이 필요 없을 정도로 능숙한 헤드헌터라면 구석으로 가도 좋다. 오히려 그런 분들은 구석자리가 더 좋을 수도 있다. 하지만 아직 배움이 필요한 헤드헌터들은 구석자리가 좋지 않다. 왜냐하면 헤드헌팅은 귀로 배우는 것이기 때문이다.

앞서 독서실 자리는 사람들의 왕래가 없고, 조용한 곳이 좋다고 얘기했다. 서치펌은 그 반대로 사람들의 왕래가 많고 이 소리 저 소리가 다 들리는 자리가 더 좋다.

사람들의 왕래와 소리들에는 각종 정보가 묻어 있다. 그 정보의 종류는 천차만별이다.

때로는 미적미적한 후보자를 설득하는 소리일 수도 있고, 때로는 신규 고객사에 영업을 하는 영업 멘트일 수도 있다. 후보자와 연봉을 조율하는 경우도 있고, 카운터 오퍼를 맞은 후보자를 설득하는 소리일 수도 있다.

어쩔 때는 특정한 포지션 또는 특정한 사업군에 대한 핵심 키워드가 들리기도 한다. 그런 소리(중요한 정보)는 구석자리에서는 잘 들리지 않는다. 그런 소리를 듣기 위해서는 센터 자리가 더 좋다.

아직 배움이 필요한 분들, 이제 막 서치펌에 입문하신 분들!

본인이 할줄 아는 게 뭐가 있다고 구석에 짱박히려 하는가?

구석에 짱박히고 혼자 이리 뛰고 저리 뛰고 하다가 "에이 헤드헌터 못 해먹겠네."라며 몇 개월만에 조용히 사라지려 하는가?

그게 아니다. 그건 잘못된 것이다. 배움이 필요하다면 주변의 여러 정보가 많이 오가는 곳에 있어야 한다. 떡을 만져야 손에 떡고물이 묻는 법이다. 정보가 오가는 곳에 있어야 어쩌다 흘리는 정보라도 하나둘씩 캐치하는 거다. 구석자리에서 오가는 정보는 거의 없다. 정보들은 사람이 많이 교류하는 장소에 있다.

▸▸ 실화 하나!

필자는 담배를 피우지 않는다. 예전에 20년 정도 피웠다가 이제 끊은지 10년쯤 됐다. 필자가 헤드헌팅을 시작할 무렵에는 금연한지 몇 년 되어서 금단 현상도 전혀 없는 완벽한 금연 상태였다.

필자가 처음 들어간 서치펌은 헤드헌터들이 꽤 많았는데, 그중에 흡연하는 헤드헌터도 많았다.

필자도 20년간 흡연을 해왔기 때문에 안다. 흡연자들이 한번 우루루 나가서 담배 피울 때, 그 담배 피우는 자리에서 무슨 얘기들이 오가는지. 물론 신변잡기 잡담도 많이 하지만 간헐적으로 평소에는 접하기 힘든 고급 정보들이 바로 그 자리에서 오간다. 이상하게 담배 피우는 자리에서는 서로 간의 경계가 조금 허물어지는 기분이다. 담배 피우는 사람들끼리는 이상하게 유대감이 돈독해진다. 어느 조직에 누가 새로 들어가던 같이 담배 피우면서 제일 먼저 친해지곤 한다. 필자는 과거 20년간 흡연으로 그걸 아는 상태였다.

그때 필자는 정말 고민을 많이 했다. 다시 담배를 피워야 하나, 담배를 다시 피워서라도 저 무리에 끼어서 한마디라도 더 새겨들어야 하나를 고민했다.

결국 담배를 다시 피우진 않았다. 대신에 사람들이 담배 피울 때, 그 옆에 조금 떨어져서 그들의 얘기를 경청하곤 했다. 매우 추운 겨울날이었는데 담배도 피우지 않는 사람이, 흡연자들이 흡연하면서 하는 얘기들을 듣기 위해 추위에 벌벌 떨면서 흡연 장소 근처에서 원하지도 않는 담배 냄새를 맡아가며 서성였던 것이다.

이것은 실화다. 그만큼 고참 헤드헌터들이 하는 얘기들 중에서는 신입에게 도움이 되는 말이 종종 흘러나온다. 이걸 듣기 위해서 내가 어떻게 하면 될지를 고민해봐야 한다.

지금 신입 헤드헌터이면서 구석자리에 짱박혀 있다면 당장 자리를 옮기는 게 좋다.

❸ 헤드헌터 2개월 차일 때 어느 고참의 한마디

앞서 필자는 회사원, 자영업, 그리고 최종적으로 대리운전 기사를 거쳐서 헤드헌터에 입문하게 되었다고 했다. 당연히 아무런 인맥도 지식도 없는 상태에서 무작정 맨땅에 헤딩부터 시작했다. 이건 필자뿐 아니라 대부분의 헤드헌터들이 마찬가지다. 처음 헤드헌터 입문해서는 자기 고객사도 없고 업무도 잘 모르는 경우가 대부분이라 주로 타 헤드헌터들의 포지션을 열심히 서치해주는 코워커부터 시작한다.

사람이 살다보면 유독 자기랑 좀 잘 맞는 사람이 있다. 사소한 일을 해도 삐걱대지 않고 유독 잘 맞는 듯한 느낌. 필자가 헤드헌터 한 지 얼마 안 됐을 때, 필자가 머문 서치펌에는 어떤 고참 여성 헤드헌터가 계셨는데, 그분 포지션이 그랬다. 낯설지 않고 편한 느낌. 삐걱대지 않고 술술 잘 맞아 돌아가는 느낌. 그래서 그때 그분 포지션을 집중적으로 열심히 서치를 한 기억이 있다. 참고로 그 여성 헤드헌터는 성과가 상당히 좋은 분이었다.

그분이 한번은 내게 이런 얘기를 했다.

“자, 이제 때가 되었습니다.”

어느 특정 포지션에 꽤 많은 이력서가 들어갔고, 꽤 많은 서류 탈락과 면접 탈락이 진행된 이후에 저런 소리를 했다.

그분 말인즉슨,

보통 고객사가 최초로 오더를 풀 때는 ‘기대치’라는 게 있다. 헤드헌터를 통해서 몇백만 원을 주고서라도 사람을 채용한다면 적어도 이 정도는 되겠지 싶은 기대치이다. 그 기대치를 90점이라고 가정하자. (사람을 숫자로 표시해서 유감이지만 이해를 돕기 위해 어쩔 수 없이 숫자로 표시한다.)

고객사는 헤드헌터에게 의뢰를 하면 적어도 90점짜리 인재는 추천받겠지 하고 생각한다. 그럼 헤드헌터들이 이력서를 우루루 넣는다. 개중에는 70점, 80점, 85점, 92점, 90점, 78점….

고객사는 애초에 90점은 받겠지 싶었는데 이력서를 많이 받다보면 사람이란 게 욕심이 생긴다. 어라? 90점짜리는 받겠지 싶었는데 92점짜리가 왔네? 조금 더 이력서를 받다보면 92점 이상짜리가 들어올지도 모른다는 생각.

그래서 포지션을 딜레이시키고 이력서 추가 접수를 시킨다.

그런데 대부분 헤드헌터들이 처음에 추천해준 후보자들이 제일 좋은 편이다. 시간이 지날수록 조금씩 모자라는 이력서가 들어갈 가능성이 크다.

65점, 81점, 71점, 85점, 68점…

그렇게 시간이 흐르다 보면 대부분 ‘시간’은 고객사의 편이 아니다. 고객사는 빨리 사람을 채용해서 업무를 돌려야 하니까 그렇다.

그 여성 헤드헌터가 말씀하신 건 바로 이 타이밍이다. 이미 좋은 후보자들 다 떨어뜨리고, 더 이상 시간을 미룰 수 없을 때, 90점짜리 후보자를 원했지만 92점짜리도 떨어뜨리고 나서 결국 85점짜리라도 채용할 수밖에 없는 상황. 바로 그 순간이 왔다는 거였다. 그리고 바로 그 타이밍에 추천을 하면 평소보다 꽤 높은 확률로 합격할 수 있다는 뜻이었다.

고객사는 92점짜리 이력서가 왔을 때 재까닥 채용하면 됐을 것을 괜히 욕심을 부리다가 그렇게 된 케이스다. 실제 필자도 그 후로 그 여성 헤드헌터의 말씀을 듣고 타이밍에 맞춰 이력서를 넣은 적이 여러 차례 되고, 조금 부족해보이는 후보자가 합격한 적이 여러 차례 있다.

인생은 타이밍이다? 그것은 헤드헌터에게도 통용되는 말이다.

❹ 헤드헌터의 3대 영업

흔히 영업이라고 하면 누군가에게 물건을 파는 일 정도로 생각하는 경우가 많다. 근데 필자가 서른 살 정도 됐을 현역 직장인 시절, 같은 회사의 영업 차장님께서는 항상 "영업은 ART다."라고 얘기하고 다녔다.

그때는 그냥 자기가 하는 일에 대한 자부심 정도로 생각했는데, 나이를 먹어가면서 사회생활을 더 많이 하면서 '정말 영업은 ART 아냐?' 하는 생각을 하게 되었다. 왜냐하면 영업이란 단순히 물건을 파는 일이 아니라 구매자의 마음을 얻어야 하는 일이기 때문이다. 마음만 얻으면 물건은 자연적으로 팔린다. 그렇게 마음을 얻기 위해 천 가지 만 가지를 고민하고 실천해야 하는 게 영업인 것이다.

헤드헌터의 영업은 크게 3가지로 구분된다.

첫 번째, 고객사에 대한 영업

헤드헌터의 영업, 아마 이번 타이틀을 보고서 다수의 사람은 고객사에게 영업을 한다고 생각할 것이다. 물론 고객사 영업이 제일 먼저 떠오르는 게 맞긴 맞다.

고객사는 어차피 수없이 많은 헤드헌터에게 영업 제안을 받는데, 그 수많은 경쟁 헤드헌터를 뚫고 내가 간택되기 위해서는 과연 어떤 게 필요할지, 어떻게 해야 인사담당자가 나한테 마음을 열지에 대해 백 가지 고민을 해보고, 천 가지 시도를 해봐야 하는 게 바로 고객사 영업이기 때문이다.

두 번째, 후보자에 대한 영업

혹자는 후보자에 대해 무슨 영업을 하냐고 얘기할 수도 있다. 하지만 모든 후보자가 다 고객사에 대해 긍정적으로 생각하고, 바로바로 지원하는 건 절대 아니다. 도중에 여러 이해관계가 얽힐 수도 있는데 그걸 풀어내는 것도 헤드헌터의 능력이다.

모 헤드헌터의 사례를 들어보겠다.

헤드헌터가 고객사에서 오더를 받아서 서치를 하는데, 딱 2명의 후보자가 검색되었다.

첫 번째 후보자는 전화를 받지 않았다. 두 번째 후보자에게 전화를 했더니 마침 그 후보자는 그 고객사에서 이미 2번이나 오퍼를 받았다고 한다. 회사에서 직접 후보자를 컨택해서 면접을 봐달라고 요청을 했고, 후보자는 회사와 회사의 비전에 대해 잘 모른다는 이유로 면접을 거절했다.

이에 헤드헌터는 무릎을 탁 친다. 고객사에서 2번이나 연락이 갔을 정도면…, '내가 사람을 제대로 찾은 거구나'라는 생각. '이 후보자가 이 포지션에 딱 맞는 후보자구나'라는 생각.

그때부터 헤드헌터는 고객사에 대해 더 깊이 공부를 시작한다.

주요 사업이나 경쟁사와 제품에 대해서, 앞으로 회사가 나아갈 방향과 비전에 대해서 꼬박 하루를 투자해서 열심히 공부를 한 후 후보자에게 전화를 한다. 그리고 공부한 내용을 설명한다. 이러이러한 회사고 이런 비전이 있고 등등….

결국 후보자는 헤드헌터의 자세한 설명을 듣고 마음을 돌려 이력서를 제출하고, 일사천리로 합격을 한 후 지금도 회사에 잘 다니고 있다.

헤드헌터에게 영업이란, 단순히 제안만 하는 게 아니라 후보자의 마음까지 얻는 일이다. 그래서 영업이란 단순히 물건만 파는 게 아니라 사람의 마음을 얻어야 하는 것이고 앞서 말한 ART에 가까운 것이다.

세번째, 헤드헌터 간의 영업

필자는 오늘 얘기하는 3가지 영업 중에 이 영업이 제일 중요하다고 생각한다.

만약에 1인 서치펌을 하거나, 아니면 서치펌 내부에서도 코웍 없이 혼자 하시는 분은 필요 없을수도 있겠으나 대부분의 서치펌은 적어도 5명 이상의 인원이 있고, 대부분이 내부 코웍으로 이루어지기 때문에 꼭 필요하다. 이런 곳은 같은 공간에서 업무를 보는 헤드헌터와의 관계가 매우 중요해진다. 왜냐하면 이 헤드헌터끼리는 바로 어제도, 오늘도, 내일도 얼굴을 보게 될 것이 분명하기 때문이다.

같은 공간의 헤드헌터와 친하게 지내게 된다면 서로 노하우나 각종 정보를 공유할 수도 있고, 서로 간 코웍도 활발하게 진행할 수 있기 때문에 긍정적이다.

우리가 흔히 하는 말로 '멀리 가려면 함께 가라'라는 얘길 하곤 한다. 헤드헌터도 길게 가려면 혼자도 좋지만 주위를 둘러보고 같이 갈 사람이 있다면 함께 가면 좋다. 그렇다면 먼 길도 가깝게 느껴질 것이다.

바로 옆 헤드헌터에게 친절하게 대하라.

그의 말에 귀를 기울이고, 알게 된 정보는 공유하며, 서로 포지션이 나오면 열심히 찾아주면 된다. 이것은 일개 고객사 영업 또는 일개 후보자에 대한 영업보다 훨씬 더 중요할 수 있다.

소중한 것은 멀리 있지 않다. 소중한 것은 항상 가까이에 있다. 늦게 깨닫거나, 잃은 후에 깨닫는다는 게 문제일 뿐, 아직 잃기 전이라면 지금부터라도 잘하면 된다.

헤드헌터 업무를 오랫동안 길게 하려면 바로 같은 공간에서 일하는 헤드헌터에게 잘해라. 이것은 고객사나 후보자에게 잘하는 것보다 훨씬 더 중요하다.

❺ 오더 따오는 방법 - 신규 고객사 개척기

앞서 필자는 여러 헤드헌터와 예비 헌터들을 꽤 많이 접한다고 언급했다. 개중에 모 예비 헤드헌터가 필자에게 이렇게 말을 한 적이 있다.

"조조 님(필자의 인터넷 ID는 '헤드헌터 조조'다), 제가 후보자 서치하는 거 그거 정말 열심히 잘 할 수 있어요. 후보자에게 전화해서 이 포지션에 지원하라고 설득해서 이력서 받아내는 것도 정말 잘할 수 있구요. 근데…, 생판 모르는 가망 고객사에 전화해서 나한테 오더 달라고 하는 건 정말 못하겠어요."

그 예비 헤드헌터는 일류대를 나와서 대기업에서 연구개발을 했던 사람이다. 당연히 영업에 대한 경험은 전무했다. 성실함이 가장 큰 무기가 될 수 있으나 영업은 또 다른 문제로 예비 헌터에게 압박으로 다가왔던 것이다.

오더를 잘 따오는 방법

헤드헌터들 사이에서 전해 내려오는 말 중에 "오더 따는 법은 가르쳐줘도, 사람 찾는 법은 안 가르쳐준다."라는 말이 있다. 그것은 사람을 찾는 게 훨씬 더 어렵다는 뜻이고, 상대적으로 오더를 따오는 건 쉽다는 의미다. 그리고 설령 오더를 따오더라도 사람을 못 찾으면 의미가 없다. 아무리 좋은 오더라고 해도 좋은 후보자를 추천하지 못하면 그 고객사는 끊어진다. 더 이상 내게 오더를 주지 않는다는 것이다.

따라서 대부분 고참 헤드헌터들은 신입 헤드헌터에게 오더를 따오기보다 서칭 능력을 먼저 기르기를 권장한다. 적어도 3개월 이상은 죽어라 서칭 기술을 익힌 후, 그 이후에야 오더를 따오는 것을 권장한다. 오더를 따오더라도 스스로 사람을 서칭해서 그 오더를 해결할 수 있게 될 정도의 서칭 스킬을 익힐 때까지 말이다.

필자는 현역 시절에 따로 영업을 해본 적이 없다. 주로 게임 기획을 했는데 게임 기획은 개발 기획과 서비스 기획으로 나뉜다. 만약에 서비스 기획이었다면 외부로 나가서 여러 업체와 미팅도 하고 계약도 하고 했을 텐데, 아쉽게도 필자의 업무는 개발 기획에 속했다.

개발 기획이란 말 그대로 게임 자체를 개발할 때 필요한 기획이다. 이 검의 공격력은 10이 좋을지 20이 좋을지, 물약 포션의 값은 10gold가 좋을지 20gold가 좋을지를 고민하는 일이다.

주구장창 사무실에서 엑셀과 파워포인트로 문서작업을 하고, 디자이너와 개발자들과 옥신각신해야 하는 일이다. 당연히 영업은 해본 일이 없었으니, 필자가 현역 시절에 제일 하고 싶었던 게 바로 '외근'이란 거였다. 답답한 사무실 밖을 돌아다니고 싶었지만 돌아다닐 건수 자체가 없는 내근직이었다.

직장을 그만두고 했던 PC방이나 대리운전도 영업이랑은 관계가 없다. 즉, 필자는 평생을 영업과는 완전히 담을 쌓은 사람이었다.

참고로 혈액형도 AB형이다. 전형적인 AB형으로 혼자만의 세계가 강한 사람이고, 혼자놀기 참 좋아한다. 사람들 상대하는 걸 그다지 선호하지 않는 성격이다.

그런 필자가 그동안 개척한 신규 고객사는 100~200개 정도 된다. 정확한 수치는 알지 못하지만 헤드헌터를 시작하고 4개월째부터 고객사를 개척하기 시작했는데 지금까지 매월 평균 2~3개의 고객사는 개척한 것 같다. 영업의 'ㅇ'도 모르는 사람이 매월 2개 이상의 거래처를 확보한 것이다. 이것은 오더를 좀 따본 사람들 사이에서도 꽤 높은 수치다.

영업이란 건 영업에 대한 경험이 전혀 없는 사람도 충분히 할 수 있다.

필자 같은 사람도 하니까 말이다.

가끔 필자가 대표로 있는 서치펌의 소속 헤드헌터에게는 별도로 오더를 따오는 방법에 대한 교육을 진행한다. 이것은 필자가 운영 중인 서치펌에서 근무하는 사람에게 제공하는 일종의 혜택 같은 거다. 가끔 외부로 나가 타 헤드헌터들을 대상으로 오더 따오는 방법에 대한 강연을 하기도 한다.

본 과정에서는 대략적인 내용만 설명하고 자세한 내용은 생략한다. 한 시간이 넘는 강의를 이 곳에서 모두 말하기는 어렵기 때문이다.

• 최고의 수단은 인맥

필자가 예전에 모 IT 대기업의 오더를 받기 위해 열심히 트라이할 때였다. 당시에도 필자는 꽤 여러 고객사의 오더를 손쉽게 따오곤 했다. 하지만 그런 필자의 노하우에도 불구하고 그 IT 대기업의 문은 끝끝내 열리지 않았다. 별의별 수를 다 써봐도 영업에 실패해 결국 그 고객사를 포기했다. 어차피 내게는 오더를 안 주는 고객사라고 간주한 것이다.

그리고 필자가 한번 서치펌을 옮겼는데 새로 옮긴 서치펌에서 모 상무님께서 그 IT 대기업의 오더를 이미 진행하고 있었다. 그때 깜짝 놀랐다.

'아니, 내가 얼마나 열심히 영업을 했는데 절대 뚫리지 않던 그 고객사, 상무님은 도대체 어떻게 뚫었을까? 어떻게 오더를 받으신 거지?'

그래서 상무님께 여쭤보았다. 내가 아무리 오더를 따려고 영업에 영업을 다했지만 딸 수 없었다며 도대체 어떻게 했느냐고 물었다. 상무님 입에서는 참 단순한 대답이 나왔다.

"어, 거기 인사팀장이 내 후배야."

입은 있으되 할 말이 없었다.

우리는 흔히 학연學緣, 지연地緣, 혈연血緣을 없애야 한다고 얘기한다. 그러나 현실에선 제일 잘 통하는 게 그것들이다.

기업들, 특히 대기업의 경우는 무수히 많은 헤드헌터의 영업을 접한다. 그 많은 헤드헌터들의 옥석을 가리기보다 친분이 있는 헤드헌터에게 맡기는 것은 너무나 흔한 일이다. 이미 헤드헌터 1만 명 시대, 인사 팀원도 꽤 여럿이고 그와 친분이 있는 헤드헌터만도 이미 여러 명이다. 어차피 오더를 줄 거라면 조금이라도 연緣이 있는 헤드헌터에게 오더를 주는 건 오히려 당연한 일이다.

참고로 필자는 개인적인 친분이 있는 사람의 오더는 웬만하면 잘 안 한다. 아는 사람의 오더를 진행하면 오히려 불편해지는 경우가 종종 있기 때문이다. 아예 모르는 사람끼리 업무적으로 대하는 게 더 편할 수도 있다. 괜히 아는 사람과 업무적으로 얽혔다가 잘못해서 친구끼리 의義 상하는 일도 발생할 수 있기 때문이다.

고로 필자는 개인적인 만남에 가서 누가 묻지 않는 이상 특별히 필자가 헤드헌터라는 것을 밝히지도 않고, 영업도 하지 않는다. 그럼에도 불구하고 어떻게 어디서 소식을 들었는지 먼저 '이런 사람 찾아줄 수 있냐'며 오더를 주겠다는 지인도 물론 있다. 그럴 경우 아주 선택적으로 업무를 진행할 때도 있다.

어쨌든 필자의 경우가 그런 것이고, 대부분의 헤드헌터는 어떻게든 기업의 인사팀, 특히 채용에 대해 권한이 있는 인사팀장, 인사임원, 채용 담당자와 연緣이 닿기를 희망하는 경우가 상당히 많다. 왜냐하면 그게 가장 잘 먹히는 영업의 수단이기 때문이다.

앞서 필자는 영업 경험도 전혀 없고, 인맥이 좋은 것도 아닌 AB형이라고 얘기했다. 그럼에도 불구하고 고객사 영업력은 언제나 서치펌 내에서 톱 클래스였다.

영업경험이 없는데 고객사 개척할수 있나? 답은 Yes!

인맥이 없어도 영업할수 있나? 답은 Yes!

그냥 단순히 전화나 메일만으로 영업이 되나? 답은 Yes!

•100 vs 1

한번은 필자가 거래 중인 모 고객사의 인사담당자에게 헤드헌터 영업을 얼마나 받는지 물어본 적이 있다. 이 글을 읽는 분 중에 99%는 그 고객사를 알 것이다. 그만큼 인지도가 꽤 있는 고객사이고, TV에 광고도 엄청 나오는 회사다.

꽤 알려진 기업, 인지도가 높은 기업에선 도대체 헤드헌터로부터 얼마나 많은 영업 메일 또는 영업 전화를 받는지가 궁금했다.

인사담당자의 입에서 나온 숫자는 '100'

1주일에 헤드헌터에게 받는 메일과 전화를 모두 합치면 백 번 정도 된다고 했다.

백 번이다 백 번! 한두 번도 아니고, 열 번도 아니고 스무 번도 아니고, 원 헌드레드, 백 번이다. 주 5일 근무이므로 매일 20통에 달하는 헤드헌터의 영업전화 + 메일을 받는 것이다.

이 정도 되면 인사담당자도 귀찮을 법하다. 바쁠 때 자꾸 전화나 메일 오면 귀찮아서 짜증이 날 지경일 게다.

자, 헤드헌터는 분명 깨달아야 한다. 저 99명의 경쟁자를 뚫고 내가 간택(?)되려면 어떻게 해야 할지를 고민해야 한다. 내가 99명 중에 한 명이 될 것인가(One of them), 아니면 한 명 중에 한 명이 될 것인가(One of one)?

99명 중에 한 명이 될 방법으로 영업을 해놓고서 나는 최선을 다했네, 열심히 영업을 했네 함부로 말하면 안 된다. 열심히 하는 것만으로도 의미가 있는 건 스포츠나 그렇다. 우리는 흔히 전력이 열세임에도 불구하고 열심히 플레이를 하는 선수에게 박수와 갈채와 응원을 보낸다. 스포츠니까 그런 거다. 스포츠니까 패배가 미화될 수도 감동을 줄 수도 있다. 하지만 사회생활에서는 결과가 있어야 한다. 사회생활에서는 결과 없이 열심히만 하는 것은 매우 무의미할 수도 있다.

메일을 100번 보냈는데 100번 모두 저 99명 중에 하나였다면 그는 메일을 100번 보낸 것만큼의 시간을 낭비했을 뿐이다. 그렇다면 뭔가 다른 방법을 강구해야 한다.

100번 보냈는데 모두 실패했다고 똑같은 방법으로 200번을 더 보낸다? 그럼 과연 의미가 있을까?

우리 속담에 '열 번 찍어서 안 넘어가는 나무 없다'는 말이 있다. 이것은 주로 남성이 여성을 유혹할 때 주로 쓰인다. 남자가 계속 트라이하면 결국 여자는 넘어오게 되어 있다는 뜻도 된다.

하지만 절대 넘어가지 않는 여자들은 이렇게 말한다.

"왜 도끼날이 잘못됐다는 생각은 안하지?"

열 번 찍어서 넘어가지 않았다면 도끼날을 바꾸든 도끼를 휘두르는 방법을 바꾸든 해봐야 한다. 통하지 않는다는 걸 깨달았는데도 계속 같은 방법으로 트라이하는 것은 자칫 무모하기만 할 수도 있다.

만약에 100번 보내서 실패를 했다면 그때는 도끼날을 바꿔서 다시 100번을 보내든가, 아니면 도끼 휘두르는 방법을 바꿔서 100번을 보내든가 해야 한다. 통하지 않는다는 걸 뻔히 아는 데도 불구하고 다시 똑같은 걸 200번을 보낸다면 그건 그만큼의 시간만 더 낭비했을 수도 있는 것이고, 그건 열심히 한 것도, 최선을 다한 것도, 죽을 힘(또는 젖먹던 힘)을 다한 것도 아니다.

쓸데없는 시간낭비를 '나는 열심히 노력했다'고 미화하지 말길 바란다.

•영업 골든타임

신혼 초기, 필자는 와이프의 생일을 맞이하여 와이프의 회사로 생일선물을 보낸 적이 있다.

당시 사람 키만 한 큰 장미꽃다발이랑 샴페인, 케익, 별 모양의 만지락 양초, 그리고 생일카드를 보냈었다.

그때 주문이 다 끝났을 무렵, 마지막으로 업체에서 물어왔다.

"몇 시에 도착하게 해드릴까요?"

한번도 생각해본 적이 없는 문제였다. 시간? 시간이 그렇게 중요한가?

필자의 와이프는 당시 디자인 쪽 회사에 다녔다. 회사의 구성원은 거의 모두 여성이었다. 회사의 위치는 일산이었고, 전 직원이 30명 내외의 회사였다. 필자의 와이프는 가끔 외근을 했다. 당일도 외근할 가능성이 있었다.

이 상황에서 도대체 몇 시에 꽃다발이 도착하도록 하는 게 가장 효율적인 걸까?

헤드헌터 영업에도 골든타임이 있다. 그 골든타임에 영업을 한다고 해서 반드시 영업에 성공하는건 절대 아니다. 다만 성공 확률이 아주 조금 올라간다.

필자가 처음 헤드헌터에 입문하였을 때, 월요일 첫 출근을 했는데 아무리 생각해봐도 필자의 생각에는 개인 고객사를 가지고 있는 게 제일 중요할 듯했다. 그래서 필자의 현역 시절 게임을 했던 경험을 되살려 출근하자마자 게임사를 검색했고, 몇 개의 게임사를 물망에 올린 후 바로 콜드콜cold call (물건 등을 팔기 위한 임의의 권유전화)을 했다. 월요일 아침 10시에 오더 달라고 영업전화를 한 것이다.

결과적으로 대단히 좋지 못한 영업이었다.

월요일 아침에, 한참 아침 회의 준비하느라 바쁜 와중에 인사팀에게 헤드헌터 쓰라고 전화를 한 것이다. 인사팀에선 매우 짜증을 냈고, 필자는 그 이유를 알지 못한 채 우격다짐으로 회사 소개서를 메일로 보냈다. 물론 통할 리가 없었다.

앞서 필자는 고객사에 통하지 않을 쓸데없는 영업만 해놓고서 '최선을 다했다'고 미화하지 말라고 했다. 바로 이런 거다. 그래도 고객사 담당자와 통화도 했고, 회사 소개서를 던져줬으니 '절반은 성공했네'라는 헛소리는 하지 말라는 거다.

월요일 아침에 회의 시간 직전에 영업 전화를 거는 건 대단히 좋지 못한 영업 방법이다. 영업은 마음을 얻어야 하는 일인데, 마음을 얻기는커녕 인사담당자의 짜증만 얻어냈다. 이런 안 되는 방법을 죽어라 해놓고서 '나는 최선을 다했다'라고 말하지 말라는 거다. 인간은 학습이 되는 동물이다. 해서 안 된다면 다른 방법을 강구해봐야 한다.

자, 아래는 상당수의 헤드헌터가 공감하며 이용하는 방식이다.

먼저 월·화는 영업하기에 좋지 못하다. 주말에 쌓인 일을 하거나 주간회의를 하는 등 좀 바쁜 편이기 때문이다.

금요일도 영업하기에 좋지 못하다. 금요일은 주로 일을 정리하려 하지 벌이려 하지 않는다. 만약 헤드헌터에게 신규 오더를 줬을 경우에, 대부분 헤드헌터는 내부 JD 확인을 위해 담당자에게 몇차례의 전화를 더 걸게 된다. 기존에 오더를 많이 진행하던 기업이라면 이미 회사의 내부 사정을 좀 알겠지만, 처음 진행하는 헤드헌터는 그것을 모르기 때문에 초반에는 다소 귀찮게 인사담당자에게 회사 사정에 대해 이것저것 물어봐야 한다. 금요일은 업무를 정리하고 곧 '불금'을 즐기러 나가봐야 하는데 자꾸 새로운 일을 벌이게 되는 것이다. '불금'을 앞둔 직장인(인사팀)의 입장에서는 그런 건 선호되지 않는다. 따라서 금요일도 영업하기 적합하지 않다.

그렇다면 남은 건 수요일과 목요일.

오전과 오후 중에 오전은 선호되지 않는다. 오전은 사람의 정신이 좀 맑고 날카로운 경향이 있다. 아직 공복일 경우가 많아서 사소한 것에도 민감하게 반응할 경우가 종종 있다.

점심을 먹고 배가 부른데다 급한 일은 대충 끝내놓고 비교적 시간적인 여유가 있는 수요일, 목요일 오후 시간대가 영업하기 가장 좋다.

실제로 이 시간대를 노려 집중적으로 영업하는 헤드헌터는 생각 외로 많다.

당시 신혼 초 와이프 생일로 거슬러 올라가 필자는 한참을 고민한 끝에 업체에게 "꽃 배달은 오후 4시에 도착하게 해주세요."라고 얘기했다. 물론 결과는 대단히 성공적이었다.

• 잘난 사람에게는 관심이 없다

필자는 가끔씩 타 헤드헌터의 영업 메일을 직접 받아본 적이 있다. 그럼 그 영업 메일은 참 한결같다.

"본인은 S대를 우수한 성적으로 졸업하고, S전자에서 20년간 성실히 업무를 수행했으며, 헤드헌터로 입문하여 다수의 고객사와 업무를 진행하여 다수의 합격자를 배출한 우수한 헤드헌터로서… 어쩌고 저쩌고…"

제안 메일은 십중팔구 이렇다.

자, 헤드헌터는 수많은 채용을 진행한다. 그러면 수많은 후보자의 이력서와 자기소개서를 접한다.

가장 흔한 형태의 자기소개서는 '엄하신 아버지와 자애로우신 어머니 슬하에서…'로 시작하는 자기소개서다.

보는 순간 하품이 난다. 닳고 닳은 느낌이다. 누군가는 보수적인 생각으로 당연히 자기소개서는 저래야 하는 거 아닌가 하고 생각할지 모르겠지만 영업에서는 그렇지 않다.

보는 순간 하품이 나오는 자기소개서를 쓰는 후보자는 뻔하고, 그의 이력은 별 볼 일 없을 가능성이 크다. 왜냐하면 그는 자기를 어필할 수 있는 내용으로 자기소개서를 채우는 게 아니라 그냥 짜인 각본 같은 자기소개서를 베껴 쓰는 사람이기 때문이다. 무언가 독창적인 것도, 주도적인 것도, 능동적인 모습조차 기대하기 어렵다.

하물며 헤드헌터에게 제안 메일을 받았는데 첫 페이지 첫 줄부터 하품이 나오는 내용이 나온다. 닳고 닳은 자기 잘났다는 내용으로 가득하다. 과연 그가 오더를 딸 수 있을까? 앞서 100명 중에 1명으로 간택될 수 있을까?

채용에 애로를 겪고 있는 인사담당자는 과연 저런 제안 메일을 받고, 저 헤드헌터야말로 이 어려운 채용을 해결해줄 수 있을 거라는 믿음을 가질 수 있을까?

인사담당자는 헤드헌터가 잘나고 못난 거에는 관심이 없다. 그럼에도 불구하고 주구장창 제안 메일에는 자기 잘났다고만 떠든다. 그건 올바른 영업이 아니다.

영업은 단순히 물건을 파는 행위가 아니다. 영업이란 건 구매자의 마음을 얻어야 하는 일이다. 내가 어떻게 하면 구매자가 조금이라도 마음을 열어줄까를 고민해야 한다.

내가 잘났다고 떠들면 듣는 사람의 입장에서는 '아, 그래 너 잘났구나'라는 생각밖에 들지 않는다.

영업이란 건 '내가 잘났으니 내 물건 사주세요'를 외치는 일이 아니다. 그런 영업은 100번 시도하면 101번 실패한다.

•좀 더 다양한 영업 방법

가장 대표적인 영업은 전화, 이메일, 인맥이다. 그 외의 영업을 시도하는 사람도 참 많다.

몇 가지 대표적인 것만 살짝 언급하겠다.

먼저 채용박람회류.

각종 채용박람회에는 많은 기업들 인사담당자가 나오는 자리라고 해서 영업을 목적으로 찾는 헤드헌터가 참 많다. 물론 인사담당자들과 직접적으로 대면해야 하니 좋은 기회라고 볼 수도 있다. 하지만 잘 생각해봐야 한다.

채용박람회를 나오는 헤드헌터 손에는 인사담당자 명함 수십 장이 들려 있다. 반대로 인사담당자의 손에도 수십 장의 헤드헌터 명함이 들려있다는 사실을 알아야 한다. 그 수십 명 중에 하나로 간택될 자신이 있는가?

실제로 그런 채용박람회류를 많이 찾는 헤드헌터 중에 오더를 따는 사람은 거의 없다. 정말 재수좋으면 어쩌다 하나 정도 받고는 한다.

그 외에 필자는 '계단타기'를 하는 헤드헌터도 봤다. 계단타기 영업이란 빌딩의 가장 꼭대기 층에서부터 해당 사무실을 무작정 방문하여 영업하는 것이다. 계단으로 한 층 내려와서 영업하고, 다시 계단으로 한 층 내려와서 영업하고… 이런 걸 계단타기 영업이라고 한다. 고전적인 방식이다.

그 헤드헌터는 사무실이 밀집해 있는 지역에서 영업을 했는데 3일간 여러 개의 빌딩을 계단타기 영업해서 딱 한 개의 오더를 받아왔다. 그 3

일간 차라리 전화나 메일을 돌렸으면 몇 배 더 많은 영업에 성공했을 수도 있다. Input 대비 output이 만족스럽지 않은 영업이라고 볼 수 있다.

인사담당자 모임에 참석하는 헤드헌터도 있다.(이 방법은 필자도 해봤다.)

아무래도 자사의 오더를 주는 건 인사담당자이다 보니 그들과 오프라인상에서 친해지면 오더를 받을 수 있지 않을까 하는 생각에서였다.

결과는 생각밖에 좋지 않았다.

인사담당자는 하루 종일 회사일에 치어 지냈고, 퇴근 후에는 회사일을 언급하는 것 자체를 싫어했다. 그들은 퇴근 후에 쉬면서 친구들과 술 한잔 하러 왔는데, 헤드헌터가 와서 자꾸 업무적으로 오더 달라는 식의 일 얘기를 한다. 일에서 벗어나고 싶은데 자꾸 일과 얽힐 수밖에 없는 그런 상황을 좋아할 리가 없다. 아무리 오더 때문에 나온 게 아닌 척 해봐도 소용이 없다. 오더가 아니면 헤드헌터가 뭐하러 인사쟁이 모임에 참석했겠는가? 이 경우는 아닌 척할 필요도 없다. 모두들 대놓고 말은 안 했지만 저마다 속으로 썩소(썩은 미소)를 한 번씩 짓는다.

위의 사례로 보아 결과적으로 가장 단순하고 일반적인 게 제일 좋다.

전화, 이메일, 인맥 이 세 가지. 저 세 가지 중에 하나만 똑바로 할 수 있어도 오더는 모자라지 않게 따올 수 있다. 마치 야구에서 투수가 각종 변화구를 모두 섭렵한다고 좋은 투수가 아닌 것과 마찬가지다. 국보급 투수 선동열 선수는 직구와 슬라이더 딱 두 가지 구종으로 천하를 평정했다. 보다 많은 구종을 익히려 애를 쓸 시간에 주 무기 한두 가지를 집중적으로 더 연마하는 게 좋을 수 있다.

• 잘난 사람이 아니라 좋은 사람이 되라

필자는 최규석 작가를 좋아한다. 그의 웹툰 『송곳』을 참 좋아한다.

웹툰 중에 나온 내용을 잠깐만 소개하고자 한다.

회사에 노동조합이 설립되고 노조위원장을 선출해야 한다. 그리고 웹툰의 주인공인 엘리트 과장이 후보로 나온다. 최초에 노조설립을 주도했던 인물이고 육사 출신의 엘리트이며 마트 지점장의 오른팔이었다. 누가 봐도 노조위원장에 적합한 인물이다.

그런데 투표가 단독 후보면 재미가 없을 듯하여 어거지로 경쟁자 한 명을 붙인다. 경쟁자는 청과물 주임. 고졸 5년 차쯤 되는 주임은 나이도 20대 중반이고 그냥 청과물에서 과일 파는 청년이었다. 누가 봐도 상대가 안 되는 게임이다.

투표가 진행되자 정말 놀랍게 청과물 주임이 당선된다.

왜 그럴까? 왜 육사 출신 엘리트 과장이 아니라 청과물 주임이었을까?

엘리트 과장은 뛰어난 사람인 건 맞지만 마트 직원들과 같이 밥 한 끼 먹은 적이 없다. 같이 수다를 떨거나 같이 회식을 하거나 노래방을 간 적도 없다.

반면 청과물 주임은 싹싹하고 친절했다. 집에 맛있는 음식이라도 생기면 그거 들고 나와서 '누님 이것 좀 드셔보세요'라며 건네곤 했다. 당연히 밥도 같이 먹고, 회식과 노래방도 같이 다녔다.

사람들은 안다. 노조가 설립되고 엘리트 과장이 노조위원장이 되어야 노조가 더 잘 돌아갈 것이라는 것을. 하지만 사람들은 엘리트 과장이 아니라 청과물 주임을 선택했다.

사람들은 보통 '잘난 사람'을 선택할 거라고 생각한다. 하지만 사람들은 '좋은 사람'을 더 선호한다.

오더 따오는 방법에 대해 굉장히 길게 글을 적고 있는데, 지면이 협소하여 모두 적기는 어렵다.

자세한 내용은 오프라인 강연을 통해서 진행하도록 하겠다.

하지만 핵심적인 내용은 이미 나왔다.

사람은 잘난 사람을 선택하기도 하지만, 좋은 사람을 더 선택한다. 먼저 좋은 사람이 되면 된다. 내가 어떻게 하면 좋은 사람이 될지, 정확히는 어떻게 하면 좋은 사람으로 비춰질지를 고민해야 한다. 영업의 시작은 그것부터다. 그렇게해서 영업의 방법을 깨우친다 하더라도 영업 성공율이 월등히 높아지진 않는다.

영업이란 원래 10번 시도하면 9번 실패하고 1번 성공하는 것이다. 성공율 10% 짜리다.

헤드헌터 중에 '실패'를 두려워한 나머지 영업 시도를 꺼리는 경우가 있는데 이건 옳지 못하다. 영업은 원래 실패하는 게 당연하다. 매번 실패하다가 어쩌다 한 번 성공하면 감지덕지한 거다.

영업에 대한 노하우를 익히면 영업 성공 확률이 높아진다. 앞서 10%의 확률이었는데 몇 가지 노하우를 더했더니 11%가 되고, 12%가 되고, 15%가 되는 것이다. 딱 그 정도다. 영업 성공율이 80%, 90%나 되는 것은 인맥을 통했을 때나 그렇고, 보통 때는 어림도 없다. 앞서 얘기한 수·목요일 오후에 영업을 하라는 것도, 10% 성공율을 11%로 딱 1% 정도 올려줄 뿐이다. 영업이란 그런 작은 확률을 모두 모아서 최대한 높은 확률로 트라이하는 것이다.

이렇게 남들은 10%의 확률로 도전한 것을 나는 15%의 확률로 도전하는 게 영업 노하우다. 이 5%를 무시하면 안 된다. 100번 영업을 하면 남들 10번 성공하고 나는 15번 성공한다. 그러면 나는 이미 남들보다 50%나 더 성공한 셈이 된다.

지금도 카지노에서 쓸데없이 돈 낭비 시간 낭비 하고 계신 분들, 도박 확률이 딱 1%만 바뀌어도 집 한 채 날리는 건 식은 죽 먹기다. 그 1%, 그 5%를 무시하지 말고 최대한 성공 확률을 높여서 꾸준히 트라이해야 한다.

이게 영업의 비법이라면 비법이다. 영업의 'ㅇ'자도 모르던 필자가 헤드헌터로 고객사 영업을 하면서 스스로 깨달은 가장 큰 핵심은 바로 이것이다.

▸▸ 영업 없는 영업

헤드헌터는 처음 시작이 어렵다. 어느 정도 자리가 잡히고, 고객사들도 셋팅이 되고 나면 그 다음부터는 그다지 어렵진 않다. 항상 자기 고객사에 성실하고 착하게 대하다 보면 그 후부터 고객사는 스스로 늘어나기도 한다. 쉽게 말해 그 인사담당자가 자기 친구인 타 회사 인사담당자에게 소개해주기도 하고, 아니면 회사를 이직하고서 새 회사의 오더를 주기도 한다는 소리다. 어느 정도 자리잡아 석세스를 많이 내주는 헤드헌터는 그 후부터 영업을 아예 하지 않아도 되는 경우도 있다. 순전히 인사담당자끼리 소개를 통해서 새로운 고객사가 계속 개척되는 경우도 꽤 많기 때문이다.

(인사담당자들도 그들만의 커뮤니티가 있고, 서로 헤드헌터에 대한 정보도 공유한다.)

▸▸ 보험 영업과 반대

그래서 필자는 헤드헌터가 보험 영업, 자동차 영업 같은 것과 많이 다르다고 생각한다.

보험 영업은 처음에 자기 지인들에게 보험을 다 팔고 나면 신규 개척 영업을 못해서 그만두는 경우가 많다. 하지만 헤드헌터는 처음에 아무것도 없이 시작해서 점차 고객이 하나둘씩 늘어나는 형태라 처음보다는 나중이 더 안정적이다. 보험 영업과는 반대된다.

❻ 고객사의 수

앞서 필자는 고객사 영업은 지속적으로 계속해야 한다고 언급했다.

그렇다면 지속적으로 영업을 하여 많은 고객사를 보유하면(많은 고객사와 거래 중이면) 좋은 것인가?

실제로 매우 고소득을 올리는 헤드헌터의 특징은 고객사가 많지 않다. 그들은 대부분 3~5개 정도의 고객사만 보유하고 있을 뿐이다.

잠깐 야구 얘기를 해보자.

한국에서 투수 코치가 신입 투수에게 물어본다. 너 던질 줄 아는 구종이 뭐뭐 있냐?

그럼 신입 투수는 자기가 던질 줄 아는, 그립grip을 잡을 줄 아는 구종이 무엇무엇인지를 대답한다고 한다.

그런데 미국에서 투수 코치가 신입 투수에게 던질 줄 아는 구종을 물어보면 그립을 잡고서 스트라이크를 넣을 줄 아는 구종을 대답한다고 한다.

그립을 잡을 줄 아는 걸 자기 구종이라고 판단하는지, 아니면 그 그립을 잡고 던져서 스크라이크를 넣을 수 있어야(제구력이 잡혀야) 자기 구종이라고 판단하는지의 차이다.

그렇다면 그립은 잡을 줄 알지만 제구가 안 잡혀서 스트라이크는 넣지 못하는 구종은 자기 구종인가? 아닌가?

헤드헌터에 대해 잘 모르는 분들은 알아야 하는 게 있다. 거래 중인 모든 고객사에서 석세스가 나는 건 아니다. 석세스가 나는 비율은 매우 떨어진다.

물론 고객사의 오더가 가성 오더일 수도 있고, 아니면 진성 오더지만 좋은 후보자를 넣지 못했을 경우도 있다. 어쨌든 실제로 받아온 오더가 모두 석세스로 이어지는 건 아니다.

앞서 그립 잡는 것을 자기 구종이라고 볼 것인지, 스트라이크를 넣을 수 있어야 자기 구종이라고 볼 것인지의 경우와 같다. 그립을 잡는 건 그냥 오더를 받아오는 고객사 정도, 그립을 잡고 스트라이크를 넣는 건 합격자를 내는 고객사 정도로 볼 수 있다.

오더만 받아오는(그립을 잡는) 고객사의 숫자는 중요하지 않다. 합격자가 나는(스트라이크를 넣는) 고객사의 숫자가 중요하다.

아주 실적이 우수한 헤드헌터들은 대부분 5개 미만의 고객사를 가지고 있고, 그 고객사는 매우 높은 확률로 스트라이크를 넣을 수 있는 고객사이다. 스트라이크를 넣지 못하는 고객사의 숫자는 아무리 많아도 큰 의미가 없다. 실적이 좋은 헤드헌터들은 그렇게 스트라이크가 들어가는 고객사를 소수로 관리하는 것이다. 아주 많은 구종을 던지느냐, 아니면 소수의 구종을 갈고 닦아서 최고의 레벨로 만드느냐의 차이다. 소득이 높은 헤드헌터는 후자의 경우일 때가 많다.

그럼에도 불구하고 헤드헌터는 끊임없이 고객사 영업을 해야 한다. 어제는 내게 많은 매출을 올려준 고객사지만 그 고객사가 영원할 거란 보장은 없기 때문이다.

실제로 고객사가 끊어지는 이유는 다양하다.

회사 자체의 정책이 바뀌어서 헤드헌터를 아예 안 쓰게 된 경우도 있고, 회사 인사팀장이 새로 오면서 자기가 예전에 거래하던 업체하고만 거래하겠다고 선언하는 경우도 있다. 회사 담당자가 바뀌면서 그동안의 신뢰를 처음부터 다시 쌓아야 하는 경우도 있고, 회사가 망하거나 M&A를 당하는 경우도 있다.

그 어떤 변수가 발생할지 모른다. 그리고 소수의 업체를 관리했을수록 그 업체 중에 하나가 빠지게 되면 매출에 아주 큰 타격을 입게 된다.

실제로 필자가 아는 모 헤드헌터의 예를 들어보겠다.

그 헤드헌터는 매우 고수입을 올렸는데 본인의 고객사 A에서 전체 매출의 50% 정도, B에서 전체매출의 25% 정도를 올렸고, 나머지 업체에서 25%의 매출을 올렸다.

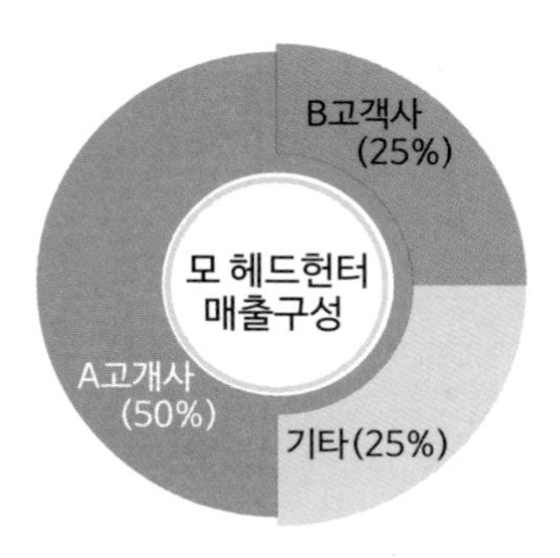

근데 A업체가 타 회사에 M&A되었고, B업체는 사정이 생겨서 헤드헌터를 사용하지 않게 되었다.

순식간에 메인 고객사 2개를 잃어버린 그 헤드헌터는 그해 매출이 전년도 대비 1/3 수준으로 주저앉았다.

누구도 내일 일을 장담할 수 없다. 아무리 현재 안정적인 거래처가 있다고 하더라도 꾸준히 신규고객사를 개척하여 알 수 없는 미래 변수에 대처해야 한다.

참고로 몇 가지 얘기를 더 해보고자 한다.

일반적으로 대기업일수록 거래하는 서치펌의 숫자가 많다.

필자의 경우 거래하는 서치펌 수만 약 20~30개나 되는 대기업 고객사도 있었지만, 보통 3~5개 정도 서치펌과 거래하는 고객사가 제일 많으며, 가끔 1~2개 소수만 거래하는 고객사도 있다.

그런데 서치펌을 몇 개를 쓰든, 이 서치펌에는 공통적인 숫자들이 보인다.

그것은 바로 제일 잘하는 서치펌이 전체의 50~60% 이상을 합격시킨다는 법칙이다.

구체적인 예를 들어보자.

- A기업은 서치펌 20개를 사용 중이다. 그런데 제일 잘하는 1등 헤드헌터가 전체의 50~60% 이상을 합격시킨다. 나머지 19개가 남은 40~50%를 나눠가질 뿐이다.
- B기업은 서치펌 5개를 사용 중이다. 그중에 제일 잘하는 1등 헤드헌터가 전체의 50~60% 이상을 합격시킨다. 나머지 4개가 남은 40~50%를 나눠가질 뿐이다.
- C기업은 서치펌을 2개 사용 중이다. 그중에 잘하는 헤드헌터가 최소 60% 이상을 합격시키고, 나머지는 많아야 40%를 넘지 못한다.

이것은 매우 일반화된 경우다. 상당수의 기업과 서치펌은 이런 숫자를 유지한다. 조금 한다 싶은 헤드헌터는 누구나 자기의 주요 고객사로 삼고 죽어라 서치를 하는 고객사가 있다. 그 결과 저렇게 전체 채용의 최소 50% 이상을 한 명의 헤드헌터가 합격시키곤 한다.

이런 걸 은어로 '빨대 꽂는다'라고 표현한다. 이걸 나쁘게 생각할 필요는 없다. 그렇게 빨대 꽂을 정도 되는 헤드헌터라면 그 기업에는 없어서는 안될 만큼 인재채용에 있어 핵심적인 헤드헌터라는 소리다. 이 경우는 오히려 고객사가 고마워하며, 그 헤드헌터에 대한 의존도가 매우 높다.

보통 잘하는 헤드헌터는 자기가 빨대 꽂을 만한 고객사를 1~3개 정도 유지한다. 그 몇 개 안되는 고객사에서 수억의 매출을 발생시킨다.

내게 오더를 주는 고객사 < 내가 합격시키는 고객사 < 내가 빨대 꽂은 고객사

위와 같은 순서로 보면 된다. 내게 오더를 주는 고객사 20개보다는 내가 빨대 꽂은 고객사 1개가 더 많은 매출을 올려준다.

물론 내게 오더를 주는 20개의 고객사 안에서 빨대 꽂을 만한 고객사를 찾아내어 죽어라 서칭하는 것도 그 헤드헌터만의 능력이고 비법이다.

'내게 오더를 주는 고객사'를 '내가 빨대 꽂은 고객사'로 바꾸는 게 고소득 헤드헌터의 필수 능력인 것이다. 마치 그립만 잡을 줄 알던 구종을, 스트라이크를 던질 수 있는(제구가 되는) 결정구로 만드는 투수가 우수한 투수인 것처럼 말이다.

❼ 스나이퍼와 기관총

이번에 하는 얘기는 헤드헌터 사이에서 일반적으로 거론되는 얘기가 아니다. 필자가 개인적으로 많이 쓰는 표현이다.

'스나이퍼와 기관총'

일반적으로 포지션이 오픈되면 보통 3배수 추천이 원칙이라고 얘기들 한다. 포지션 하나당 이력서가 3개씩은 들어가야 한다는 소리다. 그런데 실제로 꼭 그렇지는 않다. 상황에 따르지만 이력서가 많이 들어갈 때는 수십 개씩 들어가는 포지션도 있고, 없을 때는 한 명 넣기도 어려울 때가 있다.

이건 포지션에 따라 너무 다르기 때문에 어느 게 맞다고 보기 어렵다.

필자가 지금 얘기하는 것은 후보자가 꽤 있는 범용적인 포지션에 대한 얘기다. 인사나 회계 같은 포지션은 회사마다 있는 포지션이기 때문에 후보자가 꽤 많은 포지션이다.

헤드헌터들끼리 하는 얘기가 있다. 80점짜리 이력서 여러 장보다는 95점짜리 이력서 한 장이 낫다. 이 말은 어설픈 경력의 후보자 여럿보다는 확실한 경력의 후보자 한 명이 더 낫다는 소리다. 실제로 합격하는 후보자들을 보면 결국 '합격할 만한 사람'이 합격하는 경우가 많다.

앞서 말한 스나이퍼와 기관총은 과연 이력서를 몇 통이나 넣어야 하느냐의 차이다.

스나이퍼는 소위 말해 '원 샷 원 킬'을 말한다. 원 샷 원 킬one shot, one kill이란 이력서를 딱 한 장 넣었는데, 그 한 명이 합격하는 경우를 말한다.

주로 경험이 많고, 해당 포지션에 이해가 밝은 분이 사용하는 방식이다. 물론 후보자를 서칭하는 과정에서 아주 많은 후보자를 접한다. 하지만 그중에서 계속해서 옥석을 가린 후 가장 포지션에 근접도가 높은 후보자 한두 명을 찾아내어 추천하는 방식이다. 물론 이 방법이 마냥 좋은 것은 아니다. 고객사 입장에서는 보다 다양한 후보자를 보고 싶어하는 경향도 종종 있기 때문이다.

어쨌든 헤드헌터로서는 후보자를 컨택하고 이력서를 수정하는 등의 시간을 많이 절약할 수 있다. 잘만 활용하면 분명 좋은 방법이긴 하지만 헤드헌터 경력이 짧은 분이 시도하기에는 무리가 있다.

반면 기관총은 이력서를 매우 많이 넣는 방법이다.

다소 적합도가 떨어진다 싶은 이력서까지 마구마구 넣는다. 이 경우는 맞지 않는 후보자를 얘기하는 게 아니라 포지션 자체는 분명히 맞는 후보자이긴 한데 조금 모자라는 후보자를 말한다.

그렇게 포지션에 맞는 후보자의 이력서를 다수 넣고 고객사의 반응을 지켜보는 방식이다.

이 방식은 아래의 경우에서 유효하다.

첫째, 고객사와 처음 거래를 하기 때문에 아직 고객사의 선호도를 알지 못할 경우 이 방식이 좋다. 고객사 중에서는 다수의 이력서를 접수하고 그중에서 고르는 걸 선호하는 고객사도 있다. 또 조금 특이하게도 접수된 거의 모든 인원을 면접 보고 면접에서 결정짓는 고객사도 있다.

둘째, 고객사와의 지속적인 거래를 위해서는 기관총 방식이 좋다. 고객사 인사담당자의 입장에서 생각해보자. 어쨌든 현업에서는 자꾸 사람을 뽑아야 하니 이력서 접수된 거 없냐고 물을 것이다. 그럼 접수된 이력서가 없다고 얘기하는 것보다는 설령 조금 부족하더라도 접수된 이력서를 현업에 전달해주는 게 모양새가 좋다. 어쨌든 이력서를 한 통도 제출 못하는 헤드헌터보다는 조금 못미치더라도 많은 이력서를 보내주는 헤드헌터에 대한 선호도가 높은 것이다. 만약 다음번에 신규 오더가 나왔을 경우, 이력서를 한 통도 못 넣은 헤드헌터는 다시 오더를 못 받게 될 가능성이 있다. 그러나 다소 부족하더라도 꾸준히 이력서를 넣어준 헤드헌터는 다음번에도 오더를 받게 될 가능성이 높다. 어쨌든 우리 회사에 꾸준히 관심을 갖고 사람을 찾아 이력서를 넣어주는 헤드헌터에게 더 눈이 가는 것은 틀림없는 사실이다.

그런데 기관총 방식으로 업무를 진행했고, 이미 여러 차례 포지션 진행 및 석세스가 난 이후에도 계속 기관총을 고집하는 것은 문제가 있다. 그때는 이미 고객사의 성향을 알고, 어느 정도 수준의 후보자가 합격하는지를 깨달은 후이다. 그럼에도 불구하고 부족한 사람(떨어질 사람)을 계속 넣는 것은 좋은 방식이 아니다.

어느 정도 경험과 데이터가 쌓이면 그때부터는 조금씩 스나이퍼 방식으로 옮겨가야 한다.

반드시 이력서 1~2통으로만 승부하라는 것은 아니다. 적합도가 높은 사람이면 열 장이든 스무장이든 넣어야 맞다. 다만 조금 부족한 사람을 넣는 것은 자제하기 시작해야 한다는 뜻이다.

앞서 95점, 85점, 90점, 80점짜리 섞어서 넣었다면, 이제 80점대는 버리고 90점 이상짜리만 넣는 식의 방향 전환이 필요하다.

실제로 고소득을 올리는 헤드헌터 중에서는 원 샷 원 킬을 심심찮게 볼 수 있다.

❽ 헤드헌터가 보는 눈

필자가 오래전에 모 컨설팅펌에서 컨설턴트를 채용하는 포지션을 진행한 적이 있다.

그때 우연하게 면접관(임원)이 면접 때마다 꼭 한다는 질문을 입수한 적이 있다. 그 질문은 두 가지였는데 첫째는 '인천공항 하루 이용객이 얼마나 될 것 같으냐?'라는 질문과 두번째는 '나는 당신보다 잘나고 똑똑해서 이 컨설팅펌에서 임원을 하고 있다. 근데 당신 정도밖에 안되는 사람을 채용해야 할 이유가 있나?'였다.

먼저 첫 번째 질문을 보자.

인천공항 이용객을 물을 때 "글쎄요? 한 20만 명?"이라고 대답하면 탈락이다.

"뉴스에서 봤어요. 28만 명이라던데요?"라고 대답해도 탈락이다.

컨설턴트는 각 기업을 분석하고 해석해서 새로운 비전을 제시할 수 있어야 한다. 그런 컨설턴트가 인천공항 이용객을 단순히 20만 명이라고 대답한다면 자격미달이라는 것이다.

하루에 Flight가 몇 번 정도 되고, 그 Flight당 몇 명의 인원이 탑승하는지, 인천공항을 유지보수하는 인원, F&B에 종사하는 인원, 각종 승무원과 보안요원, 기타 등등의 모든 인원까지 고려해서 추정한 값을 얘기해야 한다. 쉽게 말해 분석적인 사고를 할 수 있어야 한다는 것이다. 그걸 고려하지 못하는 사람은 컨설턴트가 되어서는 안 된다는 의미도 된다.

두 번째 질문을 보자.

분명 컨설팅펌의 임원은 소위 말해 잘났을 것이다. 그 자리까지 올라가려면 본인도 뼈를 깎는 노력을 했겠지만 어쨌든 남들보다 훨씬 뛰어났기 때문에 그만큼 올라갔을 것이다. 반면에 새로 입사하려는 사람은 그 임원에 비해 한참 모자를 게 분명하다. 그럼에도 불구하고 그 잘난(?) 임원이 그 모자라는 사람(?)을 채용하려는 이유는?

이 질문의 답은 '서 있는 자리가 바뀌면 보이는 풍경도 달라진다'이다.

임원은 임원의 위치에서 보이는 게 있는 것이고, 사원은 사원의 위치에서 보이는 게 있는 것이다. 똑같은 사물과 똑같은 현상을 보더라도 자리에 따라 다르게 보인다. 사원이 무리하게 임원의 입장에서 보려고 하지 말고, 자기 위치에서 볼 수 있는 것을 정확히 보는 게 더 중요할 수도 있다. 임원보다 한참 모자라는 사원을 채용해야 하는 이유, 그것은 임원의 위치에서는 절대 보이지 않는 것을 사원의 입장에서는 잘 볼 수 있기 때문이다.

보통 헤드헌터들도 컨설턴트라고 불리기도 한다. 이때는 주로 '커리어 컨설턴트'라는 이름으로 불린다. 후보자의 경력관리에 대해 컨설팅을 해줄 수 있다는 의미이기도 하다.

헤드헌터는 어떻게 보면 단순히 기업과 인재를 연결해주는 중매쟁이의 역할일 수도 있다. 하지만 단순한 중매쟁이는 헤드헌터로서 자리잡고 성장하기 어렵다. 헤드헌터로서 성장하려면 '컨설턴트'가 되어야 한다. 같은 현상에 대해 숨겨져 있는 다른 의미를 볼 수 있어야 하고, 복합적이고 종합적인 사고도 할 수 있어야 한다. 아래에 한 예를 들어보겠다.

필자가 오래전에 모 대기업에 후보자를 합격시킨 적이 있다. 합격이야 뭐 일반적인데 중요한 것은 그 기업이 망해가는, 법정관리를 눈앞에 두고 있는 기업이라는 게 문제였다.

상식적으로 생각해보자. 후보자 중에 망해가는 회사에 들어가겠다고 손드는 사람이 있을까? 십중팔구 그런 사람은 없다. 언제 문 닫을지도 모르는 회사에 자기 발로 들어간다? 그게 가능할까?

대략적인 설명을 먼저 해보겠다.

후보자는 40대 초중반 차부장급이다. 학력도 좋고 경력도 좋다. 대기업 본사에서 근무하다가 현재는 계열사에서 근무 중이다. 이번에 채용할 포지션은 회사에서 돈을 만지는 포지션. 채용기업은 아직 법정관리에 들어가지 않은 상태. 채용기업은 법정관리 또는 회사 해체와 관련해서 회삿돈을 만지는 노련한 회계인이 필요했다.

자, 후보자에게 채용 제안을 한다. 후보자는 당연히(?) 거절한다. 망해가는 회사에 갈 이유는 없다.

하지만 '커리어 컨설턴트'의 생각은 다르다.

후보자는 대기업 본사에서 근무하다가 계열사로 밀려나왔다. 모든 경우가 다 그런 건 아니겠지만,이것은 정리해고의 수순으로 볼 수 있다. 학력과 경력이 좋은 후보자를 본사에서 핵심인재로 쓰지 않고 굳이 저 멀리 변방의 조그마한 계열사로 보낸 것은 나름 이유가 있는 것이다.

반면에 채용 의뢰사는 규모가 꽤 크다. 법정관리에 들어가기까지 꽤 시간이 걸릴 것이고, 설령 법정관리에 들어가서 회사를 분해하더라도 시간이 많이 소요된다.

해당 포지션은 회사의 돈을 만지는 포지션. 회사를 정리할 때도 '법을 다루는 사람'과 '돈을 다루는 사람'은 남아야 한다. 그들이 남아서 끝까지 회사를 정리해야 하는 것이다. 그리고 회사 규모가 있으니 다 정리하려면 꽤 오랜 시간이 소요될 것이다.

자, 계산은 끝났다.

후보자는 이미 40대 초중반에 들어섰고, 계열사로 밀려나온 걸로 보아 앞으로 2년 안에 정리해고 될 것으로 추정된다. 반면 채용 의뢰사에 입사할 경우 아직 법정관리에도 들어가지 않았고, 법정관리 후에 회사를 해체하는 수순에 접어들더라도 돈을 만지는 포지션은 끝까지 남아서 해체작업을 진행한다. 그렇게 된다면 적어도 지금부터 10년간은 고용보장이 된다.

커리어 컨설턴트가 후보자에게 얘기한다.

"지금 회사에 남아서 2년 후에 해고되시겠습니까, 이번에 이직하셔서 10년 이상 고용보장 받으시겠습니까?"

헤드헌터의 장시간 설명에 후보자는 장고에 들어갔고, 고민 끝에 후자를 선택했다. 그리고 정리해고 대상자일 수도 있는 그 후보자는 그 나이에도 연봉을 무려 700만 원 이상 인상된 채로 새 회사에 입사했다.

몇 년이 지난 지금, 그 기업은 아직도 법정관리에조차 들어가지 않았다. 만약에 기존 기업에 남았더라면 이미 잘렸을 수도 있는 그 후보자는 여전히 새 회사에 잘 다니고 있고, 정말 커리어 컨설턴트의 예상대로 10년 이상 고용보장이 될 가능성이 커졌다.

망해가는 회사에 누가 가겠어?

'커리어 컨설턴트'라면 그렇게 생각해서는 안 된다. 모든 가능성을 열고 생각해야 한다.

그 면접관 임원의 질문에 인천 공항 하루 이용객을 단순히 '20만 명이요'라고 대답하면 안 됐던 것처럼 말이다.

❾ 성형과 화장

헤드헌터가 후보자에게 해줄 수 있는 범위가 어디까지일까?

이 경우는 흔히 성형과 화장에 대한 얘기를 한다. 쉽게 말해 헤드헌터는 '화장'은 해줄 수 있지만 '성형'은 해줄 수 없다고 얘기한다.

이력서를 예쁘게 보기좋게 수정해주는 것은 화장이다. 하지만 이력서의 이력 내용 자체를 바꾸는 것은 성형이다. 헤드헌터는 이력서를 예쁘게 보이는 화장을 해줄 순 있지만 출신학교를 바꾼다던가 토익점수를 바꿀 순 없다. 그것은 사문서 위조에 해당하기 때문이다.

그렇다면 헤드헌터는 단순히 후보자의 이력서를 고객사에 전달만 하는 것으로 역할이 끝나는 것일까? 그것밖에 더 없을까?

꼭 그렇지는 않다.

우리 말에 보기 좋은 떡이 먹기도 좋다는 말이 있다.

그리고 첫인상이 그 사람의 전체 인상을 좌우하는 경우도 많다.

이력서도 이와 마찬가지다.

이력서는 처음에 딱 봤을 때부터 눈길을 사로잡아야 한다. 첫 페이지에서 읽혀지지 않는 이력서는 뒤 페이지 역시 읽혀지지 않는다. 승부는 항상 첫 페이지부터 시작한다.

후보자들 중에 이력서를 밥 먹듯이 작성하는 사람은 별로 없다. 따라서 이력서 작성이 능숙하지 못하다. 그렇게 능숙하지 못한 사람이 작성한 이력서를 '헤드헌터'라는 사람이 그대로 제출하는 건 적절하지 못하다. 헤드헌터처럼 하루에도 수십수백 통씩 이력서를 검토하는 사람이라면 그만의 노하우가 있어야 한다.

이력서에 나오는 글자 폰트, 앞뒤 순서배치, 좌우 글맞춤, 띄어쓰기, 맞춤법 같은 기본적인 것부터 봐야 한다. 조금 지나면 이력서 중에 재직 회사의 경력 기간을 잘못 적은 이력서도 많고, 자기소개서에서는 타 회사에 지원하겠다는 내용이 그대로 나와 있는 경우도 많다. 절대로 그냥 간과해서는 안 된다. 개중에서 특히나 필자가 신경 쓰는 부분은 아래의 경우다.

필자가 아는 모 헤드헌터분이 계시다. 그 분은 매우 고수입을 올리는 헤드헌터였다.

한번은 그분이 이력서 한 장을 앞에 두고 엄청 고민하는 것을 본 적이 있다. 무려 30분간 이력서 앞에서 발을 동동 구르며 썼다 지웠다를 반복하고 계셨다.

그분은 무엇을 그리 고민하고 있었을까?

그분이 30분 넘게 고민하던 건 '핵심역량'이었다.

요즘 이력서는 단순히 이력을 나열하는 것 외에 업무 요약이라던가, 업무상 강점(핵심역량) 등을 적는 경우가 많다.

앞서 필자는 이력서가 첫 페이지에서 승부가 난다고 했다. 두 번째 페이지에 나오는 상세내역부터 승부를 보겠다고 생각한다면 그것은 어리석은 생각이다. 첫 페이지를 정독하게 만들어야 두 번째 페이지가 의미있게 읽혀진다. 바꿔 말하면 첫 페이지가 제대로 읽혀지지 않는다면 두 번째 페이지는 아예 읽혀지지 않는다.

그럼 과연 이력서 첫 페이지에는 무슨 내용이 나올까?

보통 개인의 기본 정보가 나오고 학력이나 경력사항이 나오는데, 앞서 말한 대로 요즘은 업무상강점(핵심역량)을 반드시 넣는 추세다. 바로 이 핵심역량에서 눈길을 사로잡아야 하는 것이다.

핵심역량에 들어갈 내용은 채용 회사의 가려운 부분을 긁어줄 수 있어야 한다. 채용 회사가 원하는 부분에 대한 해답이 될 수 있는 내용이어야 한다.

그러나 헤드헌터는 성형은 할 수 없다. 화장만 할 수 있다.

따라서 후보자의 이력서 안에 있는 수많은 내용 중에서 어느 걸 골라서 핵심역량에 넣을지, 그 헤드헌터는 고민하고 있었던 것이다. 이것은 의외로 단순한 작업이 아니다.

고객사의 성향에 대해 알아야 하고, 채용 배경과 포지션에 대한 이해가 있어야 하고, 핵심 키워드를 정확히 꿰뚫고 있어야 한다. 헤드헌터는 '성형'을 해줄 수 없으므로 이력서에 없는 내용을 지어내서도 안 된다. 오직 이력서 안에 있는 내용 중에서 그 핵심적인 것을 캐치해내서 꺼내와야 하는 작업이다.

고객사에서는 바로 그 핵심역량에서 자기들의 가려움을 긁어주는 내용을 발견한 후 그 뒤의 내용까지도 자세히 정성스레 보게 된다. 사소해 보이지만 매우 중요한 부분이라는 것을 그 헤드헌터는 알고 있었던 것이다.

만약 적합도가 낮은 후보자라면 이 과정을 생략한다. 어차피 '화장'으로 해결하기 어려운 부분이기 때문이고, 적합도를 높이기 위해서는 '성형'이 필요한 부분인데, '성형'은 해줄 수 없기 때문이다.

따라서 '화장'은 가능성이 높은 후보자에게 하는 것이다. 모든 후보자에게 화장을 해주느라 시간을 소모할 필요는 없다는 것이다.

그 헤드헌터가 이력서의 핵심역량에 30분 이상 고민을 했던 것도, 그 후보자가 적합도가 굉장히 높은 후보자였기 때문이다. 이력상으로 합격권에 근접한, 가능성이 높은 후보자였기에 더욱더 오랫동안 신경을 썼던 것이다.

헤드헌터는 이력서 '성형'은 해서는 안 되지만 '화장'까지는 해줘도 된다. 이력서를 예쁘고 보기 좋게 꾸미는 것까지는 해도 된다. 그리고 가능성이 높은 후보자의 이력서를 집중적으로 열심히 화장해주는 이 작은 차이에서 합격·불합격이 갈리기도 한다.

⑩ 헤드헌터는 '엉덩이'다

필자가 얼마 전에 취업 관련해서 대학생들의 취재 요청을 받아서 인터뷰를 촬영한 적이 있다. 인터뷰 도중에 대학생들에게 여러 질문을 받았는데 질문 중 하나가 이랬다.

"헤드헌터를 한마디로 얘기하자면 ○○○다. 이 ○○○에는 어떤 말이 들어갈까요?"

세상 그 무엇도 단 한 단어로 요약하는 것은 쉽지 않다. 하물며 헤드헌터처럼 복잡하고 종합적인 업무를 어떻게 한 단어로 요약할 수 있을까? 심히 고민되지 않을 수가 없었다.

인터뷰 시간이 많지 않아서 오래 생각하진 못했는데, 잠깐 고민하고 필자의 입에서 나온 말은 놀랍게도 '엉덩이'였다.

그렇다면 필자의 생각으로는 헤드헌터는 왜 '엉덩이'일까?

헤드헌터는 대부분 100% 수당제로 운영되는 위촉직이다. 100% 수당제이다 보니 월급이 없고, 월급이 없다 보니 근태 또한 없다. 가끔 아주 드물게 근태를 관리하는 서치펌도 있지만, 전체적으로는 근태가 없다고 봐야 한다. 그리고 그렇게 근태가 없다보니 자기관리가 안 되는 경우를 많이 본다.

우리가 고등학교 때 흔히 공부는 머리로 하는 게 아니라 엉덩이로 한다는 얘기를 듣곤 했다. 누가 더 끈기있게, 남들 놀 때 한 자라도 더 공부하는지에서 승부가 갈린다. 누구누구 엉덩이가 더 무겁나, 누가 한 시간이라도 더 앉아서 공부하나, 뭐 그런 의미가 아닐까 싶다.

솔직히 필자도 그게 잘 안 된다.

필자는 기획자 출신이고, 자꾸 뭔가 새로운 걸 도모하는 사람이라 꾸준히 앉아서 무언가 하기보다는 자꾸 새로운 무언가를 시도하려는 사람이다. 그래서 필자가 일하는 방식을 좀 바꿔서 지금까지 헤드헌터 생활을 하고 있다. 엉덩이보다는 머리와 가슴으로 하는 스타일로 바꾼 것이다.

흔히 엄마들이 공통적으로 하는 얘기들이 있다. "우리 애는 머리는 좋은데 노력을 안 해요."라는 얘기. 필자가 딱 거기에 해당한다. 그렇다면 필자가 정말 머리가 좋을까? 쉿~ 일단 비밀로 묻어두자.

필자는 헤드헌터를 하면서 주당 20시간 미만으로 일하는 분을 꽤 많이 봤다. 주당 20시간이면 주 3회 출근한다고 가정했을 때 점심시간 고려해서 대충 10시 출근 4시 30분 퇴근 정도로 보면 된다.

그리고 그렇게 주당 20시간 미만으로 근무해서 잘하는 헤드헌터는 거의 본 적이 없다. 그보다 조금 많은 주당 25시간 정도 해서 잘하는 분은 아주 간헐적으로 한 분씩 뵌 것 같다. 이것도 흔한 경우는 아니다. 하지만 20시간 미만으로 해서 잘하는 분은 못 본 것 같다. 잘하는 분 대부분은 주당 근무시간이 50시간이 넘는 게 일반적이다.

필자는 공부를 잘해본 적은 없지만 공부를 잘하는 방법은 정확히 알고 있다.

왜냐하면 필자의 고등학교 때 짝이 '전국'에서 1등하던 친구였다. (분명히 확인한다. '전교' 1등이 아니라 '전국' 1등이다. 전교와 전국은 클래스가 다르다.)

그렇게 전국에서 놀던 필자의 짝이 어떻게 공부하는지를 늘 옆에서 가까이 봐왔기 때문에 필자는 공부하는 법은 잘 안다.

우리는 흔히 학력고사나 수능에서 1등한 친구들의 인터뷰를 보곤 한다. 그럼 십중팔구 "잠은 7시간 이상씩 푹 잤구요. 공부는 교과서 위주로 했구요"라는 얘길 듣곤 한다.

그게 정말일까? 뭐 특별한 경우는 정말일 수도 있겠으나 전국 1등하던 내 짝궁은 안 그랬다. 그 짝궁은 하루에 잠을 3시간만 자면서 공부했고, 각종 문제집과 참고서를 출판사별로 구분해서 구입해놓고 죽어라 예습 복습 문제풀이를 반복하던 친구였다. 왜 출판사별로 따로따로 여러 권씩

구입하냐고 물었더니 각 출판사별로 문제 유형과 설명 방법이 조금씩 다 다르다고 했다. 필자처럼 공부 안 하는 사람은 절대 이해하기 어려운 부분이다. 그 친구는 그냥 단순히 문제풀이만 하는 게 아니라 오답노트를 만들어서 틀린 문제만 다시 풀어보는 것도 게을리 하지 않았다. 물론 틀린 문제 자체가 거의 없었지만….

그런 짝궁에게 필자가 한 번 물어본 적이 있다.

"야, 너 만약에 학력고사에서 1등해서 인터뷰하게 되면 너도 7시간씩 자고, 교과서 위주로 공부했다고 얘기할 거야?" (당시는 수능이 아니라 학력고사였다.)

그랬더니 그 친구는 고개를 끄덕인다. 자기도 그렇게 대답할 거라면서…

분명히 하루 3시간만 자면서 각종 참고서와 문제집으로 어마어마하게 예습복습하던 친구인데, 왜 그런지 모르겠지만 남들 앞에서는 7시간 이상씩 자면서 교과서 위주로 공부했다고 대답할 거란다.

왜 그럴까? 정말 희한한 일이다. 공부 잘하는 애들의 세계는 일반인이 이해하기 힘든 것인가. 예전에 하버드 대학생들에 대한 내용이 TV에서 나왔는데, 모든 전공이 다 그럴 리야 없겠으나 거기서는 그랬다. 하버드 대학 학생들 평균 수면시간은 하루 4시간이라고. 깨어있는 시간은 거의 책상 앞이라고.

가끔 필자가 운영하는 헤드헌터 커뮤니티를 보면 헤드헌터를 얼마 하지 않은 분들임에도 불구하고 많은 석세스와 고소득을 올린다는 얘기를 듣곤 한다. 그분들의 공통점은 큼직한 엉덩이를 가졌다는 거다. 웬만한 일에는 좀처럼 꿈쩍 않는 그런…

아무튼 필자의 주위에는 주 20시간 이하로 근무하는 분이 꽤 많다. 세상 그 어떤 일도 주 20시간 이하로 일해서 만족할 만큼 수입을 얻기는 어려울 것이다. 그리고서 그분들은 수입이 적다는 이유로 헤드헌터를 그만둔다. 특별히 집에 꾸준한 소득원이 없는 이상 수입 없이 버티기는 어려울 것이기 때문이다.

그렇게 헤드헌터를 그만두면서 다음과 같이 얘기한다.

"헤드헌터는 나랑 안맞아." ◇ 스스로 자기관리를 못했을 뿐이다.

"이 서치펌은 체계적이지 못해." ◇ 대부분의 서치펌은 지킬 건 모두 지킨다.

"오더들이 너무 이상해." ◇ 미안하지만 바로 그 이상한 오더로 누구는 억대 수입을 올린다.

"짜증나는 사람들이 너무 많아." ◇ 본인이 가장 짜증나는 사람이었을 가능성이 크다.

원래 가장 큰 적은 내부에 있다. 본인 내부의 적을 발견할 생각은 하지 못하고, 괜히 애궂게 외부에서 적을 만들려고 한다.

필자가 학창시절, 그때는 흔히 말하는 '쌍팔년도' 복학생 선배들과 함께 학교생활을 할 때여서 한참 데모를 많이 했다. 열심히 학원민주화를 부르짖으며 벽돌을 던질 때, 누군가 촌철살인 같은 얘기를 했다.

그렇게 학원민주화를 부르짖기 이전에 학교에 뭐가 있는지나 제대로 알고서 하라고.

학교에 있는 시설을 충분히 이용하고, 학교에서 제공하는 수업을 충분히 들은 후에 그래도 문제가 있으면 그때야 문제 개선을 요구하는 거라고…

당시 필자의 나이 20살. 어릴 때라 그게 무슨 말인지도 잘 모르고 그냥 무작정 데모했지만 세월이 지나고 나니 이제는 좀 알 것 같다.

필자는 당시에 학교 독서실이 어디에 있는지, 컴퓨터실에는 컴퓨터가 몇 대나 있는지, 커리큘럼에 무슨 수업이 있는지도 제대로 알지 못한 채로 선배따라 벽돌만 던졌다. 내가 먼저 내 모교에 최선을 다한 적 자체가 없었다. 그럼에도 불구하고 무작정 불평불만만 했다.

헤드헌터가 '헤드헌터'라는 직업을 비난하기 이전에 헤드헌터로서 최선의 노력을 다해보고 그래도 만족할 만한 성과가 나오지 않을 경우에 무엇이 문제인지를 되짚어봐야 한다. 그렇게 최선의 노력을 다해보지 않은 자는 그 업에 대해 논할 자격이 없다.

정리하자면, 헤드헌터로서 엉덩이 무겁게 많은 노력을 해서 어느 정도 자리를 잡은 분들은 대부분 이 업에 대해 큰 불만이 없다. 필자를 비롯 몇몇 헤드헌터들은 세상에 이보다 더 돈벌기 쉬운 일은 없다고도 얘기한다. 자기가 해본 일 중에 가장 쉽다고 장담하는 분도 있다.

필자는 공부를 안 했지만 필자의 와이프는 학창시절 공부를 꽤 잘했다. 그런 와이프에게 도대체 왜 그렇게 열심히 공부한 거냐고 묻자 '열심히 한 만큼 결과가 나왔기 때문'이란다.

헤드헌터가 딱 그렇다. 열심히 시간을 투자한 만큼 결과는 반드시 나온다.

그래서 헤드헌터는 '엉덩이'다.

▸▸ 여기서 보너스 아닌 '뽀너스~~' 하나!

짝궁 얘기가 나온 김에, 전국에서 놀던 내 짝궁이 공부하는 비법 하나만 '뽀너스'로 공개하겠다. 예비 헌터 또는 현역 헤드헌터들은 자녀가 한참 공부할 나이일 경우가 많기 때문에 관심이 있을 듯하여, 전국 1등의 공부비법을 공개한다.

그 친구는 1주일 단위로 공부 계획표를 짰다. 1주일간 무엇을 공부할지가 빼곡히 적혀 있었는데, 그 공부 간격은 항상 20분 단위였다.

즉, 영어, 수학, 국어 등을 계속 20분마다 과목을 바꿔가면서 공부했다. 우린 보통 공부 계획을 1시간 간격으로 짜는 경우가 많기 때문에 보통 사람의 생각으로는 왜 한 가지만 듬직하게 공부하지 않느냐고 타박할 만한 행동이다.

친구에게 이유를 물어보니 각 과목별로 사용하는 뇌 부위가 다르단다. 그런데 뇌는 전체가 활성화되어 있는 상태에서 공부를 해야 가장 효율적이란다. 때문에 20분마다 계속 과목을 바꿔줘서 일부러 뇌의 구석구석을 모두 활성화시켜가면서 공부를 하는 것이다. 그리고 활성화된 이후에도 수시로 계속 과목을 바꿔주며 활성화된 뇌가 식지 않도록 지속적으로 사용해주면서 말이다.

학창시절, 난 수학이 약하니까 오늘은 수학을 마스터할 거야 하며 하루 종일 수학만 팠던 적이 있다. 그건 수학 관련된 뇌만 사용하게 되는, 좋지 않은 공부 방법이었던 것이다.

⑪ 타짜

헤드헌터를 처음 시작하는 사람에게 자주하는 말 중에 하나가 "아무나 할 수는 있다. 하지만 아무나 잘할 수는 없다"는 말이다.

진입장벽이라고는 겨우 경력증명서 2년밖에 없으니 누구나 다 쉽게 헤드헌터를 시작할 수 있다. 그리고 대략 1년 안에 70%가 그만둔다.

그렇다면 헤드헌터는 쉬운 일인가? 아니면 어려운 일인가?

이렇게 1년 안에 70%가 그만둔다고 얘기를 하면 혹자는 이런 생각을 한다.

"아니 얼마나 못났으면 1년도 못하고 그만둬?"

헤드헌터를 하면서 1년 안에 그만두는 그 70%의 대부분은 가장 일반적인 사람들이다. 개중에는 소위 말해 일류대 출신도 많고, 대기업 출신도 많다. 나름대로 목에 힘주면서 임원을 오랫동안 했던 분들도 많다. 즉, 못나서 그만두는 게 아니라 나름 현역 시절에 잘나갔던 사람들도 꽤 많다는 이야기다. 그와는 반대로 변변찮은 스펙과 경력의 사람인데도 불구하고 헤드헌터로써 승승장구하는 경우도 꽤 많다.

그렇다면 정말 헤드헌터는 쉬운 일인가? 아니면 어려운 일인가?

우리가 잘 아는 법칙 중에는 '파레토의 법칙'이라고 있다. 흔히 '20:80의 법칙'이라고도 한다.

모르는 분이 계실 수 있으니 간단히 설명을 드리자면 상위 20%가 전체의 80%를 생산하고, 하위 80%가 전체의 20%를 생산한다는 법칙이다.

실제로 모 백화점에서 통계를 낸 적이 있다. 정말 놀랍게도 상위 20%

가 결제한 총액이 전체 매출의 79.6%였다고 한다. 파레토의 법칙에 놀랄 만큼 근접한 숫자다.

이것을 적용하여 예를 하나 들어보자면, 100명짜리 기업에서 매출이 100억이라고 가정하자. 그럼 대부분은 1인당 1억의 매출을 올렸다고 생각한다. 하지만 정말 그럴까?

실제로 그 100명 중 상위 20명이 80억의 매출을 올리고 하위 80명이 20억의 매출을 올린다.

이를 계산해보면 상위 20명은 평균 4억의 매출을 올리는 거고, 하위 80명은 평균 2,500만 원의 매출을 올리는 것이다. 2,500만 원과 4억은 15배가 넘는 차이다.

이것은 헤드헌터처럼 수당제 업무를 하는 사람에게도 대부분 비슷하게 적용된다. 매출이 높은 헤드헌터는 매우 높고, 낮은 헤드헌터는 매우 낮다.

필자는 허영만 선생님의 만화를 매우 좋아하고, 선생님의 작품인 『타짜』를 정말 여러 번 정독했다.

그중에 타짜 4부 '벨제붑의 노래' 편을 보면 이런 내용이 나온다.

주인공이 은둔 고수에게 도박을 배운다. 그러면서 의심을 갖는다.

"아니 선생님, 그렇게 따고 잃는 건 다 복불복 아닙니까?"

"모든 확률이 다 똑같다면 어떻게 '타짜'가 존재하겠나?"

"…!"

헤드헌터는 오더를 받으면서부터 서치를 시작한다.

최초로 포지션을 접하고 잡사이트를 딱 켜고 앉았을 때, 그리고 동시에 잡사이트를 뒤지기 시작했을 때 헤드헌터별로 참 많이 다르다. 앞서 4억과 2,500만 원의 차이만큼이나 다르다.

두 명의 헤드헌터가 같은 포지션에 대해 똑같이 '요이~땅' 하고 시작하고 똑같이 서치를 해도 그 결과치는 엄청 다르다.

이런 건 헤드헌터뿐만 아니라 다른 모든 일에도 다 적용된다.

예를 들어 똑같이 하루 12시간씩 공부를 했는데도 누구는 S대 가고 누구는 지방대 간다.

똑같이 아침에 같은 수산시장에 가서 재료를 사왔는데도 누구는 대박집이고 누구는 쪽박집이다.

같은 날 같은 시각에 같은 예산을 가지고 휴가를 갔는데 누구는 놀 거 다 놀고 힐링돼서 오고, 누구는 바가지 요금에 짜증만 만땅이 돼서 돌아온다.

필자가 예전에 대리운전 기사를 하면서 한 달에 120만 원을 벌었는데, 누구는 낮에는 탁송하고 밤에는 대리운전해서 현찰로만 월 600만 원을 가져갔다.

바로 타짜와 비非타짜의 차이이다.

필자는 그 대리운전 고수를 새벽에 의정부역에서 대리운전 콜을 기다리다가 만났다. 당시에 필자는 5시간 동안 5만 원 찍고 있었는데, 그 고수는 4시간 만에 12만 원째 찍고 있었다. 5만 원 ÷ 5시간 = 시간당 1만 원, 12만 원 ÷ 4시간 = 시간당 3만 원, 딱 3배 차이다.

대리운전처럼 단순히 운전만 하면 될 것 같은 일에도 타짜와 비非타짜는 반드시 존재한다. 이것은 헤드헌터에게도 그대로 적용된다. 어쩌면 헤드헌터 고수와 하수는 동시에 잡포털을 여는 순간 이미 승부(?)가 정해져 있을지도 모른다.

이 글을 보고 혹자는 필자에게 이렇게 물을 수도 있다.

"나는 헤드헌터를 우습게 본 적도 없고, 만만하거나 쉽게 본 적도 없고, 항상 진지하게 최선을 다해 대하고 있다. 하지만 요모양 요꼴이다. 뭐가 잘못된 것인가?"

그 이유는 필자도 모른다.

다만, 마치 유도선수가 처음에 대결을 하면서 상대의 깃을 딱 잡는 순간, 첫 번째 깃싸움을 하는 그 순간에 결과가 어떻게 나올지가 감이 잡히는 것과 같다. 헤드헌터의 서칭도 시작하는 순간 이미 정해진다고 봐도 된다. 물론 그 이면에는 얼마나 노력을 했고, 얼마나 서칭에 대한 노하우를 습득해 두었느냐가 가장 큰 차이일 것이다. 헤드헌터만 그런 건 아니다.

세상 그 어떤 일도 '타짜'가 되기는 쉽지 않다.

하지만 쉬운 일이건 쉽지 않은 일이건, 그 어떤 일에도 타짜는 '반드시' 존재한다.

▸▸ 상식적으로 생각해보자. 기업의 인사담당자도 잡사이트에서 JD에 맞는 후보자 정도는 검색할 수 있다. 잡사이트 결제비용은 헤드헌팅 수수료보다 월등히 저렴하다. 따라서 인사담당자에게 잡사이트 서칭을 시키면 비용을

많이 줄일 수 있다. 그럼에도 불구하고 기업은 헤드헌터를 사용한다. 비싼 수수료를 지불해서라도 서칭 전문가 헤드헌터를 쓰는 것은 기업 인사담당자가 서치할 수 있는 역량, 그 이상의 것을 원한다고 보면 된다. 고로 헤드헌터들은 그런 인사담당자의 단순한 서칭 능력을 뛰어넘는 '타짜'가 되야 한다.

⑫ 올바른 디렉션

필자는 앞서서 "양을 이기는 질은 없다"라는 말을 몇 차례 했었다. 그러나 한 가지 단서를 단 것은 바로 방향, 즉 '올바른 디렉션'이다. 올바른 디렉션이 없다면 양도 질을 이기지 못할 때가 많다.

쉽게 말해 아무리 열심히 노를 저어봤자 방향이 잘못돼 있으면 목적지에 도착하지 못한다는 뜻이다.

디렉션이 잘못되어 있어도 석세스는 난다. 그 비율이 적을 뿐이다.

예를 들어 평균적으로 20통 정도 이력서를 넣어야 한 명이 합격한다고 가정하자.

디렉션이 좋으면 5통만 넣어도 합격이 나올 수가 있는 거고, 디렉션이 안 좋으면 200통쯤 넣어야 한 명 합격한다는 소리다.

시도가 많아지면 헤드헌터는 지친다. 하루 종일 일은 하지만 성과가 적다. 어쩌다 한 건 먹어도 여전히 배가 고프다. 그러다 보면 허기를 달래기 위해 헤드헌터가 아닌 다른 일에 눈을 돌린다.

이것은 악순환의 시작이다.

모 골프 연습장에서 학생들에게 레슨을 했다고 한다.

A학생과 B학생 모두에게 숙제를 내줬다. 집에 가서 스윙 100번씩 해오라고 했다.

A학생은 집에 도착하자마자 가방을 내려놓고 바로 스윙 연습을 하기 시작했다. 한 번, 두 번, 세 번… 휙휙휙 정신없이 골프채를 휘두른다. 서둘러 100번을 채우고서 친구들과 PC방으로 향했다.

B학생은 집에 도착해서 강사가 시키는 대로 했다. 공을 놓고 스윙할 때 어깨 위치, 발 위치, 팔로스로까지 강사가 시킨 대로 한 번, 한 번을 똑같이 따라했다고 한다. 물론 한 번 할 때마다 시간이 많이 소요된다. 그러나 한 번을 휘두르더라도 강사가 시킨 대로 정확한 폼과 자세로 스윙을 했다. 아주 오랜 시간에 걸쳐서 간신히 100번 스윙을 완수했다.

이렇게 서로 다르게 연습한 A학생과 B학생이 실제로 선수로 데뷔한다면 성적은 어떻게 될까?

100이라는 숫자를 채우기에 급급해서 대충 휘둘렀던 A학생은 그렇게 좋은 성적을 내지 못할 것이다. 비록 시간이 걸리더라도 선생님이 시킨 대로 하나하나 다 맞춰서 따라했던 B학생은 좋은 성적을 기대할 만하다.

이쪽 일이라는 게 그렇다. 포지션이 오픈되고, 대충 비슷한 사람을 추천 넣으면 그래도 합격은 한다. 다만 아주 많이 넣어야 간신히 한 명 합격한다. 많이 넣는 과정에서 많은 시간이 소요된다. 앞서 말한 헤드헌터가 지치기 시작하는 첫 번째 과정이다.

헤드헌터의 기본 업무는 포지션을 파악하고, 후보자를 서칭하고, 후보자에게 연락해 이력서를 받아서 편집하고, 고객사에 추천하는 방식이다.

이 와중에 후보자에게 연락하고, 이력서를 받아서 편집하는 과정이 의외로 시간이 많이 소요된다. 그런데 그 많은 시간 소요를 불확실한 후보자에게 투자하는 건 좋지 못하다.

만약에 헤드헌터를 처음 하시는 분이라면, 그리고 입문한 지 얼마 안 되는 분이라면 그 방법도 나쁘지 않다. 이런저런 후보자 컨택도 해보고 이력서도 편집하고, 세세한 스킬들을 다듬을 수 있기 때문에 오히려 권장될 수도 있다. 하지만 어느 정도 익숙해지고 나면 그때부터는 insight를 길러야 한다.

헤드헌터 중에 코웍을 하다보면 여러 개의 코웍을 다 건드리는 헤드헌터가 있다. 자기 서치펌 내에서 공유가 되는 모든 오더에 적어도 한 번씩은 서치를 하고, 적어도 한 명씩은 추천을 넣는 것을 의무적으로 하는 헤드헌터도 있다. 헤드헌터 초창기에는 그것도 나쁘지 않다. 가리지 말고 할 수 있을 것 같은 포지션은 닥치는 대로 경험하는 것도 나쁘지 않다. 하지만 어느 정도 경력이 쌓인 후라면 얘기는 다르다.

잘하는 헤드헌터는 보통 하루에 1~2개, 많아야 2~3개의 포지션에 집중한다. 하루 종일 그 몇 개 안되는 포지션을 끝까지 판다. 파고 파고 또 파다 보면 비로소 안 보이던 게 보이기 시작하고, 후보자와 후보자 간의 눈꼽만큼의 차이가 눈에 들어오기 시작한다.

다들 엇비슷한 후보자가 아니라 분명히 무언가 다른, 남들보다 뛰어난 후보자가 눈에 들어오기 시작한다. 그게 바로 서칭 Level이 한 단계 오르고 있다는 뜻이다.

자, 그렇게 해서 적합도가 높은 후보자를 찾아내어 고객사에 추천을 했다. 그러면 끝인가? 이제 결과만 기다리면 되는가? 그렇지는 않다.

실제로 고소득을 올리는 헤드헌터는 우수한 후보자를 추천한 후에도 계속 서치를 한다. 혹시나 더 우수한 후보자가 있을지도 모르기 때문이다. 우수한 후보자를 찾아냈다고 안주하고 주저앉는다면 고수가 되기엔 아직 멀었다.

예전에 필자가 모 포지션을 진행할 때 이런 일이 있었다.

포지션이 오픈되고 이미 두 달이 지나가고 있었다. 그 기간 동안 여러 명의 후보자를 추천했고 몇 차례 면접 등을 진행하였으나 채용이 완료되진 않았다. 이제 PM이나 코워커나 슬슬 지쳐가기 시작할 무렵 어느 리서처가 불현듯 이력서 한 통을 코웍해 주셨다.

딱 이력서를 펼치는 순간부터 '이 사람이다' 싶었다. 내가 찾던 요소에 딱 부합하는 대단히 적합도가 높은 그런 후보자였다. 헤드헌터를 하다 보면 가끔 이력서를 펼치자마자 '합격이다!'라는 느낌을 주는 후보자가 있다.

고객사에 이력서를 넣었고, 1시간도 안 되어 바로 면접보자고 연락이 왔다. 면접이 일사천리로 진행되었고, 면접관은 직접 후보자를 이끌고 자기 연구소와 공장을 구경시켜주기도 했다. 관심 없는 후보자에게 견학을 시켜주진 않는다. 그만큼 면접관은 후보자를 마음에 들어했고, 마치 이미 자기 회사 식구라도 된 양 친절하고 다정하게 대하며 여기저기 구경시켜준 것이다.

누가 봐도 합격이라고 생각할 법한 순간이었다. 게다가 포지션이 오픈된 지 이미 2달째, 앞서 필자가 헤드헌터 2개월 차 때 고참 여성 헤드헌터가 말씀하신 '고객사가 더 이상 지체할 시간이 없는 바로 그 타이밍'이기도 했다. 그 어디에도 후보자가 잘못될 요소가 없어 보였으나 결국 그 후보자는 예상치 못하게 뚝 떨어졌다.

떨어진 사유는 더 적합한 경쟁자가 타 서치펌을 통해 지원했기 때문이었다.

채용이란 건 절대평가가 아니라 상대평가다. 90점이라는 라인을 그어 놓고 90점을 넘으면 모두 합격하는 게 아니다. 설령 내가 95점에 해당하는 후보자를 추천했다고 하더라도 경쟁 서치펌에서 97점에 해당하는 후보자를 추천하면 내 후보자는 떨어질 수밖에 없다.

방법은 하나밖에 없다. 내가 95점에 해당하는 후보자를 추천했더라도 그 결과가 어느 정도 가닥이 잡히기 전까지는 계속 다른 후보자, 더 적합한 후보자를 찾아봐야 한다. 그 경쟁 서치펌에서도 이미 오픈한지 2달이나 되는 포지션을 포기하지 않고 끝까지 물고 늘어져서 결국 우리 후보자를 능가하는 후보자를 하필 그 타이밍에 찾아냈던 것이다. 고수와 하수는 이런 데서 차이가 난다.

하수는 이것을 '운이 없었다'라고 생각하고, 고수는 이것을 '실력'이고 '노력'이라고 생각한다.

⑬ 백 번 읽으면 뜻을 저절로 알게 된다

앞서 얘기한 대로 필자는 pc방과 대리운전을 하다가 헤드헌터를 시작했다.

그런데 헤드헌터랍시고 책상 앞에 앉아는 있었지만 당최 모르는 단어 투성이였다.

필자가 헤드헌터를 시작하고 제일 처음에 접한 포지션은 모 기업의 ERP 개발 및 운영을 해줄 사람을 찾는 포지션이었다. 필자는 ERP*라는 말을 그때 처음 들어봤다.

동네에서 초등학생들하고 PC방 요금이 100원이 더 나왔네, 덜 나왔네, 아웅다웅하던 사람이 ERP라는 말을 알 리가 없었다. 그래서 어쩔 수 없이 열심히 인터넷에서 검색해가며 공부할 수밖에 없었다. 그러나 ERP는 시작일 뿐이었다. 포지션을 진행하면 할수록 모르는 단어는 더욱더 많았고, 계속 검색해가며 뜻을 깨우쳐가야 했다.

하지만 그러다 문제가 발생한다. 그냥 그것을 아는 것과 이해하는 것은 다르다. 단순히 단어의 뜻은 외울 수 있지만 그 속의 진의까지는 깨달을 수가 없었다.

JD를 보면 어떤 사람을 찾는지는 알겠다. 근데 JD에 맞다 싶은 사람을 찾아서 추천 넣어도 그냥 계속 떨어지기만 했다. 왜 떨어지는지 알기 어려웠다.

그래서 고민 끝에 필자는 무작정 읽기 시작했다.

---

* ERP : Enterprise Resource Planning, 전사적자원관리, 기업 내의 생산, 물류, 재무, 회계 등의 경영활동 프로세스를 통합적으로 연계해 관리해주는 시스템

옛말에 "책을 백 번 읽으면 뜻을 저절로 알게 된다"는 말이 있다. 그래서 JD를 백 번 읽기 시작한 것이다.

처음에 한 20~30번 정도 읽다 보면 '내가 이 짓을 왜 하고 있지?'라는 생각이 든다.

계속 읽어봐도 똑같은 말일 뿐인데 그걸 계속 읽는 게 소용이 있을까 싶다.

50번 정도 읽으면 그때서야 처음으로 드는 의문이 있다. 이걸 쓴 사람은 도대체 무슨 생각으로 이런 JD를 적었을까?

한 70번쯤 읽다 보면 처음에는 JD 중에 필요 없던 문장이라고 생각했던 게 꼭 필요한 문장이었다는 걸 깨닫는다. 그리고 혹시 저 말의 속뜻은 이런 뜻이 아니라 저런 뜻이었던 건 아닐까 하는 의문도 생긴다.

100번을 다 읽었을 때, 무언가 아주 크게 달라진 건 없었다. 다만, 내가 JD를 작성하는 사람의 입장에서 생각해보게 되었다. JD를 짧게 작성하면 짧게 작성한 대로, 길게 작성하면 길게 작성한 대로 다 그 의미가 있다. 그리고 그 JD 중에 정말 후보자의 이력서에서 절대 빠져서는 안 될 핵심단어도 보이기 시작한다.

처음에만 100번을 읽었지 익숙해지면 몇 번 읽어도 백 번 읽은 것만큼 핵심을 빨리 찾게 된다.

그렇게 'JD 백 번 읽기'는, 스스로 헤드헌터로서의 Level을 한 단계 올리게 된 계기가 되었다.

지금도 당시의 필자처럼 용어도 모르고 포지션에 대한 이해가 어려우신 분들은 한 번쯤 JD 100번 읽기에 도전해보시길 권장한다.

⑭ 연봉 200만 원 차이

요즘 회사들은 대부분 연봉제를 시행하고 있다. 구성원 개개인의 연봉이 공개되는 회사도 있고, 철저히 비공개로 된 회사도 있다.

필자의 거래처 중에서는 회사의 대표와 인사팀장 외에는 그 누구도 조직원의 연봉 정보를 알 수 없는 회사도 여럿 있다. 조직원의 연봉이 공개되는 것은 조직의 운영에 있어서 득될 게 없다는 판단 때문이다.

실제로 후보자를 채용하는 과정에서 후보자의 능력과 경력에 비해 과도하게 연봉 책정이 되는 경우도 종종 있다. 후보자는 높은 연봉을 원했고 회사도 그만큼 주겠다는데 무슨 문제가 있을까 싶겠지만 살다 보면 세상일이 꼭 그런 것만은 아니다.

하는 업무는 크게 다르지 않고 비슷한데 나보다 훨씬 많은 연봉을 받는다는 사실이 알려질 경우, 자칫 잘못하면 조직에서 소외될 수도 있다. 소위 말해 '왕따'가 될 수도 있는 것이다. ('왕따'란 것은 반드시 스쿨존 안에만 있는 건 아니다. 사회에도 만연하다.)

실제로 연봉을 많이 올려서 입사한 후보자가 조직 내에서 왕따를 당하다가 이를 견디지 못하고 얼마 지나지 않아 그만두는 사례를 본 적도 있다. 물론 조직 내에서 왕따를 당하는 게 반드시 연봉 문제만은 아닐 수도 있겠으나 어쨌든 나와 다른, 다소 터무니없다고 생각될 정도로 많은 연봉을 받는 게 반드시 좋은 것만은 아니다.

연봉 관련 사례 하나를 들어보겠다.

필자가 아는 모 헤드헌터는 후보자를 합격시키고 연봉 협상을 진행하였으나 끝내 이견을 좁히지 못했다. 후보자와 회사에서 제시한 연봉의 갭은 딱 200만 원.

회사로서도 많이 올려준 것이고, 후보자로서도 희망 연봉에서 많이 양보한, 서로서로 한발씩 양보한 상태였다. 그래도 끝내 그 200만 원의 차이는 좁힐 수가 없었고, 결국 양측 모두 헤드헌터에게 도움을 요청했다.

회사는 이 후보자를 꼭 채용하고 싶으나 충분히 배려해준 연봉에서 200만 원을 더 줄 경우에 기존 조직원과의 위화감을 우려하여 제시 금액을 지키려 하고 있었다.

후보자의 경우는 일종의 자존심 같은 것 때문에 적어도 앞 숫자는 지키고 싶어했다. 후보자들 중에 연봉의 제일 앞 숫자를 지키고 싶어하는 경우가 종종 있다. 예를 들어 최종 연봉 4,800만 원이었다고 치면 이직할 때 무조건 앞 숫자를 5로 만들고 싶어한다는 소리다.

이런 식으로 상호 갈등이 심했고, 헤드헌터는 양쪽 모두에게 계속 중재를 시도했으나, 끝내 200만 원의 갭은 줄일 수가 없었다.

이때 PM은 고민을 하고, 중대결심을 한다.

후보자가 채용될 경우에 예상되는 수수료는 총 1천만 원 남짓, 그 포지션은 코워커가 있는 포지션이라 회사와 코워커가 분배를 할 경우 PM에게 올 예상 수입은 약 350만 원 정도.

PM은 결정을 내리고 후보자에게 얘기한다.

자기가 받게 될 수수료 중에 200만 원을 보전해주겠노라고. 모자란 200만 원은 자기가 내줄 테니 회사에 입사해서 열심히 일하라고, 능력을 보여준 후 스스로 연봉을 올리라고….

다소 말이 안 된다 싶긴 했으나 놀랍게도 후보자는 헤드헌터의 이 조건을 수용하고 회사에 입사를 하게 되었다.

입사하고 2주 후 수수료는 정상적으로 회사에서 헤드헌터에게 입금이 되었고, 헤드헌터가 200만원 송금을 위해 후보자에게 연락했을 때 이런 얘기를 들었다.

"이사님, 막상 회사에 입사해서 보니 회사 분위기도 좋고, 업무도 딱 제가 원하는 업무라서 근무만족도가 높습니다. 200만 원은 따로 문제삼지 않겠습니다. 좋은 회사 추천해주셔서 감사합니다."

후보자는 회사에 대한 만족도가 높아 200만 원을 받지 않겠노라고 얘기했고, PM은 또 하나의 작은 성취를 이룩한 게 되었다.

회사로서는 기존 직원들과 위화감이 들지 않을 정도의 연봉 수준에서 원하는 후보자를 입사시켰다. 후보자는 비록 희망 연봉에서 200만 원이 적지만 그것을 상쇄할 정도로 만족스러운 회사, 만족스러운 분위기에서 근무하게 되었으며, PM은 PM대로 잘못하면 연봉협상 결렬로 끝날 포지션을 결국 채용까지 이끌어 수수료를 받게 되었던 사례였다.

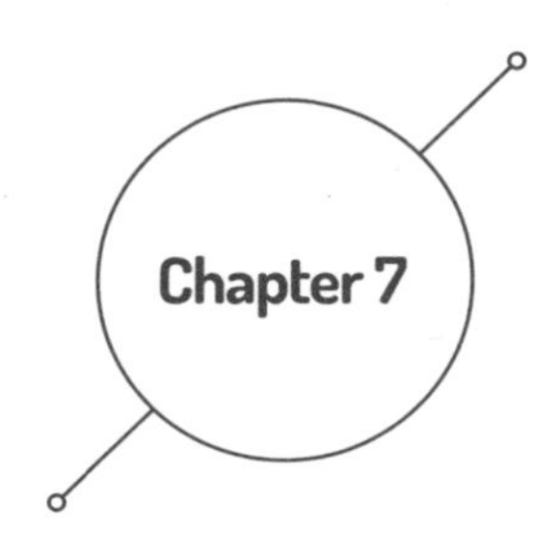

헤드헌터로서 주의할 점

❶ 피드백 주지 않는 헤드헌터

보통 일반인에게 헤드헌터에 대한 얘기를 하면 간혹 부정적으로 보는 경우가 있다. 심지어 "헤드헌터는 연락 주지 마세요."라고 외치는 후보자도 있다. 왜 그럴까?

헤드헌터는 분명 채용을 진행하고 채용에 도움을 주는 사람인데 그들은 왜 헤드헌터를 싫어할까?

가장 많은 질타를 받는 것은 '피드백' 부분이다.

헤드헌터는 당연히 서류나 면접에 합격한 후보자에게는 관심이 크고,

바로 연락을 주곤 한다. 하지만 서류에 떨어진 후보자는 어떨까? 어차피 그 후보자에 대해 재진행할 것도 아니고, 헤드헌터에게는 더 이상 아주 중요한 후보자는 아닌 게 된다. 그래서 연락을 안 주는 경우가 많다. 물론 깜빡 잊고 빼먹는 경우도 분명히 있다.

후보자의 입장에서는 회사에서의 전형 결과를 눈 빠지게 기다리고 있는데 헤드헌터는 묵묵부답. 떨어졌으면 떨어졌다고 얘기나 해주면 좋으련만, 그 떨어졌다는 얘기 자체가 없을 때 헤드헌터에 대한 신뢰가 깨진다. 이렇게 피드백을 주지 않는 헤드헌터는 정말 너무너무 많다. 물론 각 서치펌에서는 반드시 후보자에게 피드백을 주라고 교육한다. 하지만 그걸 지키지 않는 헤드헌터들이 너무 많다.

이것을 조금 다른 관점으로 보자면 이렇다.

매년 수많은 사람들이 신규 헤드헌터로 입문을 한다. 앞서 얘기한 대로 '2년 경력 증명서'만 있으면 되므로 입문 문턱도 매우 낮다. 그리고 그 많은 신규 헤드헌터 중에 정확한 통계는 아니지만 대략 70% 정도는 1년 안에 그만둔다고 얘기하곤 한다.

이때 그만두는 신규 헤드헌터들은 바로 이렇게 피드백을 주지 않는 헤드헌터들이 대부분이다.

너무 많은 사람들이 헤드헌터를 신규로 시작한다. 그들은 아직 이 업에 대한 자부심이나 자긍심도 없다. 업무에 대한 경험도 없고 노하우도 없다. 어떻게 보면 아직 이 업을 시작할 준비도 안 된 분들이 물만 흐려놓고 사라지는 경우라고도 볼 수 있다.

후보자에게 피드백은 반드시 줘야 한다.

전화가 어려우면 간단한 문자나 톡도 괜찮다. 하고 안 하고는 하늘과 땅 차이다.

필자가 아는 헤드헌터 중에 떨어진 후보자에게는 반드시 2장 이상의 장문의 메일을 보내는 헤드헌터가 있다. 물론 그 2장의 메일을 모두 새로 쓰는 것이 아니라 기본적인 틀이 있어 후보자의 상황에 따라 조금씩 바꿔서 쓰곤 한다.

어쨌든 받는 사람의 입장은 다르다. 약간의 감동?

실제로 그 헤드헌터는 그렇게 자기가 진행했던 포지션에서 떨어진 후보자에게 2장 이상의 장문의 메일을 계속 보내고 있고, 실제로 그 떨어졌던 후보자가 그 헤드헌터의 다른 포지션에 합격하거나, 아니면 다른 좋은 사람을 추천해주거나, 아니면 고객사 인사담당자가 되어 그 헤드헌터에게 신규 오더를 주기도 한다.

한 가지 사례를 들어보겠다. 위의 헤드헌터가 탈락한 어느 후보자에게 2장에 걸친 장문의 탈락 통보 메일을 보냈다. 마침 후보자의 아버지는 다른 회사에서 임원을 하고 있는 상태. 한번은 아버지가 후보자에게 물었다고 한다.

"요즘 쓸 만한 헤드헌터가 없어. 너 혹시 아는 헤드헌터 있냐?"

후보자 아들은 2장의 장문의 메일을 보냈던 헤드헌터를 추천해줬고, 그 임원 아버지는 그 헤드헌터에게 오더를 주기 시작했으며, 결국 그는 그 고객사에서 많은 석세스를 내었다.

사람이 성의를 보이고 많이 베풀면 결국은 인정받게 되고 돌아오게 된다. 이건 헤드헌터뿐 아니라 세상 어떤 일에서건 마찬가지다.

자세한 피드백을 주기 어려우면 최소한 간단한 탈락 통보 문자라도 남기는 버릇을 들여야 한다.

❷ 대졸 신입 헤드헌터

경기가 어렵고, 취업이 쉽지 않다.

필자에게 헤드헌터를 시작하고 싶다고 문의하는 사람 중에서 직장 경력이 전혀 없이 군대 또는 대학을 졸업하고 바로 헤드헌터를 시작하고 싶다는 사람들이 많다..

헤드헌터는 그렇게 미취업자를 위한 탈출구가 되기에는 녹록지 않은 직업이다.

첫째, 대졸 신입이 헤드헌터가 되는 것은 현행 규정상 거의 불가능하다. 왜냐하면 헤드헌터는 공식적으로 '직업 상담사'에 들어가는데, '직업'을 가져본 적이 전혀 없는 사람은 직업상담사가 되기 어렵기 때문이다. 물론 사회복지사나 직업상담사 자격증 등을 통해서 직업상담사가 될 수는 있다. 하지만 자격증이 없는 대부분의 사람은 요건을 충족하지 못한다.

천상 현행 규정상으로는 일반종사자의 신분으로 서치펌에 들어가서 직업 상담 외의 업무를 해야 하는데 그게 말처럼 쉽지 않다.

따라서 대부분은 일반종사자의 신분으로는 해서는 안 되는 직업 상담을 몰래몰래 하는 게 현실이다.

둘째, 대졸 신입 헤드헌터는 남들보다 어려움이 있다. 왜냐하면 직업을 상담해야 하는데 직업을 가져본 적이 없기 때문이다. 소위 말해 차장이 높은지 부장이 높은지도 모르는 상태다. 연봉이 무엇인지 기본급이 뭔지 수당이나 성과급, 상여금이 뭔지도 잘 모른다. 4대 보험을 내본 적도, 퇴직금을 받아본 적도 없다. 그리고 학교에서 공부한 학과 과정 외에 특정한 업종에 대해 깊은 지식과 경험을 갖고 있지도 못하다. 그 상황에서 남들 직업 상담을 해줘야 한다. 당연히 쉬울 리가 없다.

셋째, 어쩌면 이 셋째가 가장 중요할 수 있겠다.

필자는 대학을 졸업하고 취업 없이 곧장 헤드헌터로 활동하고 있는 사람을 여럿 알고 있다.

그 대졸 신입 헤드헌터 중에서는 헤드헌터에 입문하고 얼마 못 가서 금방 그만두는 사람도 봤고, 많은 매출을 올리며 승승장구하는 사람도 봤다.

앞서 여러 차례 얘기한 것처럼 헤드헌터는 수입의 편차가 크다. 잘 버는 사람은 정말 잘 벌고, 못버는 사람은 정말 못 번다. 이것은 대졸 신입 헤드헌터에게서도 똑같이 적용되는 것이다.

잘 버는 대졸 신입 헤드헌터는 동기 직장인들에 비해 몇 배나 많은 고수입을 올리기도 한다. 동기들이 직장생활하며 맨날 야근하고 주말에 출근하고 헉헉댈 때, 그 헤드헌터는 몇 배나 많은 수입을 올리며 휘파람 불며 유럽으로 해외여행을 다니고 있다. 이건 분명히 지금 이 시간에도 벌어지고 있는 현실이다. 그렇지만 그럼에도 불구하고 필자는 대졸 신입의 헤드헌터 입문을 추천하지 않는다.

이유는 헤드헌터는 '일방통행'이기 때문이다.

어쩌면 한 번 가면 다시는 돌아오기 어려운 '다리橋' 같다고나 할까?

필자가 아는 모 헤드헌터는 고민이 많다.

그는 대학을 졸업하고 바로 헤드헌터에 입문하였다. 아주 많은 석세스를 내는 헤드헌터는 아니다. 어쩌면 수입이 적어서 그럴 수도 있겠으나, 어쨌든 그는 다시 일반 기업에 취업하고 싶어한다.

하지만 이미 졸업하고 여러 해가 지난 상황. 헤드헌터의 경력은 일반 기업에서 인사 업무(채용)의 일부로 인정될 뿐, 백프로 인정되기는 어려운 경력이다. 따라서 헤드헌터가 일반 기업으로 입사할 때는 거의 신입으로 가야 한다.

졸업하고 몇 년이나 지난 중고 신입을 기업은 선호하지 않는다. 당장 대학교 졸업하는 팔팔한 신입들이 많은데, 굳이 나이 많은 중고 신입을 뽑아야 할 이유는 없다.

물론 대졸 신입 헤드헌터를 하다가 일반 기업에 취업하는 경우는 있다. 주로 인사팀에서 채용 담당으로 입사하는 경우가 분명히 있다. 하지만 많지 않다.

어쩌면 대졸 신입이 헤드헌터로 입문한다는 것은, 그가 보통의 직장인이자 사회인으로써 하게 되고 누려야 할 것들, 그 모든 것과 바꾸는 행위일 수도 있다. 직장에서 밤새서 야근하고, 주말에 출근하고, 프로젝트 때문에 울고 웃고, 출장도 다녀보고, 세미나도 참가하고, 워크숍도 다녀보고, 회사 체육대회도 참여하고…. 그 모든 경험들을 아예 못 해보게 될 가능성이 크다는 얘기다.

물론 서치펌도 조직이고, 사람 사는 곳이다.

모든 서치펌이 그런 건 아니지만 서치펌도 워크숍도 가고, 야근도 하고, 주말에 나오기도 한다. 필요할 경우 출장도 간다. 하지만 직장인으로서 4대 보험의 울타리 안에서 월급 받아가며 그런 것들을 경험하는 것과 헤드헌터처럼 100% 수당제에서 그런 것을 하는 것은 또 느낌이 많이 다르다.

대졸 신입이 헤드헌터로 입문한다는 것은, 그가 할 수 있는 많은 직장 관련 경험들을 다시는 못하게 될 가능성이 크다는 것을 의미한다. 필자는 그 경험들을 소중하게 생각한다.

마치, 아역 시절부터 연예인을 했던 사람이 학창시절 친구들과 소풍 한 번, 수학여행 한 번 제대로 못 가본 걸 평생 아쉬워하는 것과 마찬가지일 수 있다.

모든 일에는 때가 있다. 대졸 신입들도 그 나이와 경력대에서 해야 할 일, 할 수 있는 일이 분명히 있다. 헤드헌터는 그런 것을 다 해보고 나중에 시작해도 늦지 않을 거라는 생각이 강하다.

❸ 업계 물을 흐트리는 뜨내기 헤드헌터들

필자가 최근에 석세스를 내고서 계약서를 작성하려고 하면 고객사에서 갑자기 딴소리를 하는 경우를 많이 본다.

사전에 포지션을 진행하기 전부터 수수료와 계약 내용에 대해 협의하고, 공식적인 문서와 이메일을 주고받은 후에 진행을 하는데, 막상 후보자를 채용할 시점이 되어 딴소리를 하는 경우다.

예를 들자면, 사전에 수수료율을 후보자 연봉의 15%로 약속하고 업무를 진행하지만 막상 후보자를 채용할 때가 돼서는 수수료를 10%로 해달라고 요구하는 경우이다.

그렇게 갑자기 다운된 수수료를 요구하는 이유는 간단하다. 다른 헤드헌터에게서 그 10%라는 수수료율을 제시받은 적이 있기 때문이다.

헤드헌터를 오래 해오거나 경력이 좀 되는 경우는 수수료를 15% 미만으로 하지 않는다. 그 수수료는 헤드헌터가 안정적인 수입을 올리며 정상적으로 업무를 하기에 부족한 수수료라는 걸 알기 때문이다.

헤드헌터의 수수료 수입은 서치펌과 쉐어해야 하고, 만약 코웍일 경우 PM 또는 코워커와도 쉐어를 해야 한다. 따라서 15%를 받더라도 나눌 거 나누고, 세금까지 떼고 나면 실제 통장에 찍히는 금액은 훨씬 적을 경우가 많다.

그런 걸 감수하면서도 15% 미만의 수수료를 수용한다면, 그것은 단독 오더일 경우에 그러는 경우가 가끔 있을 뿐이다. 단독 오더는 딴 서치펌에는 오더를 주지 않고, 특정 헤드헌터한테만 단독으로 주는 경우를 말한다. 이 경우는 15% 미만으로 계약하는 경우도 종종 있다. 즉, 단독 오더가 아님에도 불구하고 먼저 10%를 제시하는 헤드헌터는 뭔가 이상한 헤드헌터다. 쉽게 말해, 이제 헤드헌터를 시작한지 얼마 안 되는 헤드헌터가 기존 시장에 들어가기 어렵다고 판단하여 가격을 덤핑 치고 들어오는 경우가 대부분이다.

이에 대해 기존 헤드헌터들의 대답은 간단하다

"그럼 수수료 10%짜리 헤드헌터랑 하시라."

어차피 10%짜리 수수료로 진행해봤자 업무 효율이 떨어진다. 금액이 작기 때문에 아무도 코웍에 동참해주지 않는다. 신입 헤드헌터는 스스로 서치 능력이 떨어지기 때문에 좋은 후보자를 추천해주기도 어렵다. 그래서 채용은 이루어지지 않는다. 설령 운 좋게 채용이 이루어지더라도 앞서 말한 대로 10%는 헤드헌터가 안정적인 생활을 유지하기에 턱없이 부족하다. 따라서 그 헤드헌터는 머지 않은 미래에 생활고를 못 이겨 헤드헌터를 그만둘 가능성이 크다.

그럼 고객사는 다시 새로운 헤드헌터를 찾아야 한다. 그리고서 새로운 헤드헌터에게 말한다.

"우리는 예전에 수수료 10%로 했었는데…"

이때 기존 헤드헌터들의 대답은 똑같다.

"그럼 그 10% 수수료 헤드헌터랑 계속하시면 된다."라고 말이다.

10%라는 수수료는 고객사에게는 큰 돈일지 모르겠으나 헤드헌터에게는 생활 유지가 어려운 숫자다. 신입 헤드헌터들은 '10%라도 어디야'라고 생각하며 너도나도 10%라는 카드를 들고 고객사에 영업을 하지만 결국 그것은 전체 시장의 수수료율 감소를 가져오고 장기적으로 봤을 때 헤드헌팅 시장에 악영향을 미친다.

죽으려면 혼자 죽어야 한다. 기존에 자리잡은 헤드헌터들은 본인의 노력과 인내로 그 어려운 역경을 뚫고서 그 자리에까지 올라간 것이다. 그들도 신입일 때가 있었다. 하지만 그들은 가격을 덤핑치는 대신에 그들만의 노력과 노하우를 개발하여 어떻게든 이 레드오션에서 살아남은 사람들이다. 그 정도 노력을 할 생각이 없다면 쓸데없이 시장 물을 흐리지 말고 조용히 사라지는 게 차라리 낫다. 노력도 하지 않으면서 가격만 칠 생각을 하는 사람이 업계에 도움이 될 리가 없다.

제발 수수료 10% 치면서 '나는 최선을 다했어'라는 착각은 하지 마라. 그건 최선이 아니다.

최근에 모 인사담당자에게 듣기를, "7%로 해드릴 테니 무조건 나한테 믿고 맡기라."는 헤드헌터도 나왔다고 했다.

필자가 장담한다. 그 헤드헌터는 업계 물만 흐려놓고 1년 안에 무조건 그만둔다.

❹ 헤드헌터여 자존심을 지켜라 - 이력서 필터링

필자는 고객사가 많은 편이라 PM을 하는 경우가 많다. 그러다 보니 각종 코워커들에게 이력서를 많이 받게 되는데, 이런 이력서들이 모두 적합한 후보자의 이력서가 아닐 때가 많다.

차라리 경력이 좀 많은 헤드헌터들은 그런 경우가 적지만 경력이 얼마 안 되는 신입급 헤드헌터들은 포지션에 일치하지 않는 이력서를 보내줄 때가 많다.

아래는 필자가 경험한 사례들이다.

▹ 편의점에서 팔리는 편의점 상품 개발자를 채용하는 포지션이었는데,

어느 리서처가 편의점을 여러 번 운영해본 편의점 업주를 추천해줬다. 그 리서처의 주장은 편의점을 오래 해봤으니, 그 안에 있는 상품들을 얼마나 잘 알겠느냐, 이 포지션에 딱 맞는 사람이라는 주장이었다. 이건 말이 안 된다. 그렇다면 소주 개발자를 채용할 때는 매일 소주를 2병씩 마신 사람을 추천하면 되겠는가? 놀이기구 설계자를 채용할 때 놀이기구를 수없이 많이 타본 사람을 추천하면 되겠는가?

그렇지 않다.

근데 헤드헌터가 한번 눈에 깍지가 씌고 혼자 부풀려 상상을 하다 보면 엉뚱한 후보자에게 소위 말해 '꽂히는' 경우가 종종 있다. 헤드헌터는 기본적으로 페이퍼로 승부한다. 혼자만의 상상과 소설을 쓰는 것은 곤란하다.

비슷한 사례는 더 많다. 아래의 사례들을 보자.

▹ 모 치킨 프랜차이즈 회사 본사에서 근무하는 마케팅 팀장급을 채용하는 포지션이었는데, 어느 리서처가 실제로 치킨 프랜차이즈 가맹점을 운영하는 업주(가맹점주, 자영업)를 추천해준 적이 있다.

▹ 모 기업의 영업 포지션이 있었다. 어느 리서처가 추천해준 후보자의 이력서에는 처음부터 끝까지 '영업' 또는 '세일즈sales'란 단어가 단 한 번도 나오지 않았다. 과연 영업 전문가의 이력서에 영업 또는 세일즈란 말이 한 번도 안 나오는 게 가능할까?

▹모 기업의 영어권 해외 영업 포지션이 있었다. 어느 리서처가 후보자의 이력서를 추천해줬는데, 해외 영업 경력도 없을뿐더러 영어 능력에 대한 언급도 없다. 의심이 들어 물어봐달라고 했더니 후보자는 본인의 영어실력을 중급 정도라고 했다. 후보자가 자기 입으로 중급이라고 말한다면 그건 하급이다. 후보자는 취업과 자기 어필을 위해 다소 과장되게 말하는 경향이 있다. 영어권 해외 영업 전문가가 영어능력이 중급 이하인 건 아주 곤란하다.

위의 사례들을 보자면 '에이 설마~ 헤드헌터라는 사람이 저렇게 추천하기야 하겠어?' 싶을 수도 있다. 하지만 헤드헌터라는 사람이 저렇게 맞지 않는 사람의 이력서를 받아주는 경우는 정말 많다.

그러면서 그들이 공통적으로 말하는 것이 있다.

"에이~ 그래도 이력서 어렵게 받아냈으니, 그냥 고객사에 넣어주세요."

필자는 저 말이 정말 싫다. 헤드헌터 하면서 들은 말 중 가장 싫은 말이 바로 저 말이다. 이력서 어렵게 받아냈으니 무조건 고객사에 넣어달라는….

인사담당자들이 많이 모인 커뮤니티가 있다.

필자는 그 커뮤니티에 자주 다니면서 인사담당자의 동향도 보고, 실제로 오프 모임을 찾아다니기도 한다.

그런 인사담당자들 사이에서 가끔 헤드헌터에 대한 얘기가 나오는데, 긍정적으로 얘기하는 인사담당자가 많지 않다. 상당수의 인사담당자는 헤드헌터에 대해 부정적으로 얘기한다.

가만히 생각해보면 회사의 인재채용이 막혀 있을 때, 그 부분을 해소시켜주는 게 헤드헌터다. 어차피 수수료가 나가는 것도 회삿돈으로 나가는 거지 인사담당자가 개인돈으로 내는 것도 아니다. 인사담당자의 입장에서는 헤드헌터가 회사의 막혔던 채용 부분을 뚫어주는 사람이니, 서로 상생하는 관계라 인상을 찌푸릴 일이 별로 없다. 그럼에도 불구하고 헤드헌터에게 부정적인 견해를 보이는 인사담당자는 의외로 많다.

그들이 왜 헤드헌터를 부정적으로 보는지 확인해보면 상당수는 '전문성 결여'를 얘기한다.

헤드헌터는 일반적으로 하나의 업종에서 오랫동안 근무한 임원급들이 주로 입문한다. 앞서 얘기한 대로 필자는 게임 쪽을 했었기 때문에 게임 경력 이력서를 보면 이 사람이 이 포지션에 맞는지 안 맞는지를 정확히 캐치해낼 수 있다.

마찬가지로 반도체면 반도체, 화학이면 화학, 유통이면 유통, 자동차면 자동차 등 각 전문 분야에 최고의 경험과 지식을 가지고 있고, 그 지식을 바탕으로 정확한 인재를 추천해줄 것을 기대하는 것이다.

그런데 막상 받는 이력서가 저 모양 저 꼴이라고 생각해보라.

편의점 상품을 개발해줄 전문가를 찾는데 편의점 업주의 이력서를,

치킨 프랜차이즈 마케팅 팀장을 뽑는데 치킨집 가맹점주의 이력서를,

영업 전문가를 찾는데 이력서에 '영업'이란 단어가 한 번도 나오지 않는 이력서를 받아보라.

인사담당자가 한숨을 지으며 헤드헌터에 대해 회의를 느끼는 것도 당연하다.

맞지 않는 이력서는 고객사에 넣지 말아야 한다.

적합한 후보자를 못 찾았거나 아무리 찾아봐도 없다고 해서 전혀 맞지도 않는 후보자를 넣는 건 정말 좋지 못하다.

리서처들은 말한다.

"PM이 판단하지 말고, 고객사의 판단에 맡기자고."

실제로 PM이 'No'를 외친 이력서가 고객사에 최종 합격을 하는 경우가 발생하기도 한다. 그러나 이건 아주 극히 드문 일이다. 평생 헤드헌터를 해도 몇 번 발생하지 않을 정도로 희박한 확률이다.

PM조차 통과하지 못하는 후보자를 고객사가 몇백만 원 몇천만 원의 수수료를 지불해가며 채용할 확률은 거의 없다.

PM은 이력서를 고객사에 제출해야 어떻게든 결과가 나온다. 따라서 고객사에 이력서를 넣는 행위에 대해서는 우호적이다. 코워커들을 독려하여 자기 포지션을 서칭해서 더 많은 이력서를 받아달라고 요청하곤 한다. 그렇게 우호적인 PM이 판단해도 차마 못 넣겠다는 이력서는 고객사에게 욕을 먹을 가능성이 크다.

헤드헌터여, 자존심을 지켜라.

어떻게든 이 업에서 살아남으려면 맞지도 않는 후보자의 이력서를 어거지로 우겨서 어떻게든 고객사에 도착하게 만드는데 쓸데없는 에너지를 낭비해서는 안 된다.

모 영화에서 유명한 대사가 나온다.

"바람은 계산하는 것이 아니라 극복하는 것이다."

헤드헌터는 극복해야 한다. 적합한 후보자가 없으면 적합한 후보자를 어떻게 찾아낼지를 끊임없이 고민하고 연구해야 한다. 적합한 후보자가 없다고 해서 JD에 맞지도 않는 후보자의 이력서를 억지로 밀어넣은 뒤 요행만을 바라는 건 좋은 자세가 아니다. 끊임없는 노력으로 난관을 극복해내야 한다.

지금 이 시간에도 대한민국의 수많은 헤드헌터들은 맞지 않는 후보자의 이력서를 받아놓고 PM에게 그냥 고객사에 넣어달라고 계속 우기는 행위를 반복 중이다. 쉽지 않겠지만 PM이 넣기 어렵다는 이력서는 깨끗이 포기하는 게 낫다. 그리고 아쉬워할 에너지를 아껴서 좀 더 맞는 사람을 찾아낼 수 있는 방법을 연구하는 게 더 낫다.

이 업을 오래할 건지 짧게할 건지 알 순 없지만, 한때 내가 몸담았던 헤드헌터란 업이 다른 이들에게 도매급으로 쉽게 여겨지도록 하지는 말았으면 한다. 맞지 않는 이력서를 억지로 넣는 행위가 반복되다 보면 결국 헤드헌터의 존재 가치는 약해질 것이고, 어느 순간부터 우습게 보일 것이다.

헤드헌터들이여, 자존심을 지켜라. 그리고 노력으로 극복하라.

❺ 지원 의사 확인 없이 추천하는 헤드헌터

필자가 경험한 경험담을 하나 얘기해보겠다.

모 회사의 모 포지션이 오픈되었다. 필자는 열심히 서칭을 하여 후보자 한 명을 찾아내었다. 후보자에게 열심히 회사와 포지션에 대한 설명을 하였고, 후보자는 호의적인 반응을 보였다.

다만, 당장 이력서를 작성할 시간이 부족하므로 지금 하던 일만 끝내고 이틀 후에 이력서를 작성해서 보내주겠노라고 하였다. 그리고 이틀 후, 이력서가 도착하지 않아 연락을 해봤더니 이미 딴 헤드헌터에게 연락을 받아서 면접이 잡혔다고 하였다.

응? 그 후보자는 타 헤드헌터와 접촉한 적이 없다. 그런데 갑자기 면접이 잡혔다니?

내용인즉슨 이렇다.

타 헤드헌터는 예전에 그 후보자를 다른 포지션에 진행한 적이 있었다. 그때 진행했던 이력서를 보관하고 있다가 유사 업종의 비슷한 포지션이 나오자 후보자의 의사를 확인하지 않고 고객사에게 곧장 이력서를 제출한 것이다.

이것은 대단히 위험한 행위이다. 후보자의 지원 의사를 제대로 확인하지 않고 헤드헌터가 임의로 이력서를 제출하는 것은 상식적으로 봐도 절대로 해서는 안 되는 행위다.

마침 후보자는 이직이 급한 상황. 그 헤드헌터랑 진행을 하든 아니면 필자와 진행을 하든 빨리 입사를 하는 게 우선인 상황.

후보자는 다른 헤드헌터가 본인의 동의 없이 이력서를 넣은 것을 문제 삼지 않고 면접에 성실히 임해서 결국 최종 합격했다. 물론 필자를 통해서 진행하지 않은 것을 탓할 생각은 없다. 하지만 후보자의 지원 의사를 명확히 확인하지 않고 진행한 것은 그 헤드헌터의 큰 실수다.

절대로 그러면 안 된다. 비록 법적인 부분을 들먹이지 않더라도 헤드헌터 전체가 잘못 매도될 수 있는 행위는 절대로 해서는 안 된다.

❻ 업무적으로 감정을 배제하자

헤드헌터는 오더를 확인하고 오더에 적합한 인재를 찾아내어 이력서를 받아 추천을 한다. 이때 고객사에 지원하는 방식이 헤드헌터마다 조금씩 다르다.

어떤 헤드헌터는 고객사 인사담당자에게 이력서를 추천할 때 여러 가지 설명을 많이 적는다. 이 후보자는 어쩌고저쩌고, 무엇이 장점이며 이 후보자를 왜 추천하는지 주절주절….

반면 어떤 헤드헌터는 아무런 내용 없이 이력서 보내니까 검토 부탁드린다고만 적어 보내곤 한다.

전자의 경우는 솔직히 그렇게 할 필요가 없다.

대부분의 경우 인사담당자는 해당 이력서를 현업 실무 담당자에게 전달하는 역할만 하곤 한다. 그 과정에서 그런 사정을 일일이 다 전달해주진 않는다.

채용 중 서류전형은 오직 페이퍼로 승부한다. 페이퍼 이외의 부가설명이 필요한 후보자는 딱맞는후보자가 아니다. 이것은 비단 헤드헌터와 고객사의 문제뿐 아니라 PM과 코워커 사이에서도 빈번히 발생한다.

코워커가 후보자를 찾아서 PM에게 전달한다. 이 과정에서 줄줄이 부가설명을 덧붙여야만 하는 경우가 있다.

예를 들어, 보통의 회사는 이직이 많은 후보자를 선호하지 않는다. 근데 마침 추천하는 후보자가 이직이 좀 많다. 그러면 코워커는 십중팔구 PM에게 설명하려 애쓴다.

이 후보자가 이러저러해서 이직을 할 수밖에 없었으며, 이 회사도 원래 오래 다니려고 했는데 무슨 문제가 발생해서 어쩌고저쩌고, 저 회사는 계약직이어서 어쩌고저쩌고….

이것은 굉장히 불필요한 과정이라는 얘기다. 아무리 PM에게 설명해봤자 그 내용이 고객사에 제대로 전달되기 어렵고, 설령 전달된다 하더라도 그 채용에 관계된 모든 관계자들에게 다 전달되기는 거의 불가능하다.

모든 관계자들에게는 공통적으로 페이퍼가 전달된다. 그 페이퍼로 승부를 해야 한다. 그러나 헤드헌터가 후보자와 감정에 휘말리게 되면 그 순간 그걸 잊는다.

"이 후보자는 사정이 딱하니까 이번에 꼭 입사를 해야 하니까, 이력서 꼭 넣어주세요 네?"

이건 올바른 헤드헌터의 자세가 아니다.

사람은 좋은 얘기는 비교적 쉽게 하지만 안 좋은 얘기는 쉽게 하지 못하는 경우가 많다.

예를 들어 "너 오늘 화장 예쁘게 됐어~"는 쉽게 던질 수 있는 얘기지만 "너 오늘 화장 정말 안 어울려."는 쉽게 던지기 어려운 얘기다.

채용도 마찬가지다. 후보자의 이력 중에 좋은 부분을 좋다고 얘기하는 건 쉽다. 하지만 안 좋은 걸 안 좋다고 얘기하는 건 쉽지 않다. 그러나 정말 후보자에게 필요한 건 바로 그 안 좋은 얘기들이다.

그런 걸 제대로 지적하지 못한 채 후보자의 딱한 사정에 감정이 휘말려서 적절하지 못한 후보자를 추천하는 것은 제대로 된 헤드헌터라고 보기 어렵다.

채용 의뢰사는 몇백~몇천만 원의 수수료를 주기로 하고 인재 채용을 의뢰했다. 그럼 소위 말해 반드시 '돈값'을 한다. 그만큼 수수료의 가치에 미치지 못하는 후보자는 채용되지 않는다.

후보자의 사정을 줄줄이 설명하려 애쓰는 헤드헌터는 그 전문성을 의심받기 쉽다. 물론 특별한 경우에는 후보자의 사정을 얘기해야 하는 경우가 있긴 하다.

예를 들어 채용사 위치가 서울인데 후보자의 거주지가 부산일 경우, 그리고 후보자가 곧 서울로 이사 계획이 있을 경우, 이 정도는 설명을 해주는 게 맞다. 비록 후보자는 지금 부산에 거주하고 있지만 곧 서울로 이사 계획이 있으므로 서울에서의 면접 진행 및 입사에는 이상이 없다는 사실을 주지시킬 필요는 있다.

이런 특별한 경우 외에 불필요한 설명을 적어가며 감정적인 모습을 보여주는 건 좋지 못하다. 그래서 잊지 말아야 한다. 페이퍼 외에 각종 부가설명이 필요한 후보자는 해당 포지션에 적합한 후보자가 아니다. 정말 합격할 만한 후보자는 페이퍼에서부터 확실히 달라 그 어떤 부가설명도 필요하지 않은 후보자다.

후보자와의 감정에 휘말려 후보자의 사연을 구구절절 설명하느라 시간을 낭비하지 말자.

❼ 중복 지원과 후보자의 오너십ownership

헤드헌터를 하다보면 종종 접하게 되는 게 이 중복 지원 문제이다.

예를 들어 헤드헌터가 후보자를 컨택했다. 후보자가 헤드헌터에게 이력서를 주었는데 실수로 그 회사의 공개채용에도 함께 지원을 한 경우다. 이럴 경우 그 후보자의 이력서는 공개채용과 헤드헌터를 통해서 양방향으로 접수가 된 것이다.

차라리 이건 낫다. 문제는 헤드헌터끼리 중복 지원된 경우다.

일부 후보자 중에는 고의든 고의가 아니든, 동일한 포지션에 대해 복수의 헤드헌터에게 이력서를 주곤 한다. 그럼 헤드헌터는 열심히 그 이력서를 편집하고 고객사에 추천을 넣는데, 고객사는 똑같은 후보자 이력서를 두 명의 헤드헌터에게서 받게 되는 것이다.

이것에 대해 명확히 해석되는 건 없다. 다만 업계 불문율상 중복 지원될 경우에 먼저 도착한 이력서에 우선권을 준다고들 한다. 즉, 헤드헌터 두 명이 같은 후보자의 이력서를 고객사에 추천했을 경우, 먼저 이력서를 넣은 헤드헌터에게 이 후보자를 추천한 오너십이 주어진다는 소리다.

한번은 필자에게도 이와 같은 일이 벌어졌다. 후보자 한 명과 면접이 잡혔을 무렵, 고객사에서 말하길 다른 헤드헌터에게서도 그분을 추천받았다며 이럴 경우 어떻게 해야 하냐고 되려 필자에게 묻는 것이었다. 그래서 이력서 도착시간을 확인해본 결과 필자가 약 하루 정도(정확히는 20시간 정도) 먼저 이력서를 넣었다. 인사팀 담당자가 이력서 도착시간을 확인하여 그 헤드헌터와 필자에게 모두 통보해주었다.

이럴 경우 당연히 후보자의 오너십은 이력서를 먼저 넣은 필자에게 있는 것으로 판단해 고객사에 그렇게 알린 후 후보자에게 면접 안내를 위한 연락을 했다. 그런데 후보자는 필자의 연락을 받지 않았다. 필자의 모든 전화, 메일, 문자, 카톡을 다 무시했다.

왜 그럴까?

이유는 뻔하다. 그 상대편 헤드헌터가 후보자를 설득한 것이다. 면접은 자기와 진행하면 된다고, 자기가 알아서 처리할 것이니 다른 헤드헌터의 연락은 전혀 받지도 말고 다 무시하라고.

그는 업계의 룰을 어기는 헤드헌터였다. 보통 헤드헌터를 시작한지 얼마 안 된 헤드헌터들이 그 룰을 모른다. 설령 알아도 지키지 않는다. 헤드헌팅 업을 자기가 평생 가져가야 할 업으로 생각하지 않고, 눈앞의 이익에 급급하여 룰이고 뭐고 다 깨는 헤드헌터들은 분명 존재한다.

참 답답하고 한심하다는 생각이 들었다. 고객사는 자기 혼자 커뮤니케이션하는 것인가? 필자가 더 오랫동안 그 고객사와 친분을 쌓아왔을지도 모른다는 생각은 안 드는가? 실제로 그 헤드헌터는 그 고객사를 처음으로 진행하는 헤드헌터였고, 필자는 이미 그 고객사에 여러 합격자를 배출한 상태였다.

필자는 인사팀에게 연락해서 솔직하게 말했다. 후보자와 연락이 안 되어 내가 직접 면접 진행을 못할 것 같다고, 헤드헌팅 업계에서 중복지원시의 룰은 이력서 도착시간으로 판단하는데 상대편 헤드헌터가 룰을 안 지키는 것 같다고, 그건 분명히 아셔야 한다고. 그렇게 룰을 어기는 헤드헌터와 계속 업무를 할 것인지는 스스로 잘 판단하라고 얘기했다.

결국 그 후보자는 그 헤드헌터를 통해 면접을 진행했다.

합격될 리가 없다. 고객사 입장에서 그렇게 트러블을 일으킨 헤드헌터와 후보자에 대해 곱게 보지 않는다. 그리고 그 후에 그 헤드헌터는 고객사를 잃었다. 그 고객사에서는 그렇게 룰을 어기는 헤드헌터에게는 다시는 오더를 주지 않았다. 사소한 욕심 때문에 고객사를 잃은 케이스다.

후보자도 안타깝다. 잘못된 헤드헌터의 유혹에 휘둘려 면접에서 감점 요소가 된 사례다.

반대로 필자는 그 후로도 그 고객사에서 계속 오더를 받고 업무를 계속 진행했다. 면접을 하나 놓치긴 했지만 그 후로도 계속 그 고객사와 업무를 하며 합격자를 배출할 수 있었다.

어디에나 정도正道는 있다. '정도'를 가지 않으면 오래 가기 힘들다.

이 일을 길게 보고 오랫동안 가려면 이력서를 늦게 넣은 후보자의 오너십을 뺏으려고 노력할 시간에 더 좋은 후보자를 찾기 위해 잡사이트 한번 더 뒤지는 게 훨씬 낫다.

비슷한 중복 지원과 후보자 오너십에 대한 사례를 하나 더 얘기해보겠다. A헤드헌터는 후보자 한 명을 컨택하여 전화와 이메일을 통해 자세한 설명을 하였고, 후보자는 A헤드헌터의 설명을 받아들여 고객사에 지원하기로 결심하였다. 그러나 비슷한 시기에 다른 서치펌 B헤드헌터가 후보자에게 제안 메일을 보냈다. (전화나 문자 없이 메일만 보냈다.)

후보자는 A헤드헌터를 신뢰해 A헤드헌터에게 이력서를 보내려 하였지만 실수로 B헤드헌터의 제안 메일에 답장으로 이력서를 보내고 말았다. 물론 잘못 보낸 건 나중에 깨달았다. 당연히 이력서는 B헤드헌터 쪽에서 먼저 고객사에 제출한 상태.

그러나 후보자는 본인의 실수로 B헤드헌터에게 이력서를 줬을 뿐, 먼저 친절하게 잘 설명해준 A헤드헌터를 통해 진행하겠다는 의사를 고객사 측에 명확히 얘기했고, 고객사에서도 그것을 인정하여 이력서의 도착

시간에 상관없이 후보자의 오너십은 A헤드헌터 쪽으로 인정했다.

앞서 영업이란 단순히 물건을 파는 게 아니라 구매자의 마음을 얻는 일이라고 했다. A헤드헌터가 그토록 열과 성을 다해서 후보자의 마음을 얻었으니, 그냥 메일만 보내고 말았던 B헤드헌터가 이력서는 먼저 보냈지만 후보자의 오너십은 A헤드헌터가 갖게 된 사건이다.

❽ 이중 취업

직업상담원은 이중 취업이 금지되어 있는 업종이다.

이유는 채용을 진행하다 보면 회사 내부의 대외비를 취급하게 되는 경우도 많다. 그러나 여러 곳에 소속되어 있는 상태로 일을 하다 보면 이 대외비 취급에 소홀해질 수 있고, 대외비가 불필요한 외부로 퍼질 가능성도 크기 때문이다.

따라서 헤드헌터 같은 직업 상담원도 두 군데 이상에서 업무를 봐서는 안 된다. 하지만 실제로 헤드헌터 중에서는 이중으로 일하는 경우가 종종 있다.

예를 들어 A서치펌에서는 70:30의 수수료를 받지만, B서치펌에서는 80:20의 수수료를 받는다고 가정한다. 그럼 A서치펌 소속으로 합격시킨 후보자의 계산서를 B서치펌으로 발행하는 건 꽤나 흔한 경우다. A서치펌에서는 그 헤드헌터가 제대로 업무를 보기 위해서 많은 제반 사항을 제공한다. 그런데 만약 계산서를 B서치펌에서 끊는다면 A서치펌은 그 제반 사항을 제공한 비용만 날리게 되는 것이다.

실제로 이것은 서치펌을 옮길 때도 많이 발생한다.

헤드헌터는 채용이 이루어진다고 해서 바로 수수료 입금이 되는 일이 아니다. 일반적으로 채용이 되면 후보자가 기존 재직사에서 퇴사를 해야 한다. 그리고 새 회사에 다시 입사를 하고, 계산서를 끊고, 입금되는 그 순간까지 보통 2달 정도는 걸린다. 그 두 달 사이에 헤드헌터가 서치펌을 옮기게 되었다. 이때 이 헤드헌터는 옛 서치펌에서 계산서를 끊어야 할까, 아니면 새 서치펌에서 계산서를 끊어야 할까?

원칙적으로는 옛 서치펌에서 끊는 게 맞다. 그가 업무를 본 것은 옛 서치펌에서 제공한 것들을 바탕으로 석세스를 했기 때문이다. 그러나 실제로는 새 서치펌으로 몰래 계산서를 끊는 경우는 예상외로 많다.

조금 다른 사례 하나를 들겠다.

A서치펌에는 B헤드헌터가 직업 상담원으로 활동 중이었다. 그러다가 B헤드헌터는 서치펌에 70:30으로 수수료가 분배되는 것에 불만을 품고 새로 서치펌 하나를 몰래 개설한 후, 합격한 후보자의 계산서를 새로 만든 서치펌으로 끊기 시작했다. 즉, 기존 서치펌 회사에 30%를 안 주고, 새 서치펌에 입금된 수수료를 100% 모두 취하기 위해서였다.

이 부분은 법적으로 문제가 크다. 앞서 말한 헤드헌터는 이중 취업이 안 되는 업종인데, 이렇게 되면 두 개의 서치펌에서 근무를 한 것이 되며, 당연히 A서치펌으로 귀속되어야 할 매출을 따로 횡령한 게 되는 셈이다. 절대로 해서는 안 되는 일을 하는 사람이 의외로 많다. 이 경우는 당연히 소송이 진행된다.

헤드헌터 이모저모

❶ 추가 업무 - 레퍼런스 체크 (평판조회Reference check)

평판조회는 앞서 설명한 대로 후보자에 대한 업무적·인간적 평가에 대한 조사이다.

이러한 평가를 해줄 수 있는 후보자의 주변 인물을 레퍼리referee라고 부르며, 주로 대상자와 함께 업무를 했던 직장 동료, 직장 선후배가 이에 속하는 경우가 많다. 조사자는 이런 레퍼리에게 여러 가지 질문을 통해서 내용을 확인한다.

보통은 전화나 직접 대면으로 확인한 사항을 바탕으로 평판조회 보고서를 작성한다.

보통 평판조회 보고서에는 조사해야 할 항목들이 대략 5~8가지 정도가 나열되어 있다.

가장 일반적으로 많이 나오는 항목들은 '업무 능력', '대인관계, '리더십', '윤리의식', '퇴직 사유' 등이며 이들 항목은 빠지지 않고 나오는 편이다. 즉, 평판조회 조사자는 레퍼리에게 이러한 항목들을 물어가며 조사하고, 그 조사한 내용을 평판조회 보고서에 작성한 후 고객사에 제출하는 프로세스인 것이다.

평판조회는 전문적으로 평판조회를 해주는 업체를 활용하는 경우도 있고, 아니면 헤드헌터에게 의뢰하는 경우도 있다.

일반적으로 현재 진행하는 포지션에 헤드헌터가 직접 후보자를 추천해준 경우, 그때 고객사가 헤드헌터에게 추천해준 후보자의 평판조회를 요청하는 경우가 있다. 보통 이 경우는 고객사도 무료로 해주길 바라고, 실제로 무료로 해주는 경우도 많다. 평판조사 비용이 채용 수수료에 묻어 있는 것으로 인식된다고 보면 맞다.

조금 큰 기업의 경우는 후보자를 추천해준 헤드헌터에게 평판조회를 맡기지 않는다. 이유는 아무래도 헤드헌터 본인이 추천한 후보자이다 보니 팔은 안으로 굽는다고, 자기가 추천한 후보자를 조사하는 것은 객관적이지 못하다는 생각 때문이다. 따라서 대기업에서는 어차피 여러 헤드헌터를 사용 중이므로 서로 다른 헤드헌터에게 크로스해서 상대 후보자의 평판조회를 의뢰하고는 한다.

평판조회 비용의 경우는 업체나 헤드헌터마다 다르게 책정되어 있어서 말하기가 어렵다. 다만 초창기 헤드헌팅 시장에서는 임원 후보자의 평판조회비를 레퍼리 3인 조사 기준 약 200~300만 원씩 잡기도 했으나, 실제로는 그에 못 미치는 게 일반적이다.

또한 평판조회가 공개냐 비공개(블라인드)냐, 레퍼리를 몇 명이나 하느냐 또는 후보자의 직급이 임원이냐 과·차장급이냐 등에 따라서도 많이 달라지는 부분이다.

필자도 평판조회를 참 많이 해봤는데, 공개 평판조회 레퍼리 한 명당 10~15만 원 정도 받곤 했다. 보통 한 후보자에 대해 레퍼리를 3~5명 정도 하므로 후보자 한 명당 30~70만 원 정도 받았다고 보면 된다. 필자는 주로 대리, 과장, 차장급을 많이 해봤다.

헤드헌터를 하다 보면 평판조회를 하게 되는 경우도 있지만 전혀 하지 않는 경우도 많다. 그만큼 평판조회는 아주 대중적인 것은 아니다.

평판조회의 경우는 공개 평판조회일 경우, 후보자가 직접 자기를 설명해줄 레퍼리를 지정하므로 그 객관성에 의심이 갈 수 있다. 아무래도 자기에게 좋은 말을 해줄 수 있는 사람만 골라서 레퍼리로 지정할 테니 말이다.

그렇다고 비공개 평판조회를 한다고 해서 항상 믿을 수 있는 건 아니다. 비공개로 확인한 레퍼리가 하필 후보자와 너무 친하다든지 또는 너무 사이가 안 좋다 싶을 경우에는 정확하지 않은 평판조회 결과가 나올 수도 있기 때문이다.

어쨌든 평판조회는 사람이 하는 일이고 레퍼리도 사람이다. 사람이 하는 일에는 절대치가 존재하지 않고, 어떤 변수가 있을지 알 수 없는 것이다. 따라서 평판조회는 참고 자료일 뿐 절대적으로 신뢰하는 것은 곤란하다.

▸▸ 평판조회 시 유의사항

① 고객사에서 후보자의 평판조회를 의뢰하는 것은 단순히 레퍼리의 말을 '옮겨 적기'만 하려는 것이 아니다. 그런 평판조회 안에 헤드헌터의 경험에서 우러난 생각들이 조금씩 묻어있어야 한다. 단순히 옮기기만 하기보다 그 평판조회에 대한 헤드헌터의 생각과 판단이 적절히 조화가 되어 있어야 좋은 평판조회가 된다.

② 평판조회는 공식문서로 남기며, 윗분(최고 경영자급)에게 보고가 되는 경우가 많다.
따라서 사용하는 어휘에도 매우 유념해야 한다. 예전에 필자는 평판조회 문서에 '유도리 있게'라는 말을 썼다가 매우 혼난 적(^^;)이 있다. '융통성 있게' 등으로 바꿔 써야 한다.

③ 평판조회를 진행하기 매우 어려울 경우가 종종 있다. 예를 들어 후보자가 현재 재직 중일 경우, 동료들에게 이직 의사를 들키기 부담스러운 경우가 있다. 특히 아직 이직이 없이 한 회사만 다녔던 후보자의 경우는 더욱더 그러하다. 아직 합격이 확정된 것도, 오퍼 레터를 받은 것도 아닌 상태에서 괜히 현재 다니는 회사에다가 이직 의사만 밝히게 되면 매우 낭패스러울 수 있기 때문이다. 이럴 경우는 같이 근무하다가 이미 퇴직한 동료, 선배, 후배를 레퍼리로 활용하고는 한다. 아무래도 현재 재직 중인 동료보다는 낫기 때문이다.

❷ 헤드헌터의 대외적인 이미지

한번은 필자의 대학동창에게 전화를 한 적이 있었다. 그런데 20년도 넘게 알고 지내던 동창이 필자를 약간 경계하는 듯한 느낌을 받은 적이 있다. 이유는, 혹시나 필자가 그 동창에게 자신이 다니는 회사의 오더를 달라고 영업을 하지 않을까 생각했던 모양이다. 기본적으로 영업이 필요한 직업의 경우는 분명 그렇게 생각들 하기도 하고, 실제로 그렇게 영업을 하는 헤드헌터도 분명히 존재한다.

그러나 헤드헌터의 영업은 보험 영업, 자동차 영업 등과는 조금 다르다. 왜냐하면 헤드헌터는 오히려 잊고 지내던 친구에게서 연락 받는 경우도 종종 있기 때문이다. 그렇게 잊고 지내던 친구들이 연락을 주는 것은 크게 둘 중에 하나다.

"야, 너 헤드헌터 한다며? 혹시 이런 사람도 찾아줄 수 있냐?" (오더를 주겠다는 경우다.)

"○○야 혹시, 나 옮길 만한 회사 좀 있냐?" (자기 이직 자리 알아봐달라는 경우다.)

내 주변 지인이 헤드헌터를 하고 있는 것에 대해 경계한다기보다는 헤드헌터가 필요할 때 부탁해야지 정도로 인식되는 경우가 더 많다. 그것은 마치 자기 주변에 컴퓨터에 대해서 좀 아는 사람, 자동차에 대해서 좀 아는 사람, 법에 대해서 좀 아는 사람을 한 명 정도 두고 싶은 것처럼 취업(인재채용)에 대해 아는 사람 한 명 정도 두고 싶은 경우라고 볼 수 있다.

그러므로 헤드헌터에 대한 대외적인 이미지는 나쁘지 않다. 어디 가서 당당하게 명함을 내밀어도 되는 직업이다.

❸ 헤드헌터의 어두운 면 - 뒷거래

필자의 친구 중에 건설업 쪽에서 일하는 친구가 있다. 한번은 그 친구랑 술을 먹다가 자기 부수입 관련된 얘기를 한 적이 있다. 그 친구는 연봉도 한참 높은 친구였는데, 연봉 이외에 자잘하게 생기는 뒷돈들이 꽤 있다고 했다. 대충 따져보면 월 평균 50만 원 정도는 된다고 했다.

응? 헤드헌터 얘기하다가 왜 갑자기 뒷돈 얘기를 하지?

이 부분은 헤드헌터의 다소 어두운 면이 될 수도 있는데 이것을 꼭 써야 하나 말아야 하나를 고민했다. 하지만 좋지 않은 정보도 정보고, 눈쌀이 찌푸려지는 정보도 정보다. 그 정보는 정보대로 그대로 공개되어야 하고, 그 판단은 받아들이는 사람이 스스로 하면 된다. 이 글을 읽는 분들이 스스로 판단하길 바라며, 필자는 아는 내용을 그대로 적는다.

첫째, 고객사 담당자와의 피드백Feedback

필자는 헤드헌터를 하면서 고객사 담당자로부터 받은 수수료의 일부를 피드백Feedback해줄 것을 요구받은 적이 몇 번 있다. 그중에 앞서 건설 쪽에 할 때는 담당자가 대놓고 피드백을 요구해서 조금 당황한 적도 있었다. (건설 쪽은 그런 게 매우 흔한 일이라고 했다. 그래서 내 친구도 뒷돈이 생겼던 것이고…)

업계에서는 대놓고 알려지지 않은 불문율이라는 게 있다. 그 불문율에 따르면 피드백 액수는 거의 10% 정도라고 보면 된다.

예를 들어, 연봉 5,000만 원에 요율 15%짜리 후보자를 합격시켰다고 치자. 그럼 총 수수료는 750만 원이 되고, 만약에 담당자에게 피드백을 주게 된다면 750만 원의 10%인 75만 원을 주는 경우가 아주 드물게 있다는 소리다. 이것은 PM만 주면 된다. 어차피 고객사와의 모든 컨택은 PM이 하므로 회사(서치펌)나 코워커는 상관 없다.

정말 합격자가 나올 때마다 피드백을 줘야 하느냐? 그렇지는 않다.

참고로 필자는 수많은 합격자를 냈지만, 단 한 번도 피드백을 준 적은 없다. 고객사 담당자에게 인사 표시나 성의 표시? 그런 건 뒤에 따로 얘기하겠다.

아무튼 고객사 담당자에게 피드백을 줘야 하는 일은 거의 없다. 다만 음성적으로는 가끔 발생하는 것으로 알고는 있다.

둘째, 30만 원과 1시간

이 내용은 필자가 어디서 들은 내용이며, 허위일 수도 있음을 유념하고 읽기를 바란다.

모 헤드헌터가 한번은 지방에 있는 고객사를 방문했다고 한다. 꽤 큰 기업이었다. 그리고 고객사 담당자에게 비싼 저녁식사를 대접했고 식사 자리에서 당시 돈으로 현금 30만 원을 건넸다고 한다. 그리고서 딱 한 가지를 요구했다.

채용 의뢰(오더)가 나왔을 경우 나한테 딱 1시간만 먼저 풀어달라고….
조건은 그게 전부였다.

담당자로써는 어려운 일이 아니다. 어차피 헤드헌터를 대상으로 오더는 풀어야 하는데, 특정 헤드헌터에게 딱 1시간 먼저 풀고 나머지 헤드헌터에게는 1시간 후에 푸는 건 어려운 일이 아니기 때문이다.

담당자는 30만 원을 받고 그 후로 오픈되는 모든 오더에 대해서 그 헤드헌터에게만 1시간 먼저 오픈했다. 그리고 그 헤드헌터는 그해 그 고객사에서만 억대의 매출을 올렸다고 한다.

헤드헌터의 경우는 포지션이 오픈되면 경쟁 서치펌과 시간 싸움일 경우가 많은데, 그렇게 1시간 먼저 오더를 받고 먼저 서치를 시작하게 되는 것은 아주 큰 메리트이다.

결과적으로 말하면 그 헤드헌터는 겨우(?) 30만 원 투자해서 훨씬 많은 매출을 올리는 기회를 만든 셈이다.

셋째, 후보자에게도 수수료를 받는 경우

필자가 예전에 PC방을 그만두고 헤드헌터에 입문하기 전에 수행기사* 라도 해보려고 업체(브로커)에게 문의한 적이 있었다. 그랬더니 만약에 수행기사로 채용이 될 경우 첫 번째 달 월급의 30%를 수수료로 내야 한다고 했다. 즉 월급을 250만 원 정도 받는다면 약 75만 원을 업체에 내야 하는 것이다. 이 수수료는 첫 달에 딱 한 번만 내면 된다고 했다.

이렇게 직업을 알선하고 나면 후보자도 수수료를 내야 한다고 생각하는 경우는 종종 있다. 저런 경우는 후보자도 돈을 내야 하는 경우이겠지만, 헤드헌터는 고객사에게서만 수수료를 받을 뿐 후보자에게는 수수료

* 수행기사는 기업의 대표나 임원급을 모시고 다니는 개인 운전기사를 말한다.

를 받지 않는다. 그런데 이걸 잘 모르는 후보자를 악용해서 후보자에게도 수수료를 받으려는 헤드헌터들이 종종 있다.

헤드헌터를 이용하는 후보자들은 반드시 알아야 한다. 헤드헌터는 채용 기업에게서만 수수료를 받기 때문에 후보자에게는 일절 수수료를 청구하지 않는다. 절대로 주지 않아도 된다.

넷째, 서치펌과 고객사와의 뒷거래

이 사건은 이미 신문과 뉴스 등에 실렸던 내용이다. 내용을 정리하자면 이렇다.

고객사 A가 있고, 서치펌 B가 있다. 고객사 A에서 잡포털에 공개채용도 하고, 서치펌에 오더도 풀었다. 후보자 한 명이 공개채용을 통해 고객사 A에 지원했다. 그리고 합격했다. 그럼 후보자는 정상적으로 고객사 A에 입사를 하고 포지션은 클로징이 되어야 옳다. 하지만 이 과정에서 서치펌 B와 고객사 A담당자의 뒷거래가 시작된다.

서류를 꾸미는 것이다. 후보자가 공개채용으로 진행한 게 아니라 서치펌 B를 통해서 지원한 것으로 꾸민다. 그럼 후보자는 정상적으로 입사를 하지만 고객사 A에서 서치펌 B로 수수료를 지불해야 하는 상황이 된다. 그렇게 지불된 수수료는 서치펌 B와 고객사 A의 담당자가 서로 나눠 갖는다.

이런 방식은 한두 번이 아니라 아주 여러 번 진행되어 고객사 A는 억대의 수수료를 과지급하게 되어서 큰 문제가 됐었다. 이 건은 법적으로 처벌받은 것으로 알고 있다.

비슷한 경우는 또 있다.

최근에도 모 방송사의 채용 과정에서 특정 서치펌이 개입되어 큰 문제가 된 적이 있었다.

당시 방송사에는 임원급 입사 예정자가 내정되어 있었는데, 비용 없이 채용할 수 있는 것을 특정 서치펌과 짜고서 그 서치펌을 통해 입사한 것으로 서류를 꾸며 수수료를 지불한 사례가 있다. 이건 임원급이라 연봉과 수수료가 상당히 높았던 것으로 알려졌다.

헤드헌터도 사람의 일이라 이 일을 하다 보면 수많은 변수와 수많은 유혹에 맞닥뜨리게 된다. 앞서 말한 대로 필자는 아직 그런 일에 개입해 본 적은 없지만 유혹은 가끔 있다. 가만 보면 이것도 사람 성향의 차이일 듯하다. '그래도 된다'고 생각하는 사람과 '절대 그러면 안 된다'는 사람, 그리고 '상황에 따라 그럴 수도 있다'는 사람이 존재할 뿐이다.

다만 한 가지, 이 일은 단거리가 아니라 장거리 마라톤이다. 길게 보고 멀리 가려면 어떤 처세가 좋을지는 스스로 생각해볼 문제다.

❹ 석세스 후 채용이 불발되는 사례들

앞서 필자는 최종 합격 후에 정상적으로 입사를 하지 않는 후보자의 비율이 20~30% 정도 된다고 했다. 이 숫자를 보고 깜짝 놀라는 분도 계실 것이다. 그렇게나 많다고? 필자가 그동안 합격시킨 후보자들 데이터를 다 모아서 통계를 냈더니 23.6%가 나왔다고도 했다.

그렇다면 과연 후보자가 최종 합격 이후에도 입사를 하지 않는 경우는 어떤 게 있을까?

가장 많은 경우는 중복 합격이다.

우리가 보통 낚시를 할 때도 낚싯대를 하나만 쓰는 경우도 있지만, 보통은 여러 개의 낚싯대를 쓴다. 보통의 후보자도 한 개의 회사만 트라이하는 게 아니라 여러 개의 회사를 동시에 트라이하곤 한다. 근데 좋은 후보자는 어느 회사에게나 좋은 후보자다. 여러 회사에서 모두 떨어지는 후보자가 많은 만큼 여러 개의 회사에 동시에 합격하는 사람도 꽤 많다. 동시에 합격한 후 이것저것 조건을 따지다가 가장 자기에게 적합한 회사를 고른다. 그럼 나머지 회사는 최종 합격자가 입사를 하지 않는 상황이 발생하게 되는 것이다. 이것은 헤드헌팅을 통한 채용도 마찬가지다.

그 다음으로 많은 것은 처우 관련 부분이다.

소위 말해 연봉 협상인데, 요즘은 연봉 외의 각종 복리후생 및 현금성 복지 등도 많이 고려하곤 한다. 이 숫자를 많이 고민해보고 결국 최종적으로 결정하게 되는데, 숫자가 맞지 않아서 최종 합격 후 입사를 포기하는 경우가 종종 있다. 물론 이 경우 '너무 돈만 보는 거 아냐?'라며 비아냥거릴 필요는 없다. 세상에 돈이 중요하지 않은 사람은 없고, 적당한 보수는 자기의 젊음과 능력을 투자한 것에 대한 보상이기 때문이다. 당당하게 요청하고 정 맞지 않을 경우에는 포기하는 게 맞다. 괜히 급여에 대한 불만이 가득한 채로 입사해서 얼굴 잔뜩 찌푸리고 근무하다가 몇 달 후 그만두는 것보다는 낫다.

그 외에 다양한 이유가 더 있을 수 있다.

앞서 용어 설명에서 얘기한 대로, 이직을 하려고 했더니 현재 재직 중인 회사에서 카운터 오퍼를 날려서 그 조건을 수용하고 이직을 포기한 채 그대로 주저앉는 경우도 꽤 많다.

그 외에 면접을 위해 회사를 방문해봤는데 회사 분위기가 자기랑 너무 안 맞는다던가, 새로 입사해야 할 팀에서의 역할이 자기가 너무 힘들 것 같다는 등의 이유로 입사를 고사하는 경우가 있다.

헤드헌터라면 그런 걸 모두 고려해서 잡힌 고기(최종 합격한 후보자)라고 방심하지 말고 끝까지 케어하려는 자세가 필요하다. 만약 최종 합격한 후보자가 입사하지 않게 되면 헤드헌터는 심적인 타격이 꽤 크다. 그게 한두 푼도 아니고…. 그래서 헤드헌터는 멘탈 관리도 잘해야 한다.

❺ 담당자에게 선물을 줘야 할까?

필자 지인 중에 영업만 30년 하신 분이 계시다. 그분이 언젠가 이런 말을 한 적이 있다.

"내가 영업 30년을 했지만 대한민국 남녀노소, 백두산에서 한라산까지 그 누구도 주는 거 싫어하는 사람은 없다. 주면 다 받는다. 백프로다!"

필자의 지인 중에 보험을 오래한 친구는 또 이렇게 말한다.

"보험 설계사들은 매출이 1억 생기면 그중에 3천만 원은 다 선물로 나가. 보험 가입자들한테 선물로 엄청 챙겨줘야 해. 그래야 다시 보험에 가입해주니까 어쩔 수 없어."

필자의 서치펌 소속 모 헤드헌터는 고민이 많다. 헤드헌터를 하며 자기 고객사에서 많은 석세스와 매출을 올렸는데, 과연 회사 관계자에게 인사를 해야 하나 말아야 하나를 고민 중이다. 특히 명절 전후에는 더욱더 고민스럽다.

필자도 처음에 헤드헌터를 시작할 때 그 부분이 고민스러워 선배 헤드헌터에게 물어보았다. 하지만 그 누구도 명확한 대답을 해주진 않았다. 대충 얼버무리기만 할 뿐이었다.

필자가 헤드헌터를 시작할 무렵만 해도 그런 게 있긴 있었다. 대놓고 성의를 표하진 못하지만 담당자를 모셔놓고 비싼 식사를 대접하는 경우는 종종 있었다. 예를 들어 횟집에 데려가서 수십만 원짜리 회를 대접하는 것 말이다.

물론 그 반대도 있었다. 어려운 포지션을 해결해준 헤드헌터를 불러다가 채용 수수료와는 별도로 회사 측에서 접대비 써가며 대접하는 경우도 있긴 하다.

어쨌든 평소에는 그러려니 하다가도 가장 큰 문제가 되는 것은 명절 때다. 그냥 인사만 드릴 것인지 사소한 것이라도 준비를 해야 하는 것인지….

얼마 전부터 '부정청탁 및 금품 등 수수의 금지에 관한 법률', 일명 '김영란법'이 시행되었다. 그런데 설령 김영란법이 아니라 하더라도 상호 간의 금품수수나 접대 등은 적절하지 못하다. 이것은 회사의 크기와도 관련이 있다.

회사의 규모가 큰 기업의 경우는 절대로 접대나 금품을 해서는 안 된다. 왜냐하면 큰 기업일수록 윤리강령이 강하다.

필자는 레퍼런스 체크(평판조회)를 꽤 많이 하는데 이 평판조회에 빠지지 않고 나오는 항목이 바로 윤리의식 항목이다. 업무는 청렴하게 했는지, 뒷돈 받은 건 없는지 등은 필수적으로 조사해야 하는 항목인 것이다.

헤드헌터도 생각해야 한다. 내가 잘못해서 고객사 담당자에게 금품을 줬을 경우, 그 담당자는 윤리강령을 어긴 게 되고 잘못하면 그 담당자에게는 씻을 수 없는 상처가 될 수도 있다는 것을.

반면 회사 규모가 작을 경우에는 오히려 그런 것을 내심 바라는 경우도 있다. 아직 회사 크기가 작기 때문에 회사 차원에서 윤리의식을 고취하거나 윤리강령이 따로 있지 않은 경우가 그렇다. 단, 외국계 기업의 경우는 크기에 상관없이 윤리의식이 강할 때가 많다.

한번은 필자가 고객사 인사담당자와 술자리를 가진 적이 있었다. 김영란법이 시행된 이후라 서로 조심스러울 수밖에 없었다. 그쪽 인사담당자도 그 사실을 아는지 먼저 필자를 안심시켜 줬다. 돈을 같이 내면 된다고 하면서. 그래서 1차는 필자가 내고, 2차는 인사담당자가 냈다. 그 금액은 1차나 2차나 5만 원을 넘지 않았다.

어쨌든 그렇게 윤리강령이 존재하는 큰 기업에서도 허락되는 범위가 있다. 그것은 커피 한잔 값 정도이다. 그 정도는 업무상 만나서 얘기하면서도 충분히 발생할 수 있는 금액이다. 그 정도 금액의 선물은 서로 주고받더라도 아무런 문제가 없다.

따라서 요즘은 고객사 담당자에게 뭔가 성의를 표할 때도 딱 그 정도,

커피 한 잔 값 정도 내에서 해결하는 경우가 많다. 특히 메신저에서 카톡 선물 같은 것을 할 수 있어서 그 정도 전해주는 건 흔한 일이 되어버렸다.

▸▸ 과거에는 필자도 카톡 선물 같은 것을 몇 개 준 적이 있기는 하다. 하지만 지금의 필자는 고객사 담당자에게 아무것도 주지 않는다. 심지어 명절 인사조차 따로 하지 않는다. 고객사에게는 좋은 사람 추천해주는 게 가장 크고 좋은 선물이란 걸 알기 때문이다.

❻ 못 받은 돈 받는 방법

필자는 헤드헌터 시작하고 3개월째에 첫 석세스를 냈다. 그리고 곧장 서치펌을 옮기기에 이르렀다. 아직 한번도 입금 받은 적이 없다보니 몹시 불안할 수밖에 없었다. 마침 내가 그 서치펌을 그만둔 상태니 혹시 내 돈을 못 받게 되면 어쩌지 하는 불안감이 앞섰다. 당시 연봉이 적은 코웍 합격이라 필자가 받게 될 수수료는 160만 원 정도의 비교적 적은 금액이었다. 그럼에도 불구하고 돈을 못 받을까봐 엄청 걱정했다. 다행히 퇴사 후에 수수료 입금을 정상적으로 받았다.

그 후에 서치펌을 더 옮기기도 했는데 그때마다 합격자 수수료는 모두 이상 없이 받았다. 하지만 헤드헌터를 처음 시작하는 사람은 '못 받으면 어떡하나?' 하는 불안감이 있을 수 있다.

솔직히 이런 경우는 거의 발생하지 않겠지만 그래도 혹시나 합격자 수수료를 서치펌에서 받지 못했을 경우 해결 방법은 의외로 간단하다.

그냥 지자체에 신고하면 된다. 구청에 전화를 해서 일자리정책과 담당자에게 서치펌 이름을 대고 수수료 안 줬다고 하면 된다. 수수료 안 줘가면서 구청의 행정처분을 감수할 서치펌은 없다. 어차피 줘야 할 돈이니 그냥 주고 만다. 혹시라도 당장 망하는 서치펌이 아니라면 서치펌에서 돈을 못 받을까 걱정은 하지 않아도 된다.

그렇다면 만약에 고객사가 수수료를 안 준다면 어떻게 될까?

대부분의 경우는 입금을 잘 해주지만 그럼에도 불구하고 끝끝내 입금을 안 해주는 경우도 아주 가끔 발생한다. 이 경우도 웬만하면 받아낼 수 있다.

일단 자료를 많이 모아야 한다.

고객사와 이미 계약이 되어 있는 상태라면 더 좋다. 한 번이라도 입금된 기록이 있다면 더더욱 좋다. 만약 두 가지 모두 없는 상태로 첫 거래라면 조금 어려울 수도 있다. 여러 사실관계를 모두 밝혀야 하므로 비용과 시간이 많이 소요될 수 있기 때문이다.

어쨌든 방법은 간단하게 법무사를 찾아가면 된다. 대부분의 서치펌은 최초에 법인 설립할 때 법무사를 통해서 했으므로 아는 법무사가 있기 마련이다. 그 법무사에게 각종 자료들, 메일로 주고받은 내용까지 모두 전달해준 후, 약식재판을 통해서 고객사 법인 통장에 가압류를 걸면 된다.

그럼 재판결과 판사가 가압류를 해줄 때도 있고 해주지 않을 때도 있다. 만약 해주지 않을 경우에는 부족한 자료를 보완해서 다시 재판을 청구하면 된다. 법인 통장이 가압류가 되면 거의 웬만하면 바로 입금해준다. 고객사 대표가 자기 사재를 털어서라도 바로 입금해주곤 한다. 법인 통장이 막혀서 회사 자금줄이 안 돌면 큰일이기 때문이다.

이때 못 받은(또는 늦게 받은) 수수료에 대한 법정 이자 청구도 가능하다. 법무사 비용은 몇십만 원 정도 소요되며, 이 비용은 보통 PM과 코워커, 서치펌이 자기 수수료 비율대로 나눠서 내는 경우가 많다. 따라서 후보자를 합격시키고 나면 웬만하면 수수료는 받을 수 있다. 못 받을 걱정은 잠시 접어두어도 된다.

후보자가 최종적으로 회사에 입사하기까지 무사히 진행되는 게 우선이다. 앞서 언급한 대로 석세스 후에 입사하지 않는 경우가 약 1/4정도인데 그걸 극복해내는 게 더 큰 문제다. 일단 무사히 입사를 하고 계산서를 끊으면 웬만하면 수수료는 제대로 받아낼 수 있다.

❼ 헤드헌터와 세금

헤드헌터는 프리랜서다. 그렇기 때문에 4대 보험은 적용받지 않는다.

보통 건강보험은 재산내역과 소득내역에 따라 다르게 적용되므로 지역가입자로 가입돼서 얼마씩 내야 한다. 국민연금은 처음에는 소득이 없을 것이므로 안 내다가 어느 정도 소득이 신고되고 나면 그 후부터 내야 한다. 고용보험과 산재보험은 해당되지 않는다.

헤드헌터는 1년에 한 번 소득신고를 한다. 바로 매년 5월 종합소득세 신고 때 한다.

헤드헌터의 세금은 석세스가 나서 매출이 발생하면 소득세(3.0%)와 지방소득세(0.3%)를 합쳐서 3.3%를 제외하고 나머지를 입금받는다. 바로 이 3.3%만 세금을 내는 것이고 이걸 원천세라 한다. 원천세는 헤드헌터뿐 아니라 다른 프리랜서들도 마찬가지다. 보통 총 소득금액이 적으면 그냥 5월달에 홈텍스로 스스로 신고를 하던가 아니면 지역 관할 세무서를 방문해 홈텍스를 통해 신고할 수 있다. 세무서에 가면 세무신고를 해주는 알바들이 있고 그들에게 부탁하면 쉽게 할 수 있다.

소득금액이 늘어나면 그때부터는 세무사에게 기장을 맡기는 게 낫다. 그 기준은 상황에 따라 조금 다르지만 대략 연소득 3~4천만 원 정도다. 저 정도 금액 이하면 직접 세무서를 방문해서 신고하거나 홈텍스를 통해 신고하고, 그 이상이면 세무사에게 기장을 맡기는 게 낫다.

일반적으로 서치펌은 이미 세무사에게 서치펌의 기장을 맡기고 있을 테니 필요할 경우 서치펌 대표에게 소개해달라고 하면 된다. 종합소득세 기장료는 보통 20~25만 원 정도 한다. 즉, 세무사를 통해 세금을 그 이상 줄일 수 있다면 기장을 맡기는 것이고, 그 이상 줄일 수 없다면 그냥 혼자서 신고해도 되는 것이다. 자세한 건 세무사와 상담하자.

필자가 아는 사람 중에 급여소득자로 억대 연봉자가 있다.

우리가 흔히 억대 연봉이라고 하면 "우와~ 그럼 한 달에 천만 원 가까이 버는 거야?"라고 생각하기 쉽다. 그런데 그가 받는 실수령액은 이것저것 빼고 평균 월 620만 원 정도다.

그럼 계산을 해보자.

620만 원 × 12개월 = 7,440만 원에다가 연말 소득공제를 해서 약간

더 받는다고 가정할 경우 약 7,600만 원이 통장에 찍히는 실소득이 된다.

자, 같은 경우로 헤드헌터가 1억의 매출을 올리면 실소득이 얼마나 될까?

일단 원천세 3.3%가 나가야 한다. (330만 원) 건강보험과 국민연금이 나가야 한다. 이건 재산 내역과 소득 수준에 따라 다르다. 넉넉하게 연 600만 원으로 가정하자.

종합소득세 신고를 해야 한다. 매출 1억에 대한 신고 역시 개인마다 공제 내역에 따라 다를 수 있겠으나 세무사에게 기장을 맡겼을 경우에는 약 200만 원 정도 드는 게 일반적이지 않을까 싶다.

세금 330만 원 + 건강·국민연금 600만 원 + 세금 200만 원 + 기장료 25만 원 = 1,155만 원

1억 − 1,155만 원 = 8,845만 원

실소득으로 보자면 급여소득자(7,600만 원)보다 약 1,200만 원이 더 많다.

연수입 1억	
급여소득자	프리랜서(헤드헌터)
월620만 원 × 12개월 = **7,440만 원** 연말정산 **160만 원**	원천세 **330만 원** 국민연금, 건강보험 **600만 원** 종합소득세 **200만 원**(기장료 25만 원)
실소득 **7,600만 원**	실소득 **8,845만 원**

헤드헌터는 프리랜서이고 수입이 불규칙하다는 게 큰 단점이다. 그러나 만약에 안정적인 수입만 올릴 수 있다면 이보다 좋을 수는 없다.

같은 1억을 벌어도 급여소득자와 헤드헌터는 실소득에서 차이가 크다. 저 금액은 수입이 늘어나면 늘어날수록 차이가 더 커진다.

그렇다면 2억 급여소득자와 2억 헤드헌터의 실수입을 비교하면 앞서 말한 1,200만 원 차이의 두배인 2,400만 원 차이일까?

아니다. 그때는 최소 4~5천만 원 이상 차이가 난다. 소득이 늘어나면 늘어날수록 실소득은 급여소득자에 비해 프리랜서가 우수하다.

근태도 따로 없으니 일하고 싶을 때 일하고 놀고 싶을 때 놀면 된다. 실제로 고소득 헤드헌터들을 보면 수시로 10일짜리 해외여행을 마음껏 다닌다. 누구의 눈치도 볼 필요가 없기 때문이다. 물론 그 경지까지 올라가기가 힘들다. 불규칙한 수입을 극복해내기 위해 뼈를 깎는 노력을 해야 한다.

프리랜서라는 것은 그렇게 양날의 검이다.

❽ 대기업과 중소기업

헤드헌터를 시작하시는 분들이 항상 걱정하는 게 S전자, H자동차, S텔레콤 같은 곳의 오더를 어떻게 따올 수 있을까를 고민한다. 실제로 서치펌들이 대부분 헤드헌터 채용공고를 올릴 때 '대기업 위주의 양질의 오더다'라는 점을 강조하곤 한다. 실제로 서치펌의 회사 소개서에는 자사의 레퍼런스로 각종 대기업 로고를 쓰는 걸 즐기는 서치펌도 있다.

과연 대기업이 좋을까?

먼저 대기업과 중소기업의 차이를 헤드헌터의 관점에서 얘기해 보고자 한다.

•사용 서치펌 수

대기업은 서치펌을 많이 쓰는 경우가 많다. 필자도 대기업을 진행해봤는데 많으면 20~30개씩 서치펌을 쓰기도 한다. 반면 규모가 작은 기업은 상대적으로 서치펌을 조금 쓰는 경우가 많다. 가장 많은 것은 3~5개 정도 쓰는 경우이고, 딱 1군데 서치펌과만 독점으로 하는 회사도 꽤 많다.

•후보자의 스펙 관련

보통 대형 잡포털에 등재되어 있는 인재의 수는 보통 80~100만 명 정도 된다. 필자가 들은 정보에 의하면 모 대기업의 인재풀에 등록되어 있는 인재는 약 50만 명이라고 들었다. (들은 얘기이므로 정확하지 않을 수 있는 숫자다.)

인재풀이란 후보자들이 직접 자기가 그 회사에 가고 싶다며 회사에서 제공하는 양식에 맞춰 본인의 이력서를 등록하는 것을 말한다. 마치 잡포털에 이력서를 등록하는 것처럼 특정 회사의 인재풀에 이력서를 등록하는 것이다. 그렇게 그 대기업에 들어가고 싶다며 자기의 이력서를 등록한 인재의 수만 50만 명이라는 소리다. 웬만한 대형 잡포털 못지 않게 많은 숫자다.

그럼에도 불구하고 그 대기업은 헤드헌터를 많이 이용한다. 그렇게 많은 인재풀이 있음에도 불구하고 굳이 헤드헌터에게 의뢰하는 이유는 무얼까?

우리가 흔히 사람을 채용할 때는 학력에 제한을 둔다. 예를 들어 고졸/2년제/4년제 식으로 제한을 둔다. 이런 제한을 두는 것 자체는 법적으로 문제가 없다. 단, 그 학교의 레벨을 구분 지으면 그것은 학력 차별로 문제가 된다. 예를 들어 일류대는 되지만 지방대는 안된다는 식으로 차별을 하면 법적인 처벌을 받는다는 뜻이다.

자, 그렇다면 정말 기업들은 인재를 채용할 때 4년제 졸업만 하면 차별 없이 채용을 하는가? 정말 그런가?

아무리 블라인드 채용이니 뭐니 떠들어도 현실은 분명히 스펙에 대한 구분을 한다.

일반적으로 대기업 채용은 웬만하면 스펙을 구분한다. 반면 중소기업 중에서는 스펙을 구분하는 경우는 거의 없다. 고졸도 가능한 기업도 많다.

솔직히 필자는 이게 잘못되었다고 보지는 않는다. 큰 기업일수록 워낙 가고 싶어하는 사람이 많다. 그 수많은 지원자를 모두 전형에 포함을 시킨다면 아마 업무 자체가 마비될 것이다. 앞서 대기업 인재풀에 50만 명이 있다고 했다. 그 50만 명을 모두 블라인드로 전형하는 게 가능할까?

그 많은 사람들을 모두 전형할 수 없기에 최소한의 필터링을 한다. 이건 어쩌면 당연할 수도 있다. 헤드헌터를 통한 채용의 경우는 그게 조금 더 심하다. 아무래도 비용을 들여서 채용하는 것이다 보니 일반 채용보다 더 심하다.

결론적으로 헤드헌터가 대기업을 진행한다면 후보자의 스펙에 신경을 많이 써야 하고, 작은 기업을 진행한다면 스펙보다는 경력에 초점을 맞춰도 된다는 게 일반적이다. 물론 그렇지 않은 경우도 있긴 하다. 드물뿐이다.

• 수수료율

일반적으로 대기업은 작은 기업에 비해 수수료가 높은 편이다.

초창기 헤드헌터는 연봉의 40~50%에 달할 정도의 수수료율이 기본이었지만 현재는 많이 하향 평준화가 되었다. 지금 가장 많은 수수료율 구간은 15~25%이다. 대기업의 경우는 웬만하면 이 구간 안에 들어가 있고, 작은 기업의 경우는 12~20% 정도가 보통이다. 헤드헌팅 업계에서는 15%를 마지노선으로 지키려는 의도가 많다. 실제로 15% 미만의 수수료로는 서치펌 운영이 쉽지 않다.

그런데 최근 경향이 직급과 연봉이 높은 포지션보다는 직급과 연봉이 낮은 포지션에 더 집중되는 경향이 크다. 관리능력이 필요한 관리직 채용보다는 바로 업무를 볼 수 있는 실무급 대리·과장 채용이 더 선호된다. 따라서 전반적으로 수수료율과 연봉이 낮아지는 추세라 한 번 채용에 따른 수수료 총액은 꽤 낮아지고 있다. (이 부분에 대해서는 뒤에 나오는 '헤드헌터 통계' 쪽에서 다시 한 번 거론하겠다.)

• 이력서 받기

큰 기업과 작은 기업의 차이는 이력서 받기에서 또 다르다.

큰 기업은 기업 이름 자체가 브랜드다. 이름만 대면 누구나 다 안다. 회사 소개도 필요 없다. S전자, H자동차, S텔레콤 같은 기업을 진행하면서 후보자에게 회사 설명을 장황하게 늘어놓지는 않는다. 말하지 않아도 알기 때문이다. 물론 부서에 대한 속사정이나 채용 배경 같은 걸 설명할 순 있지만 회사 소개 자체를 거하게 하진 않는다. 할 필요도 없고. 이런 기업은 이력서 받기가 쉽다. 후보자에게 회사 이름만 얘기해도 바로 지원하겠다고 하는 경우가 많기 때문이다.

반면 작은 기업은 다르다. 회사에 대해 충분히 설명을 해줘야 하고, 이력서도 좀처럼 주지 않는다. 물론 작은 기업 중에는 알짜기업도 있다. 규모만 작을 뿐 급여나 복리후생, 회사의 성장과 미래도 훌륭한 기업이 많다. 문제는 그런 것도 후보자에게 일일이 다 설명을 해줘야 한다는 것이고, 다 설명해줬음에도 불구하고 이력서 받기가 어려울 때가 있다.

어쩌겠는가, 큰 기업은 너도나도 가려고 애쓰고, 작은 기업은 어떤 기업인지 많이들 살펴보게 되는 것을….

•큰 기업을 택할 것이냐 작은 기업을 택할 것이냐

필자가 학창시절 즐겨본 만화 중에는 『슬램덩크』라는 일본 만화가 있다. 아마 이 만화를 보면서 감동받은 분은 참 많을 것이다.

만화 내용 중 전국대회 2차전 북산vs산왕공고의 경기에 보면 이런 장면이 나온다. 주인공 강백호와 송태섭이 작전을 짠다. 경기가 시작되자마자 송태섭이 높은 패스를 주고 강백호는 공중에서 그걸 잡아 그대로 골대에 내리꽂는다. 앨리웁에서 이어지는 슬램덩크.

관중들은 우뢰와 같은 함성을 지른다.

바로 그때, 산왕의 주장인 이명헌은 잽싸게 공을 드리블해서 곧바로 레이업슛을 성공시킨다. 그리고서 바로 촌철살인 같은 한마디를 한다

"같은 2점이다."

강백호가 그 멋진 앨리웁 덩크슛을 성공시켰는데, 그것과 이명헌이 실행한 평범한 레이업슛은 같은 2점이다. 관중들이 열광하는 정도, 흥분시키는 정도는 다를 수 있으나 어쨌든 스코어보드에는 같은 2점이 새겨진다.

헤드헌터 업무가 딱 그렇다.

대기업에 후보자 한 명을 합격시켰다고 치자. 이건 바로 슬램덩크다. 대기업에서는 일반적으로 수많은 서치펌을 쓰고 있고, 스펙도 많이 보는 편이다. 수많은 후보자를 필터링하고 이력서를 받아서 그 수많은 경쟁 서치펌을 제치고 간신히 한 명 합격시킨 것이다. 매우 어려운 과정이다.

반면에 작은 기업은 상대적으로 경쟁 서치펌 숫자가 적다. 스펙도 안 보는 편이다. 두세 명의 후보자를 서치해서 이력서를 넣고, 그 두세 명 중에 한 명이 합격한다. 물론 쉬운 합격은 없다. 대기업에 비해 상대적으로 쉬울 뿐이다. 이건 레이업슛이다.

그러나 대기업 합격과 작은 기업 합격은 같은 2점이다.

대기업에 합격시켰다면 그 어려운 난관과 경쟁자를 뚫고 합격시켰다는 긍지와 자부심이 있을 뿐 (마치 그 어려운 슬램덩크를 해낸 것처럼), 실제로 점수 올리기에는 레이업슛이 더 편하고 좋을 수 있다.

물론 대기업 위주로 진행하여 고소득을 올리는 헤드헌터는 많다. 하지만 작은 기업을 상대로 고소득을 올리는 헤드헌터가 훨씬 더 많다. 비교할 수 없을 정도로 압도적으로 후자가 많다. 앞서 몇 차례 설명한 원 샷 원 킬이라던가, 빨대 꽂는 기업 사례는 다 작은 기업들 얘기다.

큰 기업, 오더 많이 나오는 기업, 이력서 받기 편한 기업… 다 좋다. 하지만 정말 헤드헌터의 수입과 연관되는 것이 무엇인지를 깨달아야 한다.

정말 괄목할 만큼 고소득을 올리는 헤드헌터는 적당히 작은 기업 소수와 거래하면서 혼자 단독으로 오더 받아가면서 그 회사의 거의 모든 채용을 혼자 독점하는 헤드헌터다. 이런 헤드헌터들이 남들과 비교할 수 없을 만큼 많은 소득을 올린다. 계속 레이업슛으로만 쉴 새 없이 득점을 올린다고 보면 된다. 한 경기에서 앨리웁 덩크슛은 몇 번 안 나오지만 레이업슛은 아주 많이 나오기 때문이다.

❾ 헤드헌터와 통계 (각종 숫자들)

필자는 대학에서 통계를 전공했다.

필자가 졸업할 때만 해도 통계를 전공해서는 먹고 살게 별로 없었다. 정말 운이 좋아야 은행에 취업하거나 통계청에 취업하곤 했다. 그래서 보통은 컴퓨터 프로그래밍 쪽을 배워서 취업하곤 했다.

하지만 세월이 흘렀고, 지금은 빅데이터 시대가 왔다. 너도나도 빅데이터 경력자 또는 통계 전공자를 찾기에 여념이 없다. 20여 년만에 세상이 바뀌었다. 통계가 너무나 중요한 전공이 되었다.

그렇다면 헤드헌터 관련된 통계에는 어떤 것이 있을 것인가?

헤드헌팅 사업도 계속 바뀌고 진화하는 사업이다. 예전 데이터와 최근 데이터는 다를 수 있고, 회사에 따라, 헤드헌터에 따라 다를 수도 있다.

어쨌든 필자가 가지고 있는, 필자가 알고 있는 몇 가지 통계를 소개하고자 한다.

① 오더의 양

회사마다, 헤드헌터마다 다를 수 있겠으나 보통 서치펌당 받아오는 오더의 양은 대략 1개월 동안 인원수 × 4개 정도이다.

10명짜리 서치펌은 보통 월 40개 정도, 20명은 80개, 30명은 120개 정도의 오더가 나온단 소리다.

물론 오더를 많이 받는 서치펌은 40명으로도 월 300개씩 받는 서치펌이 있기도 하다. 하지만 이건 통계고 평균이다. 평균으로 보자면 보통 서치펌 인원수 × 4개, 많으면 × 5개 정도의 오더를 받는다.

② 오더 대비 입사자

이것도 굉장히 다양할 수 있다. 대기업처럼 경쟁 서치펌이 많은 경우가 있겠고, 작은 기업처럼 독점으로 하는 경우도 있을 것이다. 그에 따라 합격률은 매우 달라질 수도 있다.

그럼에도 굳이 평균을 내자면 보통 오더 8~10개당 1명 정도의 석세스가 난다. 이 경우를 대입해보자면 10명 서치펌은 월 4~5개 정도, 20명 서치펌은 월 8~10개 정도 석세스가 난다고 보면 된다.

③ 서류 합격률, 면접 합격률

이것 역시 큰 기업이냐 작은 기업이냐, 어떤 포지션이냐에 따라 천차만별로 달라질 수 있다. 굳이 따지자면 대략적으로 서류에서 떨어질 확률은 70% 이상이다. 서류 합격자가 면접에서 떨어질 확률도 대략 70% 이상이다. 따라서 대략적으로 1명의 석세스가 나오기까지 필요한 서류(후보자 이력서)는 약 20~25장 정도다.

후보자 한 명을 합격시키기 위해서 얼마나 많은 서치를 하고, 얼마나 많은 후보자 이력서를 받고, 얼마나 많은 서류전형과 면접전형을 거쳐야 할지를 생각해보라.

④ 석세스 후 깨지는 확률

이건 앞서 얘기했다. 석세스 후에 최종적으로 입사하지 않을 확률은 카운터 오퍼 포함해서 약 20~30% 정도였고, 필자가 가진 통계는 23.6%이다. 그냥 4명 중에 1명은 합격 후에도 입사하지 않는다고 보면 된다.

⑤ 그 외 실패 확률

전체 지원자의 10%는 좀 이상한 이유로 전형 진행이 안 되는 경우다. 입사지원을 했다가 중도 포기한 경우, 회사 측 사정으로 포지션 자체가 홀딩되어 전형이 진행 안되는 경우, 중복 지원한 경우 등이 이에 포함된다. 중복 지원은 후보자가 공개채용에도 지원하고 헤드헌터에게도 지원한 경우, 또는 두 명 이상의 헤드헌터에게 모두 이력서를 전달해준 경우 등이 있다.

위의 ①~⑤까지의 얘기를 정리하자면,

고객사에 이력서를 100통 넣었다고 가정하면

70명 정도는 서류에서 탈락하고,

16명 정도는 면접에서 탈락하고,
9명 정도는 중복 지원/포지션 홀딩/지원 포기 등으로 전형이 중지되고,
4명 정도가 최종 합격한 후에 입사를 하고,
1명 정도는 최종 합격한 후에 입사를 포기한다.

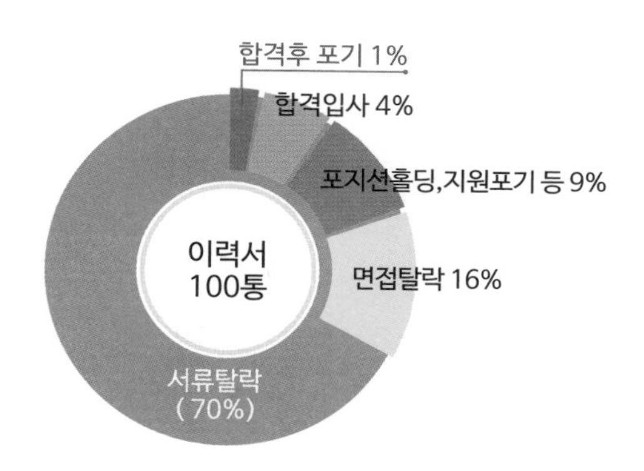

⑥ 첫 번째 석세스까지의 소요 기간

필자가 아는 사람 중에서는 헤드헌터를 처음 시작하고 첫 1주일 안에 석세스 2개를 낸 헤드헌터도 있다. 그와 반대로 헤드헌터 시작하고 1년간 석세스를 못 낸 헤드헌터도 있다.

개개인마다 편차가 매우 심한 경우이긴 하지만 대략적인 평균은 헤드헌터 시작하고 약 3개월 정도 됐을 때 첫 석세스가 난다. 필자도 3개월 걸렸다.

⑦ 헤드헌터 1명이 합격시키는 수

이 숫자 역시 서치펌마다 통계가 다를 수 있다. 모 서치펌의 2011년

통계에 보면 헤드헌터 1인이 합격시킨 숫자 평균은 약 7.0이었다. (앞서 얘기한 것처럼 단독 합격이 1.0, 코웍 합격은 0.5이다.)

이 7.0이라는 숫자는 단독으로 7명 넣던가, 코웍으로 14명 넣던가, 아니면 단독 4명(4.0) + 코웍 6명(3.0) 뭐 이런 식으로 숫자를 더해서 총 7.0이란 얘기다. 그러나 최근에는 헤드헌터 입문자가 많아지고 경쟁이 치열해지면서 평균이 많이 줄어들었다. 지금은 현실적으로 평균 4.0~5.0 정도로 보는 게 맞을 듯하다.

⑧ 수수료 평균

과거에는 수수료 평균이 약 900만 원 정도였다. 한 명의 후보자를 합격시키면 고객사로부터 평균 900만 원을 받았다는 소리다. 이 숫자는 날이 갈수록 줄어들고 있다. 4~5년 전만 해도 800만 원대 초반이었고, 현재는 700만 원대도 위태위태하다.

과거에는 임원급이나 부장급 채용도 매우 많았는데 지금은 거의 실무자급, 대리·과장급 채용이 주를 이룬다. 상대적으로 연봉이 낮고, 연봉이 낮으면 수수료율도 적다.

가장 많은 채용은 연봉 4,500만 원에 수수료율 15% 정도가 제일 많은데 4,500 × 15% = 675만 원이다. 이렇듯 실무자급 채용이 늘다 보니 한 명을 합격시키고 받는 수수료의 평균은 앞으로 줄어들 것으로 예상된다.

⑨ 헤드헌터 수, 서치펌 수, 매출액

정확한 통계가 없다. 예전에 나온 바로는 헤드헌터 1만 명, 서치펌 수 1천5백 개, 총 매출액 3천억이라고 나온 적이 있는데, 이것도 오래전 자료다.

지금은 대략 헤드헌터 1만5천 명, 서치펌 수 2천 개 정도가 아닐까 싶다. 매출액은 알 수 없다.

⑩ '을'도 '갑'을 선택한다

사회생활하면서 가끔 누가 갑이고 누가 을인지 헷갈릴 때가 있다.

구분은 의외로 간단하다. 돈을 주는 게 '갑'이고 돈을 받는 게 '을'이다. 보통 고객사와 거래를 할 때, 서치펌이 고객사로부터 돈을 받는다. 따라서 고객사는 '갑', 서치펌은 '을'이다.

그럼 헤드헌터와 서치펌은 어떨까?

흔히 서치펌이 '갑'이고 헤드헌터가 '을'이라고 생각한다. 하지만 이건 잘못 생각한 것이다. 헤드헌터와 서치펌과의 관계는 헤드헌터가 '갑'이고 서치펌이 '을'이다.

고객사의 수수료는 서치펌으로 입금된 후 다시 헤드헌터에게 전달된다. 따라서 돈의 흐름이 서치펌에서 헤드헌터로 온다고 해서 서치펌이 '갑', 헤드헌터가 '을'로 생각할 수도 있다. 하지만 그런 매출을 올려주는 주체는 바로 헤드헌터다. 게다가 서치펌은 헤드헌터에게 월급도 주지 않는다. 헤드헌터가 없으면 서치펌 매출은 발생하지 않는다. 비록 돈의 흐름은 서치펌에서 헤드헌터로 가지만 실제로 그 돈이 생기게 된 과정을 보자면 헤드헌터가 매출을 일으키고, 그중에 헤드헌터 몫의 30%를 서치펌에 쉐어해 주는 방식이 맞다. 따라서 굳이 헤드헌터와 서치펌과의 갑을을 결정하자면 헤드헌터가 '갑', 서치펌이 '을'이다.

고로 헤드헌터는 서치펌에 대해서 좀 더 목소리를 키워도 된다.

경험해보면 알겠지만 서치펌 대표들은 소속 헤드헌터들이 그만두는 것에 대해 매우 민감하고 어려워한다. 돈을 벌어다주는 '갑'이 그만둔다니 '을'의 입장에선 초조할 수밖에 없는 것이다.

따라서 헤드헌터들은 서치펌에게 요구할 건 당당하게 요구하고 불합리한 건 따져도 된다. 불합리한 걸 따졌음에도 불구하고 개선될 가능성이 보이지 않는다면 그때는 그 서치펌을 나와서 딴 서치펌으로 이직하면 된다. 급여가 없는 만큼 이직도 자유로운 편이다.

보통 세상은 '갑'이 '을'을 선택하는 방식으로 진행되어 왔다. 아무래도 돈을 주는 사람이 돈을 받게 될 사람을 선택하는 게 이치상 맞다. 때문에 갑(헤드헌터)이 을(서치펌)을 선택하는 것이다.

하지만 세상은 그보다 조금 더 복잡하다. 때로는 '을'도 '갑'을 선택한다.

• 수수료 백 퍼센트 환불

처음 거래하는 대기업 계열사가 있었다. 후보자를 합격시키고 계약을 할 때가 되었다. 계약서 작성은 이상 없이 되었는데 고객사 측에서 갑자기 이상한 조건을 하나 내세웠다.

그것은 바로 보증기간 내 퇴사 시 '수수료 백 퍼센트 환불'이었다.

보통 계약의 경우, 보증기간 내에 퇴사 시에는 리플레이스를 한다. 리플레이스가 불발되었을 경우에는 그동안 일한 날짜를 제외한 나머지 날에 대해서 일할 계산하여 환불한다. 만약 보증기간이 3개월이고 후보자가 2개월만 일하고 퇴사했을 경우 리플레이스를 실시하고, 만약 리플레이스가 불발될 경우 나머지 1개월 치에 해당하는 수수료만 환불해준다는 뜻이다.

그런데 고객사에서 내세운 조건은 '수수료 백 퍼센트 환불'이었다.

이때 필자는 매우 화를 냈던 기억이 있다.

자, 헤드헌터가 후보자를 컨택하였고, 후보자가 헤드헌터에게 이력서를 제출했다. 헤드헌터는 고객사에 그 이력서를 제출했다. 고객사는 이 후보자를 면접 보고 최종 합격시켰다. 연봉과 입사일 협의를 하고 정상적으로 고객사에 입사를 했다. 그리고 그 후보자는 보증기간 3개월을 채우지 않고 2개월만에 퇴사를 했다.

이 후보자의 퇴사는 누구의 책임인가?

① 너 왜 나왔어? ························ 후보자의 책임
② 왜 퇴사할 사람을 추천했어? ·········· 헤드헌터의 책임
③ 왜 사람이 나가도록 만들었어? ········ 회사의 책임

특별한 이상이 없다면 이 경우는 ③번 문제일 확률이 90% 이상이다.

그 회사가 좋아서 지원을 하고, 성실히 면접에 임하고, 연봉과 입사일에 수긍을 한 후보자다. 제때 출근해서 열심히 일하려던 후보자가 돌연

퇴사를 했다. 이게 과연 최초에 그 후보자를 '추천만' 해준 헤드헌터의 100% 책임인가?

헤드헌터는 인재를 추천만 해줄 뿐 채용에 관여하지 않는다. 면접은 고객사가 직접 보고 판단도 고객사가 직접 내린다. 그럼에도 불구하고 수수료 백 퍼센트 환불이란 것은 그 어디에도 고객사 측의 책임은 1도 없다는 소리다. 필자가 분개했던 이유는 그 때문이었다.

우리는 사회적으로 '갑질'이란 얘기를 많이 한다. 바로 이것이 전형적인 갑질의 예다.

고객사에서 후보자의 서류를 통과시켰고, 후보자를 직접 면접봤으며, 직접 면접 통과까지 시켰다. 연봉과 입사일도 직접 협의하였고, 후보자 출근 이후 직접 일을 시켰다. 고객사가 관여한 부분은 너무나도 많다. 그런데 일이 잘못될 경우 모든 책임은 최초에 후보자를 추천한 헤드헌터에게 모두 돌리겠다는 거다.

이에 필자는 고객사에 거래 정지 통보를 했다. 고객사 담당자에게 대놓고 갑질하지 말라고 소리쳤다. 상종할 가치도 없는 고객사였다.

'을'도 '갑'을 선택한다. '갑'이라고 해서 무조건 '을'이 고개 숙이고 들어올 것이라는 생각은 크나큰 착각이다.

• 합격 후 수수료 깍아내리기

이 부분은 최근에 가장 많이 나오는 문제다.

수수료는 애초에 고객사와 진행하기 전에 기본적인 협의는 마치고 한다. 물론 아예 계약서를 작성하고 거래를 시작하는 경우도 있긴 하지만 대부분은 서로 협의만 해놓고 업무를 진행하는 경우가 많다.

자, 최초 업무 협의 시에는 수수료를 15%, 20%로 얘기했다고 치자. 채용이 잘 진행되어서 합격자가 발생하고 계약서 날인을 진행하려고 하는데 갑자기 고객사의 말이 바뀐다.

가장 많은 게 "예전에 딴 서치펌이랑은 10%로 진행했는데…"이다. 이 경우는 정말 간단하다. 그렇게 10%로 잘 진행해왔다면 그 서치펌이랑 계속 진행하면 된다. 그럼에도 불구하고 새로운 서치펌을 찾아서 오더를 줬다면 기존의 그 10% 서치펌과는 잘 안 된다는 뜻이다. 추천이 제대로 안 될 수도 있고, 10% 서치펌이 망했을 수도 있다. 왜냐하면 수수료 10%는 헤드헌터가 먹고살기도, 서치펌이 운영되기도 어려운 숫자다.

그래서 새로운 서치펌을 찾아서 15%, 20% 계약을 맺고 진행하면 그걸 지켜야 한다. 그럼에도 불구하고 합격하면 딴소리를 한다.

심지어 딴 서치펌이랑 7%로 했다고 얘기하는 고객사도 있었다.

필자의 경우는 최소 15%를 고수한다. 필자뿐 아니라 다수의 헤드헌터는 최소 15%를 지키려 애쓴다. 안 그러면 석세스가 나더라도 먹고살기 어렵고 좋은 사람을 추천하기도 어렵다.

그런데도 불구하고 한 번은 이런 적이 있었다.

고객사에서 이미 10%로 결제를 올려서 결제를 받았단다. 필자와 얘기를 할 때는 15%, 20%로 얘기해 놓고서 막상 계약서를 작성하려하니 이미 대표에게 10%로 결재를 받았다며 그 이상은 줄 수 없다고 한다. 만약 수수료를 10% 이상 올리려면 채용을 취소해야 한다고 한다.

채용이 취소된다면 이미 합격한 후보자는 어쩌란 말인가?

필자는 많은 고민 끝에 10%를 수용하고 후보자를 입사시켰다.

헤드헌터와 고객사의 갈등 때문에 애궂은 후보자에게 피해를 줄 수는 없었다. 헤드헌터에게는 수수료가 중요하다. 하지만 후보자에게는 자기의 경력과 인생이 달린 문제다. 나와 고객사 사이의 문제 때문에 후보자의 경력에 지장을 줄 수는 없었다.

물론 그렇게 비상식적인 회사라면 후보자에게도 안 좋을 것이다. 헤드헌터와 사전에 협의한 내용을 무시하고 막무가내로 진행하는 회사가 제대로 된 회사일 리가 없었다. 실제로 그 후보자는 연봉이 말할 수 없을 정도로 크게 깍였다. 너무하다 싶을 정도의 숫자였다. 그럼에도 불구하고 후보자는 그 회사에 대한 선호도가 높아서 입사를 선택했다. 후보자가 오래 고민하고 선택한 것이니 후보자의 선택에 헤드헌터가 끼어들기 어려웠다.

결국 그 후보자가 무사히 입사한 것만 확인하고 바로 고객사에 거래 정지 통보를 했다.

▸▸ 참고로 그 기업은 블랙리스트 기업이었다.

항상 헤드헌터에게는 15%, 20%를 그대로 수용해놓고서 막상 합격시키고 나면 대표이사에게 10%로 허가 받았다며, 10%가 아니면 채용 취소한다고 하는 기업이었다.

처음 업무를 시작할 때부터 10%를 얘기했다면 수락하는 헤드헌터는 거의 없었을 것이다. 그렇기 때문에 마지막 채용이 확정되고 나서야 수수료 10%를 얘기한다. 그렇게 해서 헤드헌터가 거래 정지를 통보하면 그 기업은 다른 헤드헌터를 컨택해서 똑같은 일을 반복한다. 헤드헌터 1만5천 명 시대이기에 가능한 일이다.

한참 잘 나가던 그 기업은 지금은 사회적인 큰 이슈 때문에 형편이 매우 어려워졌다. 왠지 '벌을 받은 것 같은' 생각을 지울 수 없다.

•밥은 누가 사나?

조금 우울한 얘기를 했는데 이번엔 좀 밝은 얘기를 해볼까 한다.

이하 얘기는 필자가 타 헤드헌터에게 들은 내용이다.

모 헤드헌터가 외국계 대기업 고객사의 포지션을 진행했다고 한다.

후보자를 합격시켜 무사히 출근했으나 아쉽게도 리플레이스가 발생했다고 한다. 헤드헌터는 열심히 서치를 해서 대체 후보자를 찾아내 합격시켰다. 그러나 그 대체 후보자도 금방 다시 퇴사를 했다고 한다.

헤드헌터는 다시 후보자를 추천하고 합격을 했으나 이번엔 입사조차 안 하고 포기했단다. 헤드헌터는 다시 후보자를 추천했고 입사까지 했으나, 다시 한 번 금방 나오더란다. 헤드헌터는 5번째 후보자까지 합격시키고 난 뒤에야 비로소 후보자는 안정적으로 정착을 했다고 한다. 한 포지션에 무려 4번 리플레이스를 한 기록적인 사례였다.

비록 여러 번 리플레이스를 하긴 했지만, 헤드헌터가 보여준 끈기와 책임감은 주목할 만했다. 그후로 고객사는 그 헤드헌터에게 포지션을 밀어주기 시작했고, 그때마다 헤드헌터는 최선을 다해 좋은 사람을 추천해주곤 했다. 믿음을 넘어 맹신盲信의 단계로 접어든 것이다.

한번은 고객사에서 신규 포지션이 오픈했다고 한다. 그래서 헤드헌터에게 포지션을 공유해줬는데 헤드헌터가 이렇게 말했다고 한다.

"그 포지션 잘 이해가 안 되는데, 와서 좀 설명해주실래요?"

보통의 갑과 을에서는 상상하기 어려운 얘기다. 보통은 갑이 을을 불러서 설명하는 경우는 종종 있다. 근데 을이 갑을 불러서 설명하라니?

고객사 인사팀에서는 그 헤드헌터를 만나서 친절하게 포지션에 대한 설명을 했다. 그리고 같이 식사를 했고, 인사팀에서 식사비를 내고 갔다.

갑과 을에서, 을의 부름에 갑이 달려와서 포지션을 설명하고 갑이 식사비를 내고 간 것이다. 헤드헌터가 고객사에게 최선을 다해서 좋은 사람을 추천해줄 때 그때는 갑과 을의 관계를 뛰어넘는 그 무엇이 될 수도 있다는 것을 보여준 사례다.

⑪ 헤드헌터의 이직

앞서 헤드헌터의 이직은 급여가 없기 때문에 비교적 자유롭다고 했다. 하지만 정말 헤드헌터의 이직을 가로막는 것은 바로 '고객사'이다.

내가 서치펌을 옮길 경우에는 당연히 옛 서치펌에서는 내가 관리하던 고객사를 다른 헤드헌터들에게 분배를 한다. 그러면 나는 어차피 새 서치펌에 가더라도 기존과 같은 고객사를 진행할 테니, 나는 서치펌을 옮기는 바람에 같은 고객사를 진행하는 (옛 서치펌 소속의) 경쟁 헤드헌터를 만들게 되는 셈이다. 또한 서치펌이 바뀌게 되면 고객사 담당자에게 일일이 서치펌 옮긴 상황을 설명해야 하는 수고로움도 있다. 이런 부분을 우려해 헤드헌터들은 이직을 망설이는 경우가 있다. 하지만 이건 꼭 그렇지만은 않다.

대부분의 고객사 인사담당자는 회사(서치펌)를 보기보다 헤드헌터를 보고 오더를 준다. 물론 대형 서치펌으로서 네임밸류가 있는 서치펌의 경우는 서치펌의 이름을 보고 거래를 하기도 한다. 하지만 대부분은 고객사와 헤드헌터 사이에는 상호 믿음으로 오더를 주곤 한다.

그 헤드헌터를 신뢰하여 오더를 주는데, 소속(서치펌)이 바뀐 건 크게 문제가 되지 않는다. 또한 그 헤드헌터가 이직한 후 옛 서치펌의 새로운 담당자(고객사를 물려받은 헤드헌터)의 연락을 받는다고 해서 바로바로 오더를 주지도 않는다.

필자는 그동안 두 차례 서치펌을 옮기면서 한 번당 약 40~50개씩 합계 90~100개 정도의 고객사를 옛 서치펌에 남겨두고 나왔다. 그 고객사들 중에 새로 바뀐 헤드헌터에게 오더를 준 경우는 딱 3개뿐이었다. 그나마 그중 2개도 이미 합격자를 배출해서 서치펌&고객사 간의 계약이 되어 있는 상태였기 때문에 오더를 준 게 2번이었고, 실제로 미계약 상태에서 오더를 준 경우는 딱 1번뿐이었다.

반대로 기존에 거래하던 고객사들과는 서치펌을 옮긴 후에도 모두 다시 오더를 받아서 원활하게 업무를 진행했다.

잊거나 착각하지는 않았으면 한다.

고객사는 헤드헌터란 '사람'을 보고 오더를 주는 경우가 대부분이다.

앞서 말한 대로 고객사에게 '좋은 헤드헌터'가 되고, '좋은 사람을 추천해 주는 헤드헌터'가 되는 게 우선이다. 그렇게만 된다면 나머지는 두려워할 게 없다.

▸▸ 이건 아직 고객사가 없거나 적은 헤드헌터들도 생각해봐야 할 문제다. 다른 헤드헌터가 퇴사를 하여 그 헤드헌터가 담당하던 고객사를 내가 분배받게 될 경우, 그 고객사가 반드시 나에게 오더를 주는 '내 고객사'가 된다는 보장은 없다. 내 고객사로 만들기 위해서는 아주 많은 '노력'이 필요하다. 거듭 반복된 얘기를 하는데, 헤드헌터에게 가장 필요한 것은 '노력'이다.

⑫ 서치펌의 고객사 분배

가끔 서치펌 홈페이지를 통해 신규 고객사의 채용 의뢰가 들어올 때가 있다. 헤드헌터가 따로 영업을 하지 않았는데도 고객사가 먼저 사람 좀 찾아달라며 연락이 오는 경우다. 보통 이럴 경우는 그 신규 고객사에 대한 오너십이 정해져 있지 않기 때문에 대부분의 경우는 서치펌 대표가 가장 적합하다고 판단되는 헤드헌터에게 분배를 해주곤 한다. 즉, 그 고객사에 대한 담당 PM으로 지정을 한다는 소리다. 물론 대표가 직접 그 고객사의 PM을 하는 경우도 있다.

필자의 사례를 한번 들어보겠다.

예전에 필자가 속해 있던 서치펌 홈페이지를 통해 모 게임사에서 채용 의뢰가 들어온 적이 있었다. 당시 필자는 현업 시절 게임 경력을 바탕으로 게임 쪽 전문 헤드헌터를 할 때여서 서치펌 대표는 당연히 필자에게 신규 고객사를 맡아서 해보라고 했다.

필자는 그때 한참을 고민한 끝에 그 게임 고객사 분배를 거절했다.

이유는, 그냥 필자의 노력이 들어가지 않는 결과물을 취하는 게 싫었다. 내가 직접 노력해서 고객사를 개척해야지 남이 주는 거 받아먹다 보면 스스로 게을러질지도 모른다는 생각에서였다. 당시 필자는 이제 막 헤드헌터로써 조금씩 자리를 잡아갈 때였고 스스로에게 매우 냉정하고 엄격했었다.

그건 그때 얘기고, 뒤늦게 생각해보면 그 당시에는 그 게임 고객사를 받는 게 맞는 것 같다고 생각한다. 고객사라는 것은 내 스스로 노력해서 더 좋은 사람을 추천해서 내 것으로 만들면 되는 것이다. 단지 회사로 왔기 때문에, 내 노력이 들어가지 않았기 때문에 무조건 거부했던 것도 썩 바람직하진 않은 것 같다.

만약 지금 헤드헌터로써 고객사를 분배받게 되는 분이 계시다면 최선의 노력을 다해서 '자기 고객사'로 만들면 된다고 말씀드리고 싶다. 어느 경로를 통해서 온 건지는 중요하지 않다.

▸▸ 그때 그 고객사는 필자 다음으로 게임 고객사에 관심이 있던 다른 헤드헌터에게 분배되었다. 포지션은 여러 개 진행하였지만 합격자는 배출하지 못한 채 흐지부지 되었던 것으로 기억한다.

⑬ 그 외 공통된 특징

이 업종을 계속 경험하다 보면 각 헤드헌터별로 몇 가지 공통된 특징들이 보인다. 아래는 모든 헤드헌터가 그런 건 아니지만 대략적으로 그렇더라는 정도로만 이해하길 바란다.

① 집안에 안정적인 소득원이 있는 헤드헌터는 헤드헌터로 성공하는 경우를 많이 보지 못했다. 여기서 안정적인 소득원이란 예를 들어 배우자가 안정적으로 많은 수입이 있는 경우를 말한다. 물론 배우자가 잘 벌어오더라도 그와 별도로 스스로 잘하는 헤드헌터도 분명히 있긴 있다. 하지만 드물다. 약간은 배가 고파야 더 집중할 수 있게 된다는 의미일 수도 있다. 이것은 비단 헤드헌터에만 해당되는 얘기는 아닐 것이다.

② 헤드헌터를 시작하기에 앞서 상당수는 투잡two job을 하고 싶다고 말한다. 아직 헤드헌터를 잘 몰라 올인하기 두렵다 보니 다른 일과 겸하고 싶어하는 경우가 종종 있다.
필자는 헤드헌터를 꽤 많이 접하는데 아직까지 투잡을 하면서 잘하는 헤드헌터는 보질 못했다. 이 일에만 몰두해도 1년에 70%가 그만두는 일인데 과연 투잡을 하면서 버틸 수 있을까?
과연 투잡으로 어떤 일을 할지는 모르겠지만 그 투잡에 투자하는 시간을 헤드헌터에 올인하면 더 많은 수입을 올릴 수 있다. 투잡에 대한 미련이 남아 있는 분은 헤드헌터를 하지 않는 게 좋을 수도 있다.

▸▸ 필자의 경우 대리운전하다가 헤드헌터를 시작하게 되었는데, 처음에 낮에는 헤드헌터, 밤에는 대리운전을 하려고 생각했다. 그러나 처음 헤드헌터 해본 날, 바로 그날 대리운전을 접었다. 만약 그때 대리운전을 놓지 않았다면 헤드헌터로써 성장하기 어려웠을 것이다.

③ 보통 헤드헌터는 6개월 먹고 살 것을 준비해놓고 시작하라고 얘기하곤 한다.

왜냐하면 당장에 후보자를 최종 합격시켰다 하더라도 바로 통장에 입금되는 일이 아니기 때문이다.

후보자는 재직 중인 회사에다 그만둔다고 얘길 해야 하고, 인수인계를 하고, 입사를 하고 계산서를 끊고 수수료가 입금될 때까지 넉넉하게 2개월씩은 기다려야 한다. 물론 1주일 안에 후다닥 번갯불에 콩 구워 먹는 경우가 가끔 발생하긴 하지만, 평균적으로는 최소 1~2개월 이상씩 걸린다.

일반적으로 헤드헌터를 처음 시작하고서 한두 달은 계속 이상한 사람만 추천하다가 약 3개월째에 첫 석세스가 나곤 한다. 그럼 약 4~5개월째 첫 번째 입금을 받게 되는 경우가 많다.

물론 이것도 평균이 그런 것이고, 빠른 사람은 한 달만에 석세스+입금을 받는 경우도 있고, 늦는 사람은 6개월 이상 석세스가 안 나는 경우도 있다.

어찌 됐건 적어도 6개월 이상은 버틸 수 있는 생활비를 만들어놓고 시작하라고 권유하곤 한다. 너무 생활이 쪼들리는 상태에서 시작했을 경우에는 마음만 급해서 될 것도 잘 안 되는 경우를 종종 본다.

④ 재택근무 희망자에 대해

필자도 많은 재택근무 헤드헌터를 본 적이 있지만 잘하는 사람은 별로 보지 못했다. 물론 재택근무만으로도 많은 매출을 올리는 헤드헌터도 분명 보긴 했다. 드물 뿐이다.

최근에 대형 잡포털의 정책이 바뀌어서 잡사이트 서칭 비용이 매우 상승했고 이는 서치펌에게 큰 부담으로 다가왔다.

따라서 최근에는 서치펌마다 재택근무자를 선호하지 않는 경향이 크다. 잘 모르는 사람을 괜히 재택근무자로 채용했다가 잡사이트 비번만 외부로 유출해서 비용만 상승하게 될까를 우려해서이다. 과거에는 잡포털 서칭 비용이 정액제여서 한두 명 재택근무자가 늘더라도 서칭 비용이 상승하지 않았다. 하지만 지금은 다르다. 서칭 비용이 정액제가 아닌 종량제이기 때문에 여차하면 급격한 비용 상승이 있을 수 있다.

따라서 지금은 상호 신뢰가 완전히 구축된 소수의 헤드헌터에게만 간헐적으로 재택근무를 허락해주는 추세다.

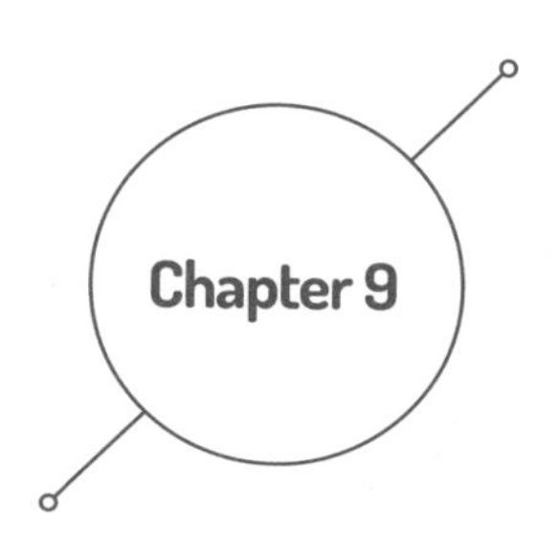

서치펌 창업

앞서 필자는 여러 헤드헌터 또는 예비 헤드헌터 등에서 연락을 많이 받는 편이라고 얘기했다. 연락받는 것 중에 좀 특이한 것이, 서치펌 창업에 대해서 묻는 경우이다. 서치펌 대표에게 서치펌 창업에 대해 묻는 게 뭐가 이상하랴 싶겠지마는 만약 헤드헌터 경험이 전무한 사람이 창업 문의를 한다면 그건 얘기가 다르다.

보통 인사담당자의 경우, 평소 헤드헌터를 많이 쓰다 보니까 '어라? 한 건만 해도 수수료가 괜찮네?' 싶어서 서치펌 창업을 고려하는 경우가 있다. 그들의 머릿속 계산은 단순하다. 1년에 몇 건만 해도 되겠다는 생각이다. 물론 그들은 서치펌 수수료 배분 체계를 전혀 모르기 때문에 그렇게 생각하는 것이다.

서치펌 말고 다른 사업을 하던 사람들도 서치펌 창업에 눈독을 들인다. 딱 봐도 전부 프리랜서니까 월급이 없으므로 한 달에 고정비가 확 줄어든다. '월급도 없는데 사무실 유지비 정도 못 내겠어?' 싶은 생각이 드는 것이다.

바꿔 생각해보자. 만약에 누가 필자를 찾아와서 PC방을 창업하고 싶다고 말한다. 그런데 그는 컴맹이다. 컴퓨터도 모르고 최신 게임도 전혀 모른다. 그의 PC방 창업은 권장되겠는가, 아니면 도시락 싸들고 다니면서 말려야 하는가?

필자는 이번 서치펌이 3번째 사업이다. 앞서 두 번은 개인사업이었고, 법인 사업은 이번이 처음이다. 필자가 해본 그 어떤 사업도 쉬운 건 없었다. 특히 PC방 사업을 할 때는 원래 컴퓨터 관리 능력이 있었고, 게임 쪽 일을 하면서 최신 게임에 대한 이해와 개요도 모두 능숙한 상태였다. 그것으로도 모자라 PC방 프랜차이즈에서 잠깐 일하면서 PC방을 운영하는 요령까지 습득한 후에 PC방을 차렸다. 어떻게 보면 가장 PC방 운영을 완벽하게 준비한 창업자였을 수도 있다.

그럼에도 불구하고 사업이란 녹록지 않았고, 많은 역경을 겪은 끝에 7년만에 PC방을 넘겼다. PC방 사업에 가장 완벽하게 준비된 사람이라고 볼 수 있는 필자마저 PC방 사업에서 그렇게 고전했다. 하물며 경험이 전혀 없는 사람이 만만하게 보고 뛰어들어도 될 법한 사업은 많지 않다. 왜냐하면 그렇게 만만한 사업이라면 이미 너도나도 다 뛰어들어 레드오션이 되었을 게 분명하기 때문이다.

그렇다면 서치펌은 레드오션인가?

대답부터 하자면 그렇다. 서치펌과 헤드헌터는 이미 레드오션이다.

정확한 통계가 없어서 알 순 없지만 서치펌은 이미 1천5백 개를 넘어섰고, 헤드헌터는 1만 명을 넘어섰다는 건 오래전 얘기다. 지금은 그보다 훨씬 많을 것으로 추정된다.

그럼에도 불구하고 서치펌 창업에 대한 문의는 꾸준히 있다.

헤드헌터 경험이 전혀 없는 사람에게서 서치펌 창업 문의가 왔을 경우, 필자는 좋게 생각하지 않는다. 그것은 컴맹이 PC방 차리겠다고 하는 거랑 마찬가지이기 때문이다. 그래서 대부분은 어디 조그만 서치펌이라도 들어가서 딱 1년만 헤드헌터 해보시라고 권장하곤 한다. 딱 1년만 헤드헌터 해보고 그 후에 창업해도 늦지 않다고.

근데 정말 특이한 건 그렇게 서치펌 창업에 꽂힌 분들은 절대로 필자의 말을 듣지 않는다. 그분들은 이미 창업을 해서 '사장놀이' 하는 것에 마음이 가 있기 때문에 남 밑에 가서 경험하는 것은 매우 쓸데없는 일이라고 생각한다.

서치펌을 운영한다면 1인 서치펌이 아닌 이상 여러 헤드헌터 구성원으로 채워야 할 것이다. 근데 그 헤드헌터들이 과연 아무것도 모르는 대표의 서치펌을 선택할까? 또한 업무 중에 굉장히 많은 변수와 마주치게 되는데 그때마다 능동적이고 적극적인 대처가 가능할까?

필자는 앞서 여러 가지 사례를 들고, 이후로도 여러 사례를 들어가며 헤드헌팅 업무의 복잡 다양한 상황에 대해 설명하고 있다. 헤드헌터를 전혀 해본 적이 없는 사람이 그런 복잡다양한 상황에 대해 대처할 수 있을까?

혹자는 생각한다. 사업은 자본의 싸움이고, 아무리 사장이 컴맹이라고 해도 PC방에 엄청 비싸고 좋은 컴퓨터를 들여다 놓으면 알아서 장사가 되는 것 아니냐고.

물론 장사가 잘 될 수도 있다. 하지만 그 확률은 매우 희박하다. 컴맹인 사람이 PC방을 차려서 성공할 확률은, 컴퓨터에 대해 잘 아는 사람이 성공할 확률보다 월등히 떨어질 것이다.

서치펌이라고 똑같지 않을까? 헤드헌터에 대해 전혀 모르는 사람이 차린 서치펌이 성공할(정확히는 살아남을) 확률이 과연 높을까?

그럼에도 불구하고 수많은 예비 사장들이 서치펌을 차리겠다고 불나방처럼 달려들고 있다. 솔직히 말하면 경험이 전무한 예비 사장에게 서치펌 차리는 방법 좀 알려달라고 요청 받은 것만 6~7차례 정도 된다. 물론 필자에게 연락하지 않은 사람들 숫자까지 합치면 그보다 몇 배 더 많을 것이다. 다시 말하지만 필자는 헤드헌터 경험이 없는 사람이 서치펌 차리는 것을 권장하지 않는다.

다음은 서치펌 창업 과정이다. 예비 사장님들은 참고하시길 바란다.

❶ 사무실 구하기

제일 중요한 건 사무실이다. 법인을 만들든, 유료 직업소개소 등록을 하든 무조건 '본점 주소'가 필요한데, 정확히 말하면 임대차계약서가 필요하다.

평수는 무조건 20평방미터 이상(약 6평)이 되어야 자격 요건이 된다.

필자가 오랫동안 장사를 해 본 경험에 의하면 아무리 수도세, 전기세 아껴봤자 소용 없다. 운영비를 줄이려면 무조건 임대료 줄이는 게 최선이다. 다리품을 팔아서 최대한 많은 사무실을 돌아보고 적합한 매물을 고르는 게 중요하다.

그리고 무엇보다 중요한 것은 사무실 위치다.

서치펌이 제일 많은 건 강남구다. 강남구에 많은 이유는 국내외 주요 비즈니스가 강남구에 집중되어 있고 그에 따른 여러 인프라가 좋아서 강남구가 가장 선호되곤 한다. 때문에 서치펌의 상당수는 강남구에 집중되어 있고, 상대적으로 행정처리까지 원활하다. 워낙 서치펌이 많기 때문에 구청 담당자가 서치펌 창업에서 운영까지 모든 행정처리를 꿰뚫고 있어 창업 및 운영에 유리하다고 볼 수 있다.

그 외에 여의도, 구로구, 서초구, 송파구 정도에 서치펌이 좀 있고, 나머지 지자체에는 거의 없다. 그래서 서치펌이 별로 없는 지자체에 가서 서치펌 창업을 시도할 경우에는 담당자도 관련 규정을 잘 알지 못해 매우 애를 먹을 수도 있다.

서치펌 사무실은 기본적으로 냄새가 나거나 시끄러운 업종이 아니다. 그냥 전화하고 인터넷만 하면 되는 비교적 조용한 사무직 업종이기 때문에 건물주가 특별히 싫어하지 않는다.

온라인과 오프라인을 통틀어 열심히 다리품을 팔아 적합한 사무실을 선택해 계약하도록 하자.

▸▸ 건물 중에서는 24시간 운영하지 않는 건물이 종종 있다. 헤드헌터는 프리랜서라 근무시간이 자유롭지만 의외로 주말 출근이나 야근이 종종 있다. (일한 만큼 돈을 벌 수 있기 때문에 누가 시키지 않아도 자발적으로 늦게까지 하곤 한다.) 따라서 건물의 24시간 운영 여부를 꼭 확인하는 게 좋다.

❷ 대표자 자격

서치펌 창업은 개인과 법인이 다르다. 일단 아래 도표를 보자.

국내유료직업소개사업 신규등록 규정

☞ 국외 유•무료직업소개 사업, 직업정보제공 사업, 근로자공급 사업은 강남고용센터 고용관리과 (☎02-3465-8409)에 신청

<table>
<tr><th>구분</th><th>법인</th><th>개인</th></tr>
<tr><td>설립 자격</td><td>•직업소개사업을 목적으로 설립된 「상법」상 회사로서 납입자본금이 5천만 원(둘 이상의 사업소를 설치하는 경우에는 추가 사업소 1개소당 2천만 원 가산)이상인 법인</td><td>•해당없음</td></tr>
<tr><td>사무실 규모</td><td colspan="2">•사무실 전용면적 20㎡(6평) 이상
☞ 직업소개업만을 위한 독립된 공간, 타 업종 사무실과 공동 사용 불가</td></tr>
<tr><td rowspan="2">대표자 자격</td><td colspan="2">☞ 법인은 등기임원(대표이사, 사내이사, 감사) 2명 이상</td></tr>
<tr><td colspan="2">1. 직업상담사 1급 또는 2급의 국가기술자격이 있는 자
2. 직업소개사업의 사업소, 근로자직업능력개발법에 의한 직업능력개발훈련시설, 초·중등교육법 및 고등교육법에 의한 학교, 청소년기본법에 의한 청소년단체에서 직업상담·직업지도·직업훈련·기타 직업소개와 관련이 있는 상담업무에 2년 이상 종사한 경력이 있는 자
3. 공인노무사 자격을 가진 자</td></tr>
</table>

<table>
<tr><td>대표자 자격</td><td colspan="2">4. 조합원이 100인 이상인 단위노동조합, 산업별 연합단체인 노동조합 또는 총연합단체인 노동조합에서 노동조합업무 전담자로 2년 이상 근무한 경력이 있는 자
5. 상시 사용근로자 300인 이상인 사업 또는 사업장에서 노무관리업무 전담자로 2년이상 근무한 경력이 있는 자
6. 국가공무원 또는 지방공무원으로서 2년 이상 근무한 경력이 있는 자
7. 초·중등교육법에 의한 교원자격증을 가지고 있는 자로서 교사 근무경력이 2년 이상인 자
8. 사회복지사업법에 따른 사회복지사 자격증을 가진 사람</td></tr>
<tr><td>상담원 자격</td><td colspan="2">1. 소개하려는 직종별로 해당 직종에서 2년 이상 종사한 경력이 있는 사람
2. 위 대표자 자격 중 2번 항 해당 자
3. 공인노무사법에 따른 공인노무사
4. 노동조합의 업무, 사업체의 노무관리업무 또는 공무원으로서 행정 분야에 2년 이상 근무한 경력이 있는 사람
5. 사회복지사업법에 따른 사회복지사
6. 초·중등교육법에 따른 교원자격증을 가진 사람으로서 교사 근무경력이 2년 이상인 사람 또는 고등교육법에 따른 교원으로서 교원 근무경력이 2년 이상인 사람
7. 직업소개사업의 사업소에서 2년 이상 근무한 경력이 있는 사람
8. 국가기술자격법에 따른 직업상담사 1급 또는 2급</td></tr>
<tr><td>구비 서류</td><td>•등록신청서
•종사자명부
•법인 등기사항 증명서
•공제증서 또는 보증보험증권(1천만 원 3년치)
•임대차계약서
•자격, 경력증명 서류
•법인 인감도장 및 법인 인감증명서</td><td>•등록신청서
•종사자명부
•공제증서 또는 보증보험증권(1천만 원 3년치)
•임대차계약서
•자격, 경력증명 서류
•대표자 도장</td></tr>
<tr><td>수수료</td><td>•3만 원</td><td>•3만 원</td></tr>
</table>

대리인 접수 시 추가사항	•위임장 •법인 인감증명서 1부 •접수자 신분증	•위임장 •대표자 인감증명서 1부 •접수자 신분증

*공제증서: 전국고용서비스협회(☎02-2231-4701)
보증보험증권: 서울보증보험(☎1670-7000)

*문 의: 강남구청 일자리정책과(☎02-3423-5583~4)

※ 위의 자료는 강남구청 일자리정책과에서 제공된 자료입니다.

유료 직업소개소는 법인으로 설립해도 되고, 개인으로 설립해도 된다. 서치펌은 주로 법인으로 설립하게 되는데 이유는 크게 두 가지다.

첫째는 법인이 개인에 비해 세금이 저렴하다는 점

둘째는 법인이 개인보다 신뢰도가 높다는 점

흔하진 않지만 일부 대기업들은 서치펌이 '법인'이 아니라 '개인'일 경우에는 거래 자체를 하지 않는 경우도 있다.

•사무실 규모

앞서 말한 대로 전용면적 6평 이상의 공간이어야 한다. 소규모로 경영하실 분은 소호SOHO 사무실을 사용하기도 한다.

•대표자 자격

서치펌을 창업하면서 가장 큰 문제가 바로 이 부분이다. 대표자 자격이란 앞서 말한 8개 중에 한가지라도 해당되면 된다. 보통 헤드헌터를 2년 이상 하면 대표자 자격의 2번 요건인 '기타 직업소개와 관련이 있는 상담 업무에 2년 이상 종사한 경력'에 해당하여 대표자 자격을 얻는다.

문제는 '개인'은 대표자 자격이 1명이면 되지만 '법인'은 대표자 자격이 2명이어야 한다는 것이다.

따라서 헤드헌터를 2년 이상 한 '대표자 자격'을 갖춘 대표이사(본인)가 있고, 그 외에 '대표자 자격'을 갖춘 사람 한 명을 추가로 등기임원에 등록해야 하는 것이다.

가장 흔한 것은 같이 일했던 헤드헌터 중에 2년 이상 된 헤드헌터를 등기임원으로 세우는 경우도 있고, 아니면 주변 사람 중에 퇴직한 공무원(대표자 자격 6번에 해당)을 등기임원으로 세우는 경우도 있다. 이때 등기임원이 되려면 인감증명서를 제출해야 하고, 회사의 존폐에 대한 책임을 져야하기 때문에 좀처럼 안 해주려고 한다. 그래서 서치펌 창업 중 대표자 자격 2명을 세우는 과정이 매우 어려울 수도 있다.

▸▸ 대표자 자격을 가지고 있는 등기임원은 반드시 같은 유료 직업소개소 소속이어야 한다. 또한 헤드헌터는 이중 취업도 되지 않는다. 따라서 등기임원은 반드시 등기임원으로 등록된 서치펌에만 적을 두어야 한다.

❸ 법인 설립과 자본금

법인 설립은 법무사에게 가서 요청하면 2~3일 안에 금방 된다. (세금 포함 약 100~130만 원 소요) 이때 법인 자본금은 최소 5천만 원 이상이어야 하고, 은행에서 잔고증명서를 발급받아서 법무사에게 제출하면 된다.

❹ 사업자등록증

법인등기와 별도로 사업자등록증을 받아야 한다. 사업자등록증은 세금과 관련이 있기 때문에 세무서에서 발급받는다. 아래의 서류를 준비하여 관할 세무서를 방문하면 약 20분 안에 발급받을 수 있다.

◦ 법인 등기부등본

◦ 법인 인감증명서

◦ 법인정관 (법무사가 만들어줌)

◦ 주주명부

◦ 임대차계약서

◦ 대표자 신분증

◦ 법인 도장

❺ 그 외 준비 사항들

사무실 집기 구입, 홈페이지 등록, 도메인 확보, 사무실 전용선(+전화), 이메일 서비스 등은 일반적인 것들이니 따로 언급하지 않겠다. 알아서 발품 팔아서 준비하면 된다.

다만, 유료 직업소개소를 신청하려면 보증보험증권이 필요하다.

앞서 도표에 나와 있는 서울보증보험 같은 곳을 찾아가면 대략 10분 안에 발급받을 수 있다.

(1천만 원짜리 보증보험 3년짜리를 해야 한다. 보험료는 98,700원 정도. 필요

서류: 사업자등록증, 법인 인감증명서, 인감도장)

❻ 유료 직업소개소 등록

수많은 서치펌 중에 일부는 유료 직업소개소를 등록하지 않은 채 영업을 하고 있다. 서치펌은 엄연한 지자체 허가업이며 허가를 받지 않고 영업을 하면 불법이다.

잡포털 중에서는 유료 직업소개소 번호를 등록하지 않으면 정상적으로 서비스를 이용할 수 없는 잡포털도 있다.

유료 직업소개소 신청은 지자체(구청)에서 하며, 신청서류는 아래와 같다.

◦ 등록신청서 (지자체에 구비)

◦ 종사자명부 (지자체에 구비)

◦ 법인 등기사항증명서

◦ 공제증서 또는 보증보험증권(1천만 원 3년치)

◦ 임대차계약서

◦ 각종 자격, 경력증명 서류 (직업상담원별로 모두 준비)

◦ 법인 도장 및 법인 인감증명서

회사 관련 서류 외에 작성해야 할 서류들은 구청에 구비되어 있으니 사용하면 된다.

유료 직업소개소 등록 신청 며칠 후 구청 담당자가 직접 현장 확인(실사)를 하고, 얼마 후 유료 직업소개소 등록증이 발급된다.

유료 직업소개소는 국내와 국외로 나뉜다.

국외 유료 직업소개소는 국내 인력이 해외 취업을 하게 될 때 필요하다. 따라서 서치펌 중에서는 국내만 등록하고 영업하는 곳도 많다. 해외 취업을 많이 진행하는 서치펌은 반드시 국외 유료 직업소개소 등록증도 취해야 한다.

국내는 지자체 관할이라 구청에 가서 신고하면 되지만 국외 유료 직업소개소는 관할이 노동청이다. 신청 절차는 국내 유료 직업소개소와 똑같고 보증보험증권만 1억짜리로 해야 한다.

참고로 국내 인력을 해외에 취업시키면 국가로부터 장려금을 받을 수 있다.

국외 유료 직업소 등록이나 장려금 관련해서는 노동청에 문의해보도록 하자.

▸▸ 서치펌 창업 후 중요한 참고 사항 하나

최근에 대포통장이 너무 많다면서 금융권에서 통장에 대한 제한을 걸었다. 대포통장이 아니라는 확인이 될 때까지 이체한도에 제한을 거는 것이다. 인터넷을 통한 뱅킹은 일 30만 원, 지점 방문 시에는 일 100만 원이 이체한도다. 이것은 개인 통장뿐 아니라 법인 통장에도 그대로 적용된다. 따라서 법인 통장에 자본금을 모두 넣어두었다가는 돈을 빼지 못해 임대료도 못 낼 지경에 이를 수도 있다.

이체 제한을 풀기 위해서는 거래처와의 계약서 또는 매출세금계산서가 필요하다. 헤드헌터는 업의 특성상 석세스가 난 후에 계약을 하고, 후보자가 입사한 후에 매출세금계산서가 발행되기 때문에 최초의 석세스가 날 때까지 법인 통장 사용에 애로가 클 수 있다. 따라서 자본금은 모두 법인 통장에 넣지 않는 게 좋으며, 미리 다른 아는 업체와 작은 매출세금계산서라도 발행해두는 등의 융통성이 필요하다. 은행지점에 매출세금계산서나 계약서를 가져가면 이체한도 제한은 바로 풀어준다.

그 외의 이야기

❶ 할 수 있는 일과 해본 일

헤드헌터가 인재를 서칭함에 있어서 채용공고도 꽤 많이 이용하는 수단이다. 헤드헌터 중에는 채용공고를 전혀 올리지 않는 헤드헌터도 있고, 집중적으로 올리는 헤드헌터도 있다. 채용공고를 많이 올리는 헤드헌터 중에는 수시로 채용공고를 업데이트하는 사람도 있다. 공고를 업데이트하면 본인의 공고가 잡포털에서 최상위로 올라가기 때문이다.

헤드헌터가 채용공고를 올리지 않는 이유는 공고를 올리더라도 좋은 인재가 지원하는 경우가 드물기 때문이다. 반대로 헤드헌터가 채용공고를 올리는 이유는 그렇게 적합하지 않은 인재들 속에서도 정말 가뭄에 콩 나듯 한번씩 적합한 인재가 지원해주는 경우가 있기 때문이다.

필자는 채용공고를 올리는 편이다. 그리고 매일 한 번씩 업데이트도 해줘서 필자의 공고가 제일 위로 올라가도록 한다.

과연 그렇게 해서 석세스가 일어나는가? 사람마다 다르긴 하겠지만 필자는 그렇게 해서 매년 3명 정도는 합격시키고 있다. 필자가 올린 채용공고를 통해서 지원한 후보자를 고객사에 추천하여 합격시키는 게 매년 3명쯤 된다는 소리다.

헤드헌터는 어떻게든 새로운 사람을 찾아낼 수 있는 방법을 끊임없이 고민해야 하는 일이다. 비단 잡포털뿐 아니라 각종 인터넷 카페에 채용공고를 올리거나 링○○인에 채용 공고를 올리는 경우는 이제 흔한 일이 되어버렸다.

앞서 이렇게 채용 공고를 올려봤자 상당수는 적합하지 않은 이력서가 온다고 했다. 적합하지 않은 이력서가 오는 이유는 물론 회사의 JD와 일치하지 않는 경우도 있겠지만 가장 많은 경우는 '해본 일'과 '할 수 있는 일'에 대한 구분 때문이다. 아주 쉽게 설명해서 경력자 채용은 '(경험)해본' 사람을 찾는 것이고, 신입채용은 '할 수 있는' 사람을 채용하는 것이다.

자, 한 가지 예를 들어보자.

A라는 후보자는 해외영업으로 경력을 쌓고 있지만 원래부터 바리스타가 꿈이었다. 그래서 틈을 내어 바리스타 자격증을 땄다. 해외 영업 7년,

나이 35세에 바리스타 경력직 채용에 문을 두드린다. 이게 과연 채용이 될까?

이 경우는 채용이 되지 않는다. 바리스타 경력직 채용은 바리스타를 '해본' 사람을 찾는 것이지 바리스타를 '할 수 있는' 사람을 채용하는 게 아니기 때문이다. 바리스타를 할 수 있는 사람을 찾는 건 신입 채용이다. 바리스타 경력자를 찾는다는 것은 바리스타로서 업무를 맡겨놓을 수 있는 사람을 찾는 것이고, 필요할 경우 아랫사람을 교육하는 경우도 발생할 수 있을 것이다. 그러한 바리스타 경력을 산다는 소린데, 자격증만 있고 아무 경력이 없는 사람은 경력직 채용에 지원해봤자 절대 채용되지 않는다.

그렇다고 해서 바리스타 신입 채용에 지원하면 될 것 같은가? 그것도 쉽진 않다.

이제 갓 학교를 졸업하고 바리스타 자격증을 딴 싱싱하고 팔팔한 20대도 많은데, 굳이 해외 영업 과장급 경력을 가진 35세를 신입으로 채용하고 싶어하진 않는다. 물론 그런 것에 상관없이 신입으로 채용하는 곳도 있을 수는 있다. 흔하지 않을 뿐이다.

포지션이 라이트하면 라이트할수록 이런 경우는 더욱 두드러진다.

예를 들어 모 외식업 홀서빙 5년 이상 경력자 채용이라고 가정하자. 이런 포지션을 채용 공고에 올리면 정말 천차만별의 사람들이 다 지원을 한다. 이제 갓 고등학교 졸업한 20살짜리 청년부터 시작해서 이미 환갑의 나이인 분, 또는 회사에서 영업이나 회계를 했던 부장급들 등등 사회 각계각층의 업종에서 다 지원한다.

이유는 간단하다. 홀써빙은 누구나 할 수 있을 것 같아 보이기 때문이다. 세상에 아주 간단한 일도 쉬운 일은 없다. 이 포지션의 경우 굳이 홀써빙 '경력자'를 찾는 것은 경력직은 경력직 나름대로의 노하우가 있기 때문이다. 회사에서는 그러한 노하우를 가진 사람을 채용하고 싶은 것인데, 앞서 말한 노하우가 없는 사람들은 아무리 지원해도 소용이 없다. '할 수 있을 것' 같아서 지원하는 수많은 사람들, '해본 일'이나 '잘하는 일'에 지원하는 게 열 배 백 배 낫다.

작금의 우리나라 경제상황이 어렵다 보니 모두들 먹고살 돌파구를 찾기 위해 지금까지 해오던 일이 아닌 다른 무언가를 찾는 경우가 많다. 그래서 전혀 해보지도 않고 연관도 없는 일인데도 불구하고 새로운 일을 찾아 전직을 시도하는 경우를 많이 본다.

경력직 채용을 주로 하는 헤드헌터의 관점에서는 섣부른 전직 시도보다는 그냥 '지금까지 해오던 일에서 최고가 되십시오'라는 말밖에 해드릴 게 없다.

세상은 '할 수 있는 사람'보다는 '해본 사람'에게 훨씬 더 관대하다.

▸▸ 헤드헌터들도 이 부분에 대해 잘 생각해봐야 한다.

가끔 리서처들이 이력서를 보내주는데 꼭 이런 멘트를 단다.

"이 후보자는 그 부분에 있어 직접적인 경험은 없습니다만 잘할 수 있다고 합니다. 그러니 고객사에 꼭 추천해주십시오."

고객사는 '잘할 수 있을지도 모르는 사람'을 몇백만 원씩 주고 채용하지는 않는다.

❷ 가끔씩은 약해져도 괜찮아

유독 우리나라 남자는 눈물에 인색하다. 남자가 눈물을 흘려서는 좋은 소리를 못 듣는다.

어릴 때부터 가정을 꾸리고 가정을 책임져야 한다는 의무감에, 누군가에게 의지하거나 의탁하는건 조금 수치스럽거나 부끄러운 일로 인식하는 것 같다. 소위 말해 남의 도움 따위는 필요 없는 '센 척'을 하는데 익숙하다는 뜻이다.

이런 경우는 채용을 진행하면서 많이 본다. 특히 차부장급, 나이가 좀 있으신 분들이 주로 그렇다.

대부분 사람들은 더 좋은 회사, 더 좋은 급여, 더 좋은 근무 환경, 더 좋은 복리후생을 꿈꾸며 이직을 생각하는 경우가 많다. 그러나 나이가 좀 있는 분들은 회사에서 밀려나 더 이상 설 곳이 없는 경우가 많다. 젊었을 때 이 한 몸 불살라 회사를 위해 헌신했건만, 이제 나이 조금 먹었다고 회사에서 팽당할 위치에 놓이게 된 것이다. 그런 분들은 본의 아니게 '더 좋은 곳'을 찾아 이직을 시도하는 게 아니라 '이 나이에도 채용해주는 곳'을 찾아 이직을 시도하곤 한다.

헤드헌터라고 왜 그걸 모르겠는가? 헤드헌터 중 상당수가 그런 입장에서 새롭게 취업이 되지 않아 헤드헌터로 입문하게 된 사람이기에 더욱 더 잘 이해한다. 그래서 그런 분들을 보면 동질감을 느껴 하나라도 더 챙겨드리려고 한다. 근데 의외로 '아닌 척' 하는 분들이 많다. 소위 말해 '센 척'이다.

"아, 나 지금 회사에서 전혀 문제 없어요."

"아니 뭐 내가 꼭 옮기겠다는 건 아니지만 그냥 요즘 어떤가 싶어서…"

"그냥 뭐 좋은 회사면 지원해보는 거고, 아니면 말고…"

"지금 회사 만족하고 잘 다니고 있지만, 딴 회사는 어떤가 싶어서…"

정말 만족하고 아무런 이상 없이 잘 다니고 있는데도 잡사이트에 날마다 이력서를 업데이트하고 헤드헌터에게 직접 이력서를 보내지는 않을 것이다. 뭔가 말 못 할 사정이 있을 것이다. 그러나 대외적으로는 아무 이상 없는 척을 하곤 한다. 헤드헌터에게도 속마음을 내놓지 않는다.

대표적인 게 이력서에 적는 퇴직 사유다.

권고사직이라고 쓰기 어려우니 '업무역량 확대'니 '경력개발' 등을 적곤 한다. 나이 사십대 중반에 얼마나 업무 역량을 키우려고 이직하고, 얼마나 경력을 개발하려고 이직하겠는가? 당연히 믿을 수 없는 소리긴 한데, 어쨌든 그렇게들 적는다.

그렇게 해서 헤드헌터랑 업무를 진행하게 되면 최종 연봉이 1,500만 원이나 줄어드는 데도 오케이하고 지원하겠단다. 그리고 지원 후에도 수시로 메일과 문자를 보내면서 전형결과가 나왔냐고 묻곤 한다. 이직이 급하지 않은데도 그러지는 않을 것이다. 바꿔 말하면 매우 급한 상황이라는 얘기도 된다.

"가끔씩은 약해져도 괜찮아."

유독 40~50대 포지션을 진행하다 보면 많이 느끼는 부분이다. 마냥 센 척만 하지 말고, 마냥 이상없는 척만 하지 말고, 헤드헌터에게는 그냥 상황에 대해 솔직하게 얘기하며 같이 해결책을 모색하는 게 좋을 수도 있다.

▸▸ 필자가 그동안 진행했던 포지션 중에 가장 많은 이력서를 넣은 게 바로 40~50대 제조업 공장장 채용하는 포지션이었다. 대한민국의 모든 공장장들이 다 지원하는 줄 알았을 만큼 많은 이력서가 접수되었다. 그렇게 40~50대를 채용하는 포지션 자체가 워낙 드물다.

❸ 신뢰를 깨는 PM

사람과 사람의 관계는 신뢰가 기반이 되어야 한다.

하지만 서치펌에서 처음 만난 PM과 코워커 사이에는 얼마나 신뢰가 있을까?

기본적으로 헤드헌터는 합격자가 나와야만 수수료를 받는다. 다른 일은 그냥 열심히 했다고 해서 어느 정도 수입이 발생할 수도 있다. 하지만 헤드헌터는 열심히 하기만 한다고 해서 수입이 발생하진 않는다. 합격시켜야만 수입이 발생하는 100% 수당제다. 따라서 돈 앞에서는 너무나 비열해지고 치사해진다.

대부분 신입 헤드헌터는 처음 입문을 하면 리서처부터 시작을 한다. 좋은 PM을 만나서 그 PM 포지션을 열심히 서칭해서 이력서 추천해주는 게 첫번째 임무인 셈이다. 그러나 모든 PM이 다 좋은 것은 아니다.

아래 예를 들어볼 테니 잘 판단해서 나쁜 PM의 '시다바리'가 되지 않도록 주의하자.

•이력서를 지원하지 않던 PM

이것은 대형 서치펌에서 발생한 일이다. 그 서치펌은 서치펌 DB를 사용하지 않고 있었다.

PM이 리서처에게 이력서를 받는다. 그리고 그 이력서를 고객사에 추천하지 않고 리서처에게는 그냥 서류 탈락했다고 통보한다. 어차피 신입 헤드헌터들은 수명이 짧은 경우가 많다. 앞서 얘기한 대로 1년 안에 70% 정도는 그만두는 게 현실이다. 그 PM은 그렇게 이력서를 가지고 있다가 신입 헤드헌터가 그만두면 자기 이름으로 고객사에 추천하고 합격시키곤 했다. 잡사이트에서 대충 이력을 뒤지면 후보자 연락처 정도는 쉽게 알아낼 수 있다.

•고객사에게 당당하게 물어보지 못하는 PM

필자가 운영하는 커뮤니티인 헤드헌터 카페에서 한 번은 이런 질문이 올라온 적이 있다.

'리서처가 PM에게 바라는 것은?'이라는 제목의 글이었다.

그 내용 중에 상당수가 PM이 고객사에게 당당하기를 원했다. 리서처가 고객사에 대해 뭐가 궁금해서 PM에게 대신 물어봐달라고 할 때 PM이 고객사에 제대로 묻지도 못하는 경우도 많다. 마치 수줍은 소녀처럼 싫은 말도 못하고 적극적이지도 못한 그런 스타일. 차라리 고객사에게 당당하게 묻고 당당하게 결론을 내리는 PM이 더 선호된다.

•자기에게 유리하게 면접 잡았던 PM

포지션을 진행하다 보면 복수의 면접자가 잡히는 경우가 많다.

예를 들어, PM이 추천한 후보자 1명, 리서처가 추천한 후보자 1명이 면접 대상이 되었다고 가정하자. PM의 후보자는 면접이 금요일에 가능하고, 수요일은 안 된다고 했다. 리서처의 후보자는 면접이 수요일에 가능하고, 금요일은 어렵다고 했다. 고객사에서는 면접관의 일정상 수요일이나 금요일, 둘 중에 하나만 택해서 두 명 모두 면접을 봐야 했다.

원래 이 경우는 양쪽 후보자의 스케줄을 다 확인하고, 한쪽이 양보를 하는 방식으로 서로 양해 후 진행해야 한다. 그런데 그 PM은 아무런 이해나 양해 없이 막무가내로 금요일로 정해버렸다. 이유는 간단하다. 자기가 추천한 후보자에게 유리한 면접날짜를 잡은 것이다.

리서처에게는 면접이 금요일에 잡혔으니 리서처 측 후보자가 알아서 시간에 맞추라고 통보하였다. 어쩌면 굉장히 사소할 수도 있지만 그렇게 이기적인 PM은 꼭 있다.

앞서 말한 대로 100% 수당제의 프리랜서로서는 돈 앞에서 인정도 눈물도 없는 경우가 종종 있다.

•합격자가 뒤바뀐 사례

모 포지션에 2명의 후보자가 최종 면접을 치렀다.

A 후보자는 PM이 추천한 후보자였고, B 후보자는 리서처가 추천한 후보자였다. 합격자가 발표되었는데 B 후보자가 최종 합격했다. 리서처

는 기쁘게 그 사실을 B 후보자에게 알렸는데 입사 관련 절차를 진행하려는 순간, 난데없이 합격자가 바뀌었다.

PM의 주장은 고객사에서 A 후보자와 B 후보자를 착각하고 잘못 알려줬다고 한다. 실제 합격자는 자기가 추천한 A 후보자가 맞다고 주장한다. 당연히 리서처와 B 후보자는 어이가 없는 순간이다. 더 어이가 없는 것은 후보자의 이름이 헷갈려서 잘못 발표했다고 하는데 A 후보자는 김 씨였고, B 후보자는 박 씨였다. 과연 이게 말이 되는가?

이하 내용은 해당 상황에 대한 추론이다. (추측이므로 사실이 아닐 수도 있다)

A 후보자와 B 후보자는 면접결과가 똑같이 좋았다. 거의 비슷하다고 봐도 된다. 누가 채용되도 이상할 게 없는 상황. 고객사에서는 B를 선택한다.

이때 PM이 욕심을 부린다. 고객사에게 몇 마디의 거짓말을 섞으면 가능하다.

"A후보자가 뭐 부족한 건 아니란 말씀이시죠?" (A가 합격권인지 확인해야 하므로)

"제가 지금 B후보자에게 연락해봤는데 연락이 잘 안 되네요 어떡하죠?" (물론 B는 연락이 잘 되는 상황인데 거짓말을 한 것이다.)

"뭐, 정 그러시면 바로 연락 가능한 A에게 한번 물어나 볼까요?" (자기 후보자를 합격시키기 위해)

고객사에서 채용이 급할 경우, 그리고 A와 B의 업무능력이 거의 차이가 없을 경우 충분히 발생할 수 있는 시나리오다.

결국 그 포지션은 A후보자가 합격하고 입사를 했다.

그 주변의 헤드헌터들은 모두 합격자가 바뀐 것에 대해 의구심을 가지고 있었고, 결국 그 PM은 서치펌 내에서 왕따를 당하기 시작하고 얼마 후 서치펌을 그만둔다. 그 PM은 사소한 욕심 때문에 앞서 헤드헌터의 3대 영업 중에 내부 영업에서 완전히 낙제한 케이스이다.

몇 차례 말했지만 헤드헌터는 100% 수당제이고, 합격 하나하나에 많은 수수료가 걸려있다 보니 돈 앞에서는 매우 치졸해지고 간사한 짓도 서슴지 않을 때가 있다.

헤드헌터에게 가장 중요한 것은 서치펌 내부 인력과의 내부 영업이다. 헤드헌터를 길고 오래 하려면 주변 사람들에게 잘해야 한다. 코워커들은 절대로 질이 나쁜 PM의 포지션에는 손을 대지 않는다. 명심해야 한다.

PM도 PM이기 이전에 '좋은 사람'이 되어야 한다.

❹ 면접 시간

일반적으로 헤드헌터는 자신의 후보자가 면접을 마치고 나오면 전화를 해서 면접이 어떻게 진행되었는지에 대해서 이것저것 물어본다. 물어보는 이유는 합격할지 못할지를 예측해보려는 목적이 제일 크다. 마치 시험 끝나고 나서 답안지를 맞춰보는 것과 비슷하다. 물론 면접에 대한 구체적인 정보를 더 알아내서 혹시나 이번 후보자가 떨어지더라도 다음 번 면접을 잘 준비하게 하려는 의도도 분명히 있다.

그중에 거의 꼭 물어보는 것이 '면접 시간'이 얼마나 되었고, '연봉'이나 '출근일'에 대한 언급이 있었는지를 묻곤 한다. 이런 걸 물어보는 이유는 가장 합격 확률을 근접하게 알려주는 지표이기 때문이다.

단순하게 생각했을 때, '어차피 떨어뜨릴 후보자'에게는 면접 도중 연봉이나 입사일에 대해 얘기도 하지 않는다. 그런 건 주로 합격시킬 후보자에게나 물어보는 항목이다. 곧 같이 일하게 될지도 모르는 사람이니까 연봉 수준이 자사 수준을 크게 벗어나지는 않는지, 만약에 합류하게 된다면 언제쯤이나 합류할 수 있게 될지를 묻는 것이다.

그러나 면접 도중에 연봉이나 입사일에 대한 얘기가 안 나왔다면 그 다음으로 묻는 건 바로 '면접 시간'이다. 왜냐하면 일반적으로 면접 시간이 길면 긍정적이라고 생각하는 경향이 크다. 쉽게 생각해서, 떨어뜨릴 사람을 붙잡고 오래 면접을 보는 건 의미가 없다. 어차피 지금 포지션과 일치도가 떨어지고, 한 번 떨어뜨리면 다시 볼 후보자도 아닌데 굳이 많은 시간을 할애해서 면접을 보는 것도 난센스다.

따라서 일반적으로는 관심있는, 그리고 합격시킬, 곧 같이 일하게 될지도 모르는 사람의 면접을 오래 본다는 게 정설로 되어 있다.

그러나 회사마다 또는 면접관의 성향마다 차이가 있어 면접을 20분 이내로 짧게 보는 회사도 있고, 1시간 이상 길게 보는 회사도 있다. 그 와중에서도 평소보다 어느 정도 길고 짧은지를 보면서 면접이 잘됐는지 안됐는지를 파악하곤 한다.

그런데 최근에는 그런 추세도 조금 바뀌어가고 있다. 면접에서 떨어뜨릴 후보자의 면접을 오래 보는가 하면, 면접에서 합격시킬 후보자의 면접을 짧게 보기도 해서 헤드헌터를 혼란스럽게 만드는 경우가 종종 있다.

구체적인 내용은 아직 없지만, 알려진 바에 의하면 이렇다.

만약에 후보자가 조금 미심쩍은 부분이 있을 경우에는 무수히 많은 질문을 던진다. 이것도 물어보고 저것도 물어보고 잔뜩 질의응답을 한 후 결국 고개를 설레설레 흔들며 떨어뜨리는 것이다. 만약 후보자가 확실하다는 생각이 든다면, 몇 가지 핵심적인 질문만 던져서 내 생각(면접관의 생각)이 맞는지만 확인해보고서 짧게 면접을 종료하는 것이다.

그래서 지금은 단순히 면접 시간만으로 합격 여부를 예측하는 것은 매우 어렵게 되었다.

비슷한 예는 한 가지 더 있다.

보통 신입사원 면접은 '1 대 다多' 또는 '다多 대 다多'로 진행하는 경우가 종종 있지만 경력직 채용에서는 그렇게 동시에 면접을 진행하는 경우가 거의 없다. 그럼에도 불구하고 가끔 경력직 채용도 '다 대 다'로 진행하는 경우가 분명히 존재한다. 이렇게 '다 대 다' 면접을 진행하다 보면 질문이 특정 후보자에게 몰리는 경향이 있다.

예를 들어 면접관 3명과 후보자 3명이 동시에 면접을 보는데 후보자 A에게만 질문이 집중되고, 후보자 B와 후보자 C에는 질문이 거의 안 가는 경우가 있다. 면접이 끝나고 나면 대부분 후보자 A는 '나는 붙은 거 같다'라고 생각하고 후보자 B와 C는 '나는 떨어졌다'라고 생각하는 경우가 많은데, 의외로 B나 C에서 합격자가 나오는 경우도 종종 발생한다.

앞에서 설명한 것과 비슷한 경우다. 질문이 많은 것은 뭔가 의문이 드는 부분이 있기 때문이며, 확실하다 싶은 후보자에게는 핵심적인 질문 몇 개만 던져서 내 생각(면접관의 생각)이 맞는지만 확인하는 경우가 있는 것이다.

일부 헤드헌터 중에서는 헤드헌터 업을 복합예술 또는 종합예술이라고 하는 경우도 있다. 앞서 "영업은 ART다"라고 말했던 모 영업 차장님의 말씀처럼, 그냥 단순히 내가 하는 업무에 대한 자긍심 같은 게 아니라 실제로 이 업무를 하다 보면 온갖 복잡미묘한 상황들과 갈등들이 많이 일어나고, 그 안에서 하나하나 매듭을 풀어가다 보면 '아, 정말 이게 복합적이고 종합적인 일이구나' 하는 생각을 하게 된다. 그래서 헤드헌터 일은 심심할 틈이 없고, 항상 수많은 변수를 낳아 나를 끊임없이 노력하게 만든다.

❺ 헤드헌터의 스트레스

헤드헌터는 스트레스가 별로 없다. 가장 큰 스트레스라면 매출에 대한 스트레스다. 어쩌면 이게 전체 스트레스의 거의 전부다. 만약 능력을 발휘해서 많은 석세스를 내고 매출에 대한 압박이나 부담을 덜어낼 수 있다면 그 외에는 스트레스가 거의 없다.

◦기껏해야, 고객사에서 오더가 좀 몰려나와서 쳐내기 어려울 때 받는

스트레스 정도?

◦ 면접 잡힌 후보자가 면접 당일날 갑작스레 불참 통보를 하는 바람에 받는 스트레스 정도?

◦ 그것도 아니면 고객사에서 사람이 급하다고 재촉하는데 그에 적합한 사람을 추천해주지 못할 때 받는 정도의 스트레스?

◦ 음… 최종 합격한 후보자와 회사와의 입장 차이 때문에 입사 조건 협의에서 난항을 겪을 때?

◦ 일반적으로 헤드헌터의 스트레스 중에 제일 큰 때는, 아마 후보자가 합격 후에 제대로 입사하지 않을 때일 것이다.

필자가 아는 헤드헌터 중에는 합격자 9명 가운데 4명이 입사하지 않은 경우도 있고, 다른 헤드헌터는 5명 합격시켰는데 1명만 입사하고 4명이 입사를 포기한 아찔한 경우도 있었다. 얼마나 스트레스가 심할지 생각해보라. 이런 경우는 수입적인 면에서도 상당히 마이너스다.

만약 매출이 적은 헤드헌터가 저런 일이 발생한다면 극심한 스트레스를 받겠지만 저 정도 합격을 잘 시키는 헤드헌터라면 이미 매출이 상당한 수준일 것이다. 그렇다면 저런 상황에서 받는 스트레스는 의외로 크지 않다. 따라서 헤드헌터가 받는 스트레스는 직장인이나 자영업자의 그것보다 훨씬 적다. 필자도 헤드헌터 전에 직장인과 자영업을 둘 다 경험해 보았다.

직장인일 때, 일단 사람에 대한 스트레스가 제일 크다.

위로는 상사가 있을 것이고 밑으로는 후임이 있을 것이다. 상사가 쪼아 대면 힘들고, 후임이 사고치면 힘들다. 틈나는 대로 보고서를 작성해야 하고, 매출에 대한 압박, 야근과 업무량에 대한 압박, 그리고 무참히 깨져버린 워라밸*까지….

요즘은 52시간 제한이니 하는 것도 있지만 실제로는 제대로 지켜지지 않는 경우도 많다고 들었다.

참고로 필자는 현역 시절에 주당 100시간의 업무시간을 기록한 적도 있었다. 믿던 안 믿던 사실이다. 당시 필자는 아이를 가져야 하는 입장이었는데 아이를 가질 수가 없었다. 주당 100시간 근무라면 계속되는 새벽 퇴근과 주말 출근으로 이미 워라밸은 무참히 깨져버린 상태이고, '하늘'을 볼 시간조차 없으니 '별'을 따는 건 언감생심이었다.

자영업일 때는 더욱더 복잡하다.

40, 50대 퇴직자 중에는 재취업이 되지 않아 자영업을 꿈꾸는 분도 많이 계실 것이다. 그분들은 퇴직금을 자본 삼아 각종 프랜차이즈의 창업 설명회 등을 찾아다닌다. 그리고 관계자의 말에 귀가 솔깃해져 그때부터는 마치 창업을 하지 않으면 큰일이라도 나는 것처럼 안달을 내게 된다. 한 번 창업에 꽂힌 사람은 절대로 돌아보지도 않고, 냉철하게 분석하지도 않는다. 창업해서 실패하기 전까지는 절대로 해갈解渴되지 않을 목마름이다.

* 워라밸 : Work-life balance, 일과 삶의 균형을 뜻함

필자가 자영업을 했다는 사실은 이미 여러 차례 언급한 얘기다. PC방을 7년했고, 독서실도 2년 정도 경영했다. 그때 모 PC방 프랜차이즈 창업 설명회에서 이런 얘기를 했다.

PC방의 PC 가동율을 40%로 잡고 수익을 계산한다. 그럼 최소 월 1천만 원 이상의 순수익이 발생한다. 운영의 묘를 더 살리고 조금 허리띠를 졸라매면 월 1,300만 원 이상 가능할 것으로 보인다.

PC가동율 40%라는 것은 1대의 컴퓨터가 하루 24시간 중 9.6시간이 사용되면 가능한 수치다. 물론 사람이 많은 시간에는 PC방을 꽉 채우니 그게 가능해 보인다. 하지만 PC방은 24시간 영업을 하고 늦은 밤이나 새벽 시간에는 손님의 수가 훨씬 적다. 새벽에는 손님이 단 한 명도 없을 때도 있다. 그래서 PC방 주인이 제일 싫어하는 이름은 바로 '영석0席'이다.

그렇게 새벽까지를 합한 일 평균을 내보면 하루 40%의 가동율을 내는 것은 절대 쉬운 게 아니다. 하지만 그런 걸 잘 모르는 예비 창업자로써는 귀가 솔깃해질 만한 상황이다. "뭐 겨우(?) 40%만 가동해도 월 천만 원이 남는다고?"라며 말이다.

확실하게 말한다. 필자가 7년간 PC방하면서 제일 높았던 가동율은 '36%'였고, 평균은 '25%' 정도였다. 물론 잘되는 PC방은 40% 이상 나오는 곳도 분명히 존재한다. 어느 직업이나 상위 5%는 잘먹고 잘산다. 내가 그 상위 5%가 된다는 보장이 없을 뿐이다.

이걸 잘 모르는 예비 창업자가 창업 설명회의 말만 믿고 선불리 창업을 하면 과연 상위 5%에 들어갈 가능성이 얼마나 될까?

자영업을 하다 보면 정말 별의별 일이 다 일어난다.

필자는 자영업을 하는 동안 내용증명을 여러 번 발송했으며, 관할 경찰서를 여러 차례 들락거렸고, 여러 명을 고소했고, 한두 번 고소를 당했다. 소방법규가 하나 바뀌면 몇백~몇천만 원씩을 들여 인테리어를 다시 해야 했고, 월세를 엄청 올려달라는 건물주 때문에 하늘이 노래지고 다리가 후들거렸던 적도 많았다. 심야 시간에 미성년자 찔러넣고, 요금을 500원으로 덤핑치는 경쟁 PC방 때문에 말할 수 없는 스트레스였다.

그리고 세상에서 제일 어려운 게 바로 '사람 쓰는 일'이다. 알바가 손님의 물건을 훔치기도 했고, 손님과 치고받고 싸워서 코뼈가 부러진 일도 있었다. 말도 안되는 것 같지만 장사하다 보면 정말 별의별 일이 다 일어난다. 매일 밤마다 화장실 벽에다 똥칠하던 미친 놈도 있었다. 자기가 직접 똥을 싸고 그걸 화장실 벽에다 치덕치덕 쳐발랐다. 참고로 화장실에는 CCTV도 달 수 없어서 결국 잡지도 못했다.

알바들은 툭하면 펑크를 내었다. 알바들의 공통적인 핑계는 외할머니다. 거의 모든 알바는 외할머니가 편찮으시다는 핑계를 대고 펑크를 낸다. 마치 '알바 펑크 교과서'에 '반드시 외할머니여야 한다'고 실려있기라도 한듯이 대한민국의 모든 외할머니는 항상 아프다.

그렇게 맨날 펑크를 내는데도 불구하고 최저시급은 계속 올랐고, 그렇게 결사적으로(?) 펑크낸 알바들 대타를 뛰느라 72시간 동안 쉬지 않고 근무를 한 적도 있었다. 그때 주말 알바에게 급히 대타 근무를 부탁해 딱 4시간을 쉬고 다시 곧바로 48시간 연속으로 근무했다. 그게 가능하냐고, 정말 실화냐고 하겠지만 물론 가능하고, 실화다. 그 상황이 되면 누구나 다 하게 된다.

예비 창업자에게 자영업이 어떻게 보일지 모르겠지만, 생각하는 것처럼 핑크빛은 아닐 가능성이 너무나 크다.

사장과 직원의 차이는 '자본'의 차이다.

회사(자영업)가 망하면 직원은 직장을 잃지만, 사장은 직장을 잃음과 동시에 자본이 잠식된다. 자본이 잠식되는 것은 견딜 수 없는 괴로움이다.

별의별 일을 다 겪어가면서 간신히 간신히 자영업을 유지하는데 그럼에도 불구하고 자본이 점차 잠식되어 간다. 그것은 말로 표현하기 어려운 스트레스다.

혹시라도 취업이 힘들어서 자영업을 생각하시는 분이 계시다면 미친듯이 창업하고 싶어질 때 필자에게 연락 한번 해주길 바란다. 다시 자영업을 할 생각은 없지만 그간의 경험을 되살려 그 장사가 정말 할 만한 것인지 냉정하게 조언해주겠다.

헤드헌터를 시작하면서 제일 좋았던 건 자본잠식의 우려가 없다는 것이다. 내 자본 자체가 들어가질 않았으니 없는 자본이 잠식될 리 없었다. 그냥 일만 열심히 하면 됐다.

물론 헤드헌터를 하면서도 항상 자잘한 스트레스는 있다.

초창기에는 매출이 많이 나오지 않아 불면증에 걸렸었고, 탈모증세까지 왔다. 극심한 스트레스 상태였다. 많은 노력을 해서 어느 정도 매출이 나오기 시작하면서부터 스트레스에서 벗어날 수 있었다.

지금은 면접에 몇 개 떨어져도, 합격자가 입사를 포기해도 크게 스트레스 받지 않는다. 일을 하다 보면 그렇게 확실한 석세스가 깨지는 만큼, 예기치 못한 합격이 발생하기도 하기 때문이다. 결국 조금 부족할 순 있어도 대충 예상매출에 근접해진다.

지금의 필자는 스트레스가 거의 없다. 직장인일 때 받은 스트레스, 자영업할 때 받은 스트레스를 100이라고 가정한다면 지금은 그 10% 수준도 안된다.

헤드헌터의 거의 모든 스트레스는 매출에서 나온다. 매출이 어느 정도 받쳐준다면 스트레스가 거의 없다. 그래서 필자가 계속 '헤드헌터가 매출만 꾸준히 나오면 이보다 좋은 직업은 없다'라고 주장한 것도 그 때문이다.

▸▸ 연봉 50억에 이르는 모 글로벌 기업 임원이 실적 압박을 견디다 못해 자살했다는 뉴스를 보았다. 직장인이나 자영업은 돈을 많이 벌게 되어도 극심한 스트레스에 시달릴 우려가 있다. 헤드헌터는 그럴 일이 거의 없다.

직장인처럼 근태가 있는 것도 아니고, 윗사람 눈치나 아랫사람 관리를 해야 하는 것도 아니다. 자영업처럼 건물주가 와서 월세 올려달라는 일도 없고, 소방법 때문에 인테리어를 다시 해야 할 일도 없다. 물론 알바 펑크 때문에 받을 스트레스도 없다.

헤드헌터는 그냥 내 사업이고, 내가 열심히 한 만큼 웬만하면 결과가 그대로 나오는 정직한 일이다. 그래서 스트레스가 별로 없다.

물론 개개인의 차이는 분명히 존재한다. 사람마다 스트레스에 대한 내상內傷 정도가 다를 수 있다.

예를 들어 후보자 한 명이 면접 때 No Show(사전에 만나기로 해놓고 나타나지 않음을 뜻함)한 것만으로도 참지 못할 정도로 스트레스를 받는 헤드헌터도 물론 존재한다. 자신이 열심히 추천한 포지션이 고객사 측의 귀책 사유로 홀딩이 되었을 때 그 허탈함을 견디지 못하는 헤드헌터도 물론 존재한다. 그러나 헤드헌터를 하다보면 No Show나 포지션 홀딩은 비교적 쉽게 접하는 일상적인(?) 경우다. 이런 걸 감안하더라도 개개인의 스트레스 정도의 차이는 있겠으나 매출이 어느 정도 나온다는 가정하에서는 타 업종에 비해 스트레스는 월등히 적다.

❻ 헤드헌팅의 미래

초창기 PC방 요금은 시간당 2,500원 정도였다. 그리고 몇 년이 지나면서 요금이 계속 줄기 시작하더니 마지노선으로 생각되던 시간당 1,000원선마저 붕괴되었다. 물론 경쟁이 붙어서 시간당 300원, 500원 하는 PC방도 있겠지만 평균으로 따져봐도 약 800원 정도로 저렴했던 시절이 있었다. 그리고 그런 과도기를 거쳐 지금은 요금이 어느 정도 회복되어서 약 50분에 1,000원 정도 하는 곳이 많다.

이 모양새가 헤드헌팅과 비슷한 부분이 많다.

헤드헌팅도 초창기에는 수수료가 연봉의 40~50%까지 갔다가 지금은 한참 내려와서 15~20%가 제일 많다. 그리고 점차 그 15%의 마지노선도 깨지는 추세다. 마치 PC방이 시간당 1,000원이 마지노선이었던 것처럼. 그리고 그 마지노선이 깨졌던 것처럼. 이제 15%도 곧 깨지지 않을까 싶고, 이미 15%가 깨진 회사도 꽤 많다.

반면에 헤드헌팅을 통한 채용은 아주 광범위하게 늘어가는 추세다. 예전에는 꼭 필요한 고급 인력에 대해서 소수로 의뢰를 했던 게 지금은 범용적인 실무자급도 많이 의뢰하는 편이다. 심지어 신입 채용을 의뢰하는 경우도 꽤 있다. 뿐만 아니라 회사 내의 모든 채용을 전부 헤드헌터에게 의뢰하는 회사도 종종 있다.

헤드헌터의 미래, 그걸 누가 알고 누가 확정할 수 있겠는가?

다만 보이는 추세로는 헤드헌팅 산업은 이미 레드오션에 있고, 수수료는 점차 낮아지는 추세이며 범용적으로 더 많이 쓰게 되는 추세이다.

따라서 예전에는 임원급 연봉 8천만 원에 25% 수수료를 받던(수수료 2,000만 원) 채용이 많았다면, 지금은 연봉 4,500에 15%(수수료 675만 원)짜리 채용이 많다는 소리고, 앞으로는 연봉 3,500에 수수료 12%(수수료 420만 원)짜리 채용이 많아질 거란 소리다. 대신 채용 자체(즉 오더)의 개수가 아주 많이 늘어날 것으로 예상한다.

예전에는 어쩌다 한 번씩 큰 건을 석세스하는 방식이었다면, 앞으로는 작고 소소한 것을 여러 번 석세스하는 방식으로 바뀔 것으로 예상된다.

앞으로 인구절벽이 오고 고령화 사회가 된다고 많이들 얘기한다. 실제로 일본 같은 경우는 경제규모에 비해 일할 사람의 숫자가 적어서 취업률이 극히 높다고 한다. 한국도 그와 비슷한 절차를 따라갈 것으로 보인다. 지금 당장은 취업이 어렵다고 쩔쩔매지만 점차 취업 가능 인구가 줄어들어서 기업마다 너도나도 인재를 모셔가려 애를 쓸 것이다.

그렇다면 헤드헌터는 더욱 바빠질 것으로 예상된다.

EPILOGUE

사람이 살다보면 오래도록 가슴속에 맺히는 말이 있다.

내 가슴에는 딱 두 개의 말이 가슴속 깊은 곳에 박혀 있다. 공교롭게도 두 번 모두 돈이 없어서 생긴 일이다.

PC방 그만두고 헤드헌터를 하기 전, 정말 일자리는 없고 먹고살기 힘들 무렵, 마이너스 통장은 꽉 차 더 이상 돈 나올 데가 없었을 때, 결국 아들 돌반지와 우리 부부 결혼 패물을 모두 내다 팔아서 생활비로 충당해서 썼다. 그래서 지금 우리집에 남아있는 금붙이가 하나도 없다.

그러던 와중에 어느 공원을 가게 되었는데 아들이 한 카페에 진열되어 있는 오렌지 음료수 하나에 꽂혔다. 유원지라 그런지 마트에서 1,000원이면 될 법한 음료수 하나가 무려 3,800원이나 했다.

아들은 계속 그 음료수를 사달라고 졸라댔고, 나는 그런 아들을 설득하기 시작했다. 나중에 마트 가서 사줄 테니 지금은 그냥 가자고.

그렇게 끈질기게 설득하며 20분이 지났다. 아무리 졸라도 음료수를 사주지 않자 어린 아들이 한마디 한다.

"아빠 돈 없어?"

당시 어렸던 아들은 말도 잘 못하고 자기 생각을 남에게 제대로 전달하지도 못했다. 그런 아들조차 깨달았던 것이다. 우리 아빠가 돈이 별로 없다는 사실을…. 그래서 그때 아들의 그 한마디가 그렇게 내 맘속 깊은 곳에 박혔다.

돈이 없으면 괴롭다.

그러나 돈을 벌 수 있는 방법조차 없으면 그때는 그 괴로움이 상상을 초월한다.

헤드헌터를 시작했을 때 처음부터 수입이 많았던 건 아니었다. 간신히 하루 벌어 하루 살면서 장모님께 받은 김치로만 하루 세 끼를 먹으며 버틸 때였다.

당시 나는 도시락을 싸들고 다녔다. 맨날 집-회사(서치펌)만 왔다갔다 하면서 정말 차비 외에는 10원 한장도 쓰지 않고 살았다.

한번은 와이프가 보다 못해 '빽~' 소리를 질렀다.

"제발 사탕 쪼가리라도 한번 사들고 들어와봐라 쫌!"

그 말이 또 그렇게 내 맘속 깊은 곳에 서러웁게 박혔다. 너무 돈이 없어서 너무 없이 살아서, 집과 회사만 왔다갔다 했을 뿐이었다. 매일매일 출근은 하지만 퇴근할 때 그 어떤 것도 사들고 집에 들어가본 적이 없었다. 그러니 와이프에게 입은 있으되 할 말이 없었다..

헤드헌터로 조금씩 안정적인 자리를 잡아가면서 수입이 발생하고, 조금씩 먹고 살만해지면서 제일 먼저 한 것은 아들이 사달라는 건 다 사주는 거였다. 아들이 먹고 싶은 대로 마음껏 사먹였다. 그러다 보니 홀쭉했던 아들이 지금은 초등학생인데도 몸무게가 58킬로그램이 되어버렸다. 그래도 아들이 먹는 것 보면 마냥 좋다. 아들 입에 고기 반찬 넣어줄 때가 참 좋고, 비싼 것 넣어줄수록 더 좋다. 그때 그 3,800원짜리 음료수를 못 사준 게 너무나 가슴에 깊이 박혀서, 지금이라도 아들 잘 먹이려 애를 쓴다.

와이프한테도 마찬가지다. 지금은 툭하면 무엇이라도 사들고 들어가고, 배달음식을 시켜 먹거나 외식도 자주하고 그런다. 주말에 아들 데리고 워터파크나 놀이동산도 자주 간다. 지금은 내가 먼저 사들고 갈 거 없나, 뭐 시켜먹을 거 없나, 이번 주말엔 어느 맛집을 가볼지를 고민하고 두리번거린다. 지금은 그래도 될 정도로 번다.

나는 전 직원이 겨우 5명인 소기업부터 50명 기업, 100명 기업, 그리고 직원수 수만 명인 대기업까지 두루두루 직장생활을 했다. 도중에 PC방 프랜차이즈에서도 일했고, PC방을 7년 경영했으며 독서실을 2년 운영했다. 대리운전 기사도 했고, 도중에 잠깐 개인적으로 컴퓨터 수리 기사도 했다가 지금은 헤드헌터를 하고 있다. 내가 해본 그 모든 것을 통틀어서 '헤드헌터'가 제일 쉽다.

오랫동안 장사를 해왔던 나의 입장에서는 내 자본이 투자되지 않아도 된다는 건 매우 큰 장점이자 놀라움이었다. 내 돈 한푼 들지 않고 맨몸으로 와서 회사에서 제공해주는 자리와 컴퓨터와 잡사이트로 일만 하면 되었다. 점심도 도시락을 싸왔으니 따로 돈이 들지 않았고, 오로지 왕복 차비만 들었다.

그러다가 한두 건씩 석세스를 하면 몇백만 원씩 입금되기 시작했다. 새벽녘 그 추운 정발산역 길거리가 아닌, 그냥 냉난방 잘 되는 실내에서 컴퓨터랑 전화, 문서작업만 했는데도 말이다. (물론 그냥 놀면서 일하면 안 된다. 일을 할 때는 정말 열심히 해야 한다.)

재수가 좋을 때는 딱 10분 서치해서 발견한 후보자가 최종 합격하는 바람에 남들 한 달치 월급을 짧은 시간에 벌기도 했다.

나는 그냥 어느 시골의 동네 PC방 주인이었다.

먹고살기 위해 헤드헌터를 시작했고, 헤드헌터를 시작했을 무렵 제대로 아는 용어 하나, 아는 인맥 하나, 변변한 기술 하나 없었다. 평생을 영업 한 번 해본 적이 없었고, 혈액형도 영업하기에는 부적합한 혼자놀기의 진수, 전형적인 AB형이다.

PC방을 정리하고 서울로 상경한 직후 취업이 안 되어 돈이 없어 쩔쩔매던 그때, 아들의 돌반지까지 모두 팔아서 생활비를 충당하던 그때, 그 추운 겨울 새벽에 정발산역에서 대리운전 콜을 기다리며 너무 배고파서 어묵 한 조각 씹어먹으며 서러워하며 간절해하던 그때가 있었지만, 그랬던 내가 그 암울하고 길기만 하던 터널을 '헤드헌터'라는 '인생 제2막의 시작'을 통해 빠져나올 수 있었다.

세상에는 수많은 사람들이 있다.

그중에는 제2의 직업을 찾지 못해 방황하는 분들도 있고, 생활고에 시달리는 분들도 있고, 아직 할 수 있다는 희망을 가진 분들도 있다.

나는 그분들을 생각하면서 이 책을 썼다. 적어도 그분들 중에 상당수는 '그때의 나'보다는 훨씬 상황이 좋을 것이라고 생각한다.

너무나 상투적인 말이지만 지금이라도 "하면 된다".

당신이 지금까지 이 책에 나온 모든 내용을 믿던 안 믿던 팩트Fact는 부인할 수 없는 팩트다.

이 글을 읽은 모든 분들께 언제나 희망과 행복이 함께 하길 바라며….

Special thanks to DS

헤드헌터

인생 제2막의 시작

초판 1쇄 인쇄 2018년 12월 24일
초판 1쇄 발행 2018년 12월 28일
지은이 곽철
삽화 이현정

펴낸이 김양수
편집·디자인 이정은
교정교열 박순옥

펴낸곳 휴앤스토리
출판등록 제2016-000014
주소 경기도 고양시 일산서구 중앙로 1456(주엽동) 서현프라자 604호
전화 031) 906-5006
팩스 031) 906-5079
홈페이지 www.booksam.kr
블로그 http://blog.naver.com/okbook1234
이메일 okbook1234@naver.com

ISBN 979-11-89254-12-4 (03320)

* 이 책의 국립중앙도서관 출판시도서목록은 서지정보유통지원시스템 홈페이지(http://seoji.nl.go.kr)와 국가자료공동목록시스템(http://www.nl.go.kr/kolisnet)에서 이용하실 수 있습니다.
(CIP제어번호 : CIP2018042532)